知の饗宴としての
オリンピック

1964 TOKYO
1968 MEXICO
1972 MUNICH
1976 MONTREAL
1980 MOSCOW
1984 LOS ANGELES
1988 SEOUL
1992 BARCELONA
1996 ATLANTA
2000 SYDNEY
2004 ATHENS
2008 BEIJING
2012 LONDON
2016 RIO
2020 TOKYO

石堂 典秀
大友 昌子
木村 華織
來田 享子 編著

エイデル研究所

序

來田 享子

　オリンピック大会*の閉会式では、次の大会のプレゼンテーションが行われる。10分弱の短いイベントだが、4年後の大会がどのような理念で開催されるのかを伝え、アスリートや観客の参加意欲を喚起する。近年は、次の開催地を代表するアスリートが登場するのが定番であった。たとえば、2008年北京大会閉会式における2012年ロンドン大会のプレゼンテーションではベッカムが、ロンドン大会閉会式における2016年リオデジャネイロ大会のプレゼンテーションではペレが、それぞれ主役を担った。オリンピック大会というスポーツの祭典で「アスリート・ファースト」を表示する光景としては、ごく自然なことだった。
　しかし、リオデジャネイロ大会閉会式での2020年東京大会のプレゼンテーションは、オリンピックの理念に照らせば、異例中の異例といえる演出で行われた。それは、安倍晋三首相が海外でも人気の高いゲーム・キャラクターに扮装し、会場に登場するというものであった。リオデジャネイロ大会以降の4年間、オリンピック・ムーブメントの担い手となる開催都市「東京」の都知事の印象は、どの程度、人々に残されたであろうか。
　この演出の特殊性は、次の3点に集約できる。
　周知のとおり、オリンピック大会は都市が開催する。たとえば世界中の人々の渡航に関わる法的整備や安全確保のほか、財的・人的支援等、国の支援や関与は不可欠である。とはいえ、オリンピック憲章上、大会の開催責任は都市が担う。

したがって、東京大会のプレゼンテーションの第一の特殊性は、オリンピックの原則とは異なり、開催都市の首長ではなく首相を主役にしたという点にみられる。第二の特殊性は、2020年東京大会でも謳われている「アスリート・ファースト」の原則ではなく、IOCが公認するスポーツ・ゲームのキャラクターを主役に重ねた点にみられる。ゲーム・キャラクターは、いかに人気を博していたとしても、架空の存在である。身体的な努力と競い合いを通じて互いを高めることを柱とするムーブメントが、生身の人間ではなく架空の存在を主役に据えたことは、やはり異例といえるだろう。そして第三の特殊性は、オリンピックにとって最も重視すべきムーブメントの本質やオリンピズムの理解を踏まえた強いメッセージ性がなかった点である。

このようにみると、3つの特殊性によって、本来、大会プレゼンテーションがあの場で伝えるべき内容、すなわち「2020年東京大会は、誰のために、何のために、誰が開催するのか」という情報は伝達されなかったのではないだろうか。

オリンピックを研究対象とする者にとって異例中の異例と感じるこの演出は、国内では、さほどの抵抗もなく受け入れられたようである。多くのメディアは、今のところ、この出来事をどのように感じ、何を想起したかにはほとんど触れず、海外メディアやSNS上での反応を紹介することに終始している。

本書が刊行されようとする時に目にすることになったこの光景は、現在の日本におけるオリンピックに向けた姿勢の特殊性を象徴的に描き出したようにも思われた。リオデジャネイロ大会の閉会式で「2020年東京大会は、誰のために、何のために、誰が開催するのか」という情報が喪失された理由は、プレゼンテーションの演出によるだけでなく、この問いが自らの問題として、あるいは社会の問題として語られてきていないことにもあるのではないだろうか。

日本は返上した1回を含めると東京での夏季3回、札幌と長野での冬季2回、名古屋と大阪での夏季2回の招致失敗と、合計で7回ものオリンピック大会に関与してきた。これらの都市のほかに立候補を表明しながらも招致には至らなかった大会を加えれば、より多くなる。これほどの数、大会に関与した都市が存在する国は、世界でもあまりみられない。それにもかかわらず、歴史を振り返る

と、この国における「オリンピックの語り」は、礼賛・無批判か、否定・批判かの二分法に陥りがちであった。

　こうした状況は、この国が、さまざまな立場や切り口でオリンピックを語り、異なる意見をぶつけあうことに不慣れである可能性を示唆している。オリンピックやパラリンピックをテーマとする学際的な研究においても、それは同様なのではないだろうか。

　ここ1、2年、オリンピックに関する学際的な研究の進展が望める環境がようやく醸成されはじめたことを感じる事例がみられる。たとえば、2020年東京オリンピック・パラリンピック組織委員会が実施している事業の1つである、大学・短期大学との連携協定の締結がある。この事業は、オリンピック・パラリンピック教育の推進やボランティアの育成、大学の特色を活かした研究等の取り組みによって、大会に向けた社会的環境を醸成しようとするものである[1]。これまでの約2年の事業の中で、体育・スポーツ科学系の学問領域だけでなく、芸術学、都市工学、環境学など様々な学問領域から大会を成功に導くためのアイデアが提示された。大学による単独の試みとしては、東京大学とゴールドスミス・ロンドン大学による部局協定がある。この協定では「東京オリンピックを、都市開発という観点だけではなく、社会格差、メディアスペクタクル、公共外交におけるジャーナリズムの役割などの問題にも焦点をあてて分析」するとされている[2]。これらの試みはいずれも、東京での大会開催が契機になっている。

　本書を執筆したメンバーが、このような東京での大会開催を契機とする動きがはじまる以前から感じてきたことがある。それは、オリンピック・パラリンピックが大きな社会的影響力をもつムーブメントや大会であるにもかかわらず、メダルの数にしか関心がもたれないという状況に対する違和感であり、個々の学問的関心から発したものでありながら共有できる違和感であった。また、複数の学問領域がオリンピックをテーマに語り合う機会が少ないことにも気づいていた。違和感や気づきを得ることができた背景には、メンバーのほとんどがオリンピック選手を輩出する大学の同僚であったことがある。大学内での教育活動や行事を通して、メンバーにとってのオリンピックとは、競技の結果として捉えるもので

はなく、そこに向かおうとする若者たちの生きた営みとして捉えることの方がずっと自然であった。この身近で日常的な環境に存在する営みと社会との関わりについて、他の学問領域の研究者と対話してみたいという願いが、研究会の開催へと結びついていったように思われる。最初の研究会開催は、2012年ロンドン大会後の12月のことであった。

　研究会を重ねるにつれ理解が進んだのは、次の2点であった。第一は、上述のとおり、専門領域や研究手法にかかわらず、オリンピック・パラリンピックは人文・社会科学系の研究者にとって、もはや無視することができない社会現象の1つであると誰もが認識している、ということであった。第二に、オリンピック・パラリンピックは複数の学問領域にとって対象となり得るテーマである一方、互いの学問領域を交差させるための共通のツールや軸を見出すことは容易ではない、ということであった。

　この理解の上にたちながら、「オリンピック・パラリンピックの語り」をさまざまな切り口と方法論によって交差させる道筋として、現段階で研究会の中心メンバーが選択したのは、それぞれの論考の先にある社会のビジョンを共有するということであった。そのビジョンとは、オリンピックやパラリンピックというスポーツに関わる文化についての語りを通じ、誰からの抑圧も支配も受けない「心地よさ」を中核に置いた社会を思い描くことであった。

　以上のように、本書は、誰からの抑圧も支配も受けない心地よい社会を求めることをめざしたメンバーが、それぞれの語り口でオリンピック・パラリンピックを語り、響き合う、饗宴の場となることをめざした出版物である。

　第一部のタイトルである＜奏＞の文字からは、「ある場所、方角に向かっていく」「おしすすめる」という意味を汲み取った。オリンピックというムーブメントが何をめざすものなのかについて、IOCの法的地位、オリンピックの経済効果、展示されるオリンピックとしてのミュージアムという3つの角度から、それぞれ法学・経済学・博物館学の立場で読み解いている。

　第二部の＜酔＞の文字は、饗宴がたけなわにあることを象徴し、理想と現実の

狭間で揺れ動くオリンピックを描き出そうとした。このパートは、人間の身体の可変性・可塑性をテーマに置いたスポーツ哲学からの論考、大会の開催が社会に与える影響への期待と現実をソチ大会から検討したロシアの文学・言語・文化論研究者による論考、女性アスリートたちの人生をたどったスポーツ社会学的な論考の3つで構成されている。

　第三部の＜展＞では、オリンピックとパラリンピックのひろがり、展望が、3つの角度から論じられている。直近のIOCによる方針をスポーツ史の観点から読み解いた論考、パラリンピックの変容を分析し、その近未来を展望した社会福祉学からの論考、オリンピックそれ自体の異文化性に切り込むことにより「オリンピックという制度」の未来を問いかけた文化人類学からの論考が、このパートを構成している。

　9つの語りがぶつかり合う饗宴が「2020年東京大会は、誰のために、何のために、誰が開催するのか」の答えを探すための契機となること、さらには、より普遍的な視点から「誰からの抑圧も支配も受けない心地よい社会のイメージ」を想起させるものになること。これが本書の目的である。スポーツは、自由な身体の世界や、身体的な闘争を理性によって制御する術を探し求める文化として、古代から人々に引き継がれてきた。オリンピック・パラリンピックは、数千年におよぶ継承のうちの、ひとつのかたちである。この高度に制度化され、しかし混沌とした文化事象について、複数の学問領域が対話するためのパラダイムは、おそらく無限に存在するだろう。本書がそのようなパラダイムのひとつを提示できればと考えている。

註：
(1) 東京オリンピック・パラリンピック組織委員会サイト（https://tokyo2020.jp/jp/get-involved/university/）活動報告等参照
(2) 東京大学大学院情報学環・学際情報学府サイト（http://www.iii.u-tokyo.ac.jp/research/%E3%82%B4%E3%83%BC%E3%83%AB%E3%83%89%E3%82%B9%E3%83%9F%E3%82%B9%E3%83%BB%E3%83%AD%E3%83%B3%E3%83%89%E3%83%B3%E5%A4%A7%E5%AD%A6%E7%A4%BE%E4%BC%9A%E5%AD%A6%E9%83%A8%E3%81%A8%E3%81%AE%E5%8D%94%E5%AE%9A）

＊オリンピック大会の正式名称は、夏季は第●回オリンピアード競技大会、冬季は第●回オリンピック冬季競技大会と表記される。本書では以下、開催年と開催地を加えることによって読者にわかりやすく伝えるために、第●回・開催地・夏季／冬季大会の表記で統一した。また、パラリンピックについては、開催地＋開催年＋夏季／冬季パラリンピック大会と表記した。

　　オリンピック大会関連組織のうち下記は本文中特に断らずに略称を使用した。正式名称は以下の通りである。
　　IOC　　International Olympic Committee
　　NOC　　National Olympic Committee
　　IF　　　International Federation
　　NF　　　National Federation

目 次

序
來田 享子　2

築かれしもの 奏

第1章
国際オリンピック委員会（IOC）の法的地位
石堂 典秀　12

第2章
オリンピックの経済効果
中山 惠子／白井 正敏／山田 光男／藤川 清史　51

第3章
オリンピックとミュージアム
亀井 哲也　61

夢と現の狭間で 酔

第4章
オリンピックと身体
近藤 良享　92

第5章
公開情報から読み取れるソチオリンピック：期待と結果
ペトリシェヴァ・ニーナ　119

第6章
女性アスリートにみるキャリア継続とライフコース選択
木村 華織　149

未来を求めて

第7章
オリンピック・アジェンダ 2020 を読む
―東京大会には何が求められているのか―
來田 享子　176

第8章
変容するパラリンピック
大友 昌子　207

第9章
異文化としてのオリンピック：
第3回セントルイス・オリンピック大会「人類学の日」から
渋谷 努　228

あとがき
大友 昌子　248

著者紹介
250

築かれしもの 奏

第1章

国際オリンピック委員会（IOC）の法的地位

石堂 典秀

はじめに

　IOCが主催する近代オリンピックは、1896年のギリシャのアテネで行われた第1回大会から数えて、今年で120年を迎える。IOCでは、古代のオリンピック暦を採用し、オリンピックの開催年から始まる4年間を1つの期間（オリンピアード）とし、今年は、第31回オリンピアードの始まる年にあたる。この120年間の歴史を振り返る時、オリンピック大会の開催は、必ずしも順風満帆なものとはいえない。

　第1次、第2次世界大戦により大会が開催中止に追い込まれたり、1980年の第22回モスクワ夏季大会では、ソ連のアフガニスタン侵攻に反発したアメリカ・西ドイツ・日本などの西側諸国が大会をボイコットし、次の1984年の第23回ロサンゼルス夏季大会（以下、ロサンゼルス大会と略）では、ソ連などの東ヨーロッパ諸国が報復として大会をボイコットした。また最近でも第22回ソチ冬季大会（2014年）ではロシアの「ゲイ・プロパガンダ禁止法（反LGBT法）」に抗議してアメリカ、ドイツ、フランスなど欧米諸国の首脳が開会式を欠席するなど、

オリンピック大会が政治な駆け引きに利用される場面がみられる。

　2015年5月に国際サッカー連盟（Fédération Internationale de Football Association，以下FIFAと略）の複数の幹部が逮捕、起訴される汚職事件が発覚したが、IOCも第19回ソルトレークシティー冬季大会（2002年）招致に絡むスキャンダルを経験している。このことは、ロサンゼルス大会以降オリンピック等の国際的なスポーツイベントの商業価値が高まってきたことも影響している。さらに、ロシアで発覚した国家ぐるみのドーピング問題は、オリンピックをとりまく深刻な現状を浮き彫りにした。

　国際的なスポーツイベントの招致が盛んとなる一方で、開催地では膨大な費用の負担が問題化している。第21回モントリオール夏季大会（1976年）では大幅な赤字を出し、2006年までの30年間にわたり特別税を徴収し返済がなされていった。また第28回アテネ夏季大会（2004年）でも多額の負債を抱え、ギリシャの経済危機の一因ともなったと言われている。2024年の第24回冬季オリンピック大会開催地に決まった北京についても、他の都市の多くが立候補を断念し、最終的に立候補したのはカザフスタンのアルマトイ市のみであった。2024年のオリンピック招致についてもドイツのハンブルクやアメリカのボストンなど相次いで撤退を表明している。このような中、IOCは「アジェンダ2020」を発表し、その中で大会運営経費の削減を打ち出している。

　最近では、オリンピックを単なる一過性のスポーツイベントとしてではなく、長期的なレガシーとして保持されていくべきものという見方もされるようになってきている[1]。1884年にIOCを創設したピエール・ド・クーベルタン（Pierre de Coubertin，1863-1937、以下クーベルタンと略）は、スポーツによる人格形成と平和の国際交流を唱え、国際的なスポーツ競技大会の開催によってスポーツ思想の普及による平和を訴えた。オリンピックの根底には、スポーツを通じた人間教育、平和教育という思想がある。そして、この思想を世界に広める活動（オリンピック・ムーブメント）をするのが、IOCの役割である。

　本章は、オリンピック大会そのものではなく、これを支えるIOCという組織に焦点をあて、IOCの担う役割の一端を紹介していきたいと考えている。IOCと

はどのような組織なのか、オリンピック憲章をもとにしながら、その法的特質について考察するとともに、IOCが抱える法的課題について検討したいと考える。

1 オリンピック憲章の法的地位

まず、IOCの法的地位について論じる前に、IOCの法的性質を規定するオリンピック憲章の法的性質について考察する必要がある。

1899年にクーベルタンは、次のような3ヵ条から成る「国際オリンピック委員会規則」を書き残している。

1. 1884年6月23日に設立されたIOCが責任をもってオリンピック競技大会を監督・発展させること、定期的に開催して祝うこと
2. その祝祭を完全で歴史的にも価値あるものにし、高い理想を人々に抱かせ続けること
3. 近代スポーツを望ましい方向に導くようにあらゆる競技会を組織すること

現在のオリンピック憲章[2]は6章から構成され、61の規則(Rule)と28の付属細則(By-law)から成り、以下のような構成となっている。

根本原則
第1章　オリンピック・ムーブメント
第2章　国際オリンピック委員会(IOC)
第3章　国際競技連盟(IF)
第4章　国内オリンピック委員会(NOC)
第5章　オリンピック競技大会
第6章　対応措置と制裁、規律上の手続きと紛争の解決

現在のオリンピック憲章は1つの法典のように一定の体系性がみられるが、1899年のクーベルタンの手書きの規則からどのように変遷してきたのであろうか、オリンピック憲章の歴史的変遷を辿りながら、オリンピック憲章の「憲章」としての法的意義について検討してみる。

（1）オリンピック憲章の歴史

　過去のオリンピック憲章は、Olympic Studies Centre のホームページでみることができる。なお、すべてのオリンピック憲章（年代によっては別の名称で表記される場合もある）を便宜上「憲章」と表記し、各年度に発行されたオリンピック憲章を「○○年版」という形で表記する。

　最初のオリンピック憲章として紹介されているのが 1908 年版である。1908 年版は、タイトル表示もなく、年報として発行された。内容としては、① IOC 委員会のメンバーリスト、②過去の委員会メンバーのリスト、③ IOC 規則と目的、④会員募集、⑤会合の目的、⑥運営、⑦過去の IOC の会議の開催場所、⑧過去のオリンピック・コングレス[3]の開催場所、⑨オリンピックメダル保有者などが掲載されていた。1908 年版では、「憲章」という言葉は使われていなかった。

　その後、1924 年版になって初めて「憲章（charte）」という言葉が使われた。そこでは、「国際オリンピック委員会」の表題のもと、「オリンピック大会の憲章」という副題として登場した。1924 年版は、「国際オリンピック委員会」、「近代オリンピック及びオリンピック大会の祝賀の規則とプロトコル」、「第 8 回オリンピック期の祝賀に適用される全体的な技術規則」という個々にタイトルが付けられ、3つの異なる規則集の合冊版のようなものであった。

　1930 年から英語版が発行されるようになった。1930 年版の表題は「オリンピック大会の憲章」、「IOC の地位」、「近代オリンピック及びオリンピック大会の規則とプロトコル」、「オリンピック期の祝賀に適用される一般的規則」、「オリンピック・コングレスに関する規則」と複数の表題が使用されていた。この当時の憲章は、それぞれ個別のルールの集合体として考えられ、現在の憲章のように1つの共通した体系性のあるものではなかった。1930 年版以降、「憲章」の文字は消えることになる。

　再び「憲章」という文字が使われるようになったのが、1946 年版であった。1946 年版の表題は「オリンピック諸規則（Olympic Rules）」となっており、その中の規則の1つとして「オリンピック大会の憲章」が表記された。1946 年版では、

「Ⅰ. 基本原則」「Ⅱ. IOC 規則」「Ⅲ. オリンピック大会の祝賀の規則とプロトコル」「Ⅳ. オリンピック期の祝賀に適用される一般的規則」という形で、これまでの個別のルールとされていたものが、1つの規則集の形に編纂された。

　しかし、その後、「オリンピック諸規則」（Rules）」という表題のもと、「憲章」という言葉は使われなくなる。1950 年代に入ると、憲章の形態が様変わりし、ある年は「地方大会のルール」、翌年は「プロトコル」、さらにその次の年は「オリンピック・ルール」、「NOC ルール」、「オリンピック開催希望都市に対する情報提供」、「根本原則」というように分冊の形で発行されるようになった。この傾向は、1960 年代から 1970 年代前半まで続いた。

　1978 年版において再び「オリンピック憲章」という名称が使われるようになる。1978 年版の目次をみると、「諸規則」（Rules）」「付属細則」（Bye-Law）」「指示（Instructions）」「IOC 委員会組織」という表題に分かれている。現在のオリンピック憲章においては、「諸規則」と「付属細則」は同一の規程集の中に置かれているが、当時は分離されて規定されていた。現在のオリンピック憲章のような1つの規則集（法典）として統一された形態になるのが 1987 年版からである。

　オリンピック憲章の変遷を辿りながら、見えてくることは、まさに現在の憲章の各条項が規則（Rule）と呼ばれているように、競技等のルールの集合体として編纂されてきたということである。そして、当初の憲章の発行の主目的は、IOC 規則の布告であったが、その後、オリンピック大会開催のためのルール集としての色彩が強くなり、憲章の内容についてもさまざまなバリエーションが生まれるようになっていった。後述するように、オリンピック憲章は、IOC の組織に関する規程、オリンピック開催に関する規則集などさまざまな性格を併せもつことになるが、これは、憲章の歴史性に由来するものといえる。

　クーベルタンは、1884 年にアマチュア定義の草稿を作成し、1902 年のオリンピックレビューに「アマチュア憲章」が発表される。その後、第5回ストックホルム夏季大会（1912 年）にてジム・ソープ（Jacobus Franciscus "Jim" Thorpe, 1888-1953）の資格が問題となり、1925 年のプラハのオリンピック・コングレスにてアマチュアの条件が定められた。オリンピック憲章を繙いてみると、1911

年版から参加者に対してアマチュアという言葉は使われているが、アマチュアの定義規定が設けられたのが、1924年版からである。いわゆるこのアマチュア規定は、何度も改正を重ねながらもオリンピック憲章に引き継がれていったが、1974年版で姿を消すことになる[4]。憲章の規定がどのように変遷したのかを辿ることは、歴史的な意義のみならず、現行の規定を解釈していく上で、非常に参考になるものと考える[5]。

オリンピック憲章については、法的明確性を欠いた一貫性に欠けるものであるとの評価もなされている[6]。これは、憲章の生い立ちに由来するものであるが、オリンピック憲章を1つの法典として捉えることで、その法的課題が見えてくる。

(2) オリンピック憲章の法的意義

「オリンピック憲章への導入」によれば、オリンピック憲章には以下の3つの主要な目的があるとされる。
  a) オリンピック憲章は、憲法的な性格を持つ基本的な法律文書として、オリンピズムの根本原則とその根源的な価値を定め、想起させる。
  b) オリンピック憲章はまた、国際オリンピック委員会の定款である。
  c) オリンピック憲章はさらに、オリンピック・ムーブメントの主要3構成要素である、国際オリンピック委員会、国際競技連盟、国内オリンピック委員会と、オリンピック競技大会の組織委員会の主な権利と義務を規定する。これらの組織はオリンピック憲章を遵守する義務がある。

a項では、オリンピック憲章は、自らを「憲法的な性格を持つ基本的な法律文書」と定義しているが、この憲法的な性格とは何を意味しているのであろうか。憲法とは、国家の最高法規であり、国民の基本的人権と、これを守るための国家統治の根本規範が定められた法である。したがって、1つのスポーツ団体にすぎないIOCの統治機構を定めただけでは「憲法」とは言えない。もっとも、c

項が述べているように、IOCのみならず、国際的な競技団体であるIFや世界各国で活動するNOCといった団体を含めた、「オリンピック共同体」のような1つの自治組織が存在し、この共同体を統治するための規定であるという意味では、実質的には、スポーツ界における「憲法」といえる。IOCは、オリンピック憲章に基づき、国連加盟国でない国についてもNOCとして独自に承認し、オリンピック出場を認めてきた。その意味で、IOC独自のスポーツ（オリンピック）共同体を形成してきている。

また、オリンピック憲章では立法、司法、行政機関といった組織も想定されている。たとえば、オリンピック憲章を改正する場としてIOC総会が考えられており、オリンピック・ムーブメントを実施する機関としてのIOC理事会、憲章の適用や解釈をめぐる紛争を解決する機関としてIOC理事会ないしスポーツ仲裁裁判所（Court of Arbitration for Sport，以下CASと略）が想定されている。

また、b項によれば、オリンピック憲章はIOCの定款としての側面をもつ。これは、先述のように、オリンピック憲章の歴史的変遷と関係している。定款とは、会社等の法人の組織活動の根本規則を定めたもので、法人の設立において必要とされるものである。わが国では、定款には法人の目的、名称、社員、機関、資産に関する事項など法定の組織に関する基本事項を記載することが必要とされている。定款で定められたIOCの活動内容がIOCの権利能力の範囲となる。

さらに、c項によれば、憲章は、IOCだけでなく、IF、NOC、オリンピック・パラリンピック競技大会組織委員会（the Organising Committee of the Olympic and Paralympic Games，以下OCOGと略）といった、別の法人格を有する団体に対してもその権利義務に関し権限を有していると述べている。これは、IOCとの契約関係に基づくものであるが、オリンピック憲章上、IOCはオリンピック・ムーブメントにおける最高機関であり、IOCを頂点として、IF、NOCはIOCの承認を得て、その傘下に入るという形になっている。

IFとは、1つの競技を統括する国際競技団体であり[7]、その傘下にある各国

の競技団体（NF）に対して1国1競技団体を義務付けている。したがって、IOCとNFとは、直接的な契約関係を有しているわけではないが、IFがIOCの承認を受けることで、IFの傘下にあるNFもオリンピック憲章の遵守義務を負うことになる。さらに、NFの代表者等はNOCの構成員となることがオリンピック憲章で規定されており、IF、NOCという二重の経路で、NFはオリンピック共同体に組み込まれている。これは、NOCとNFとのネットワークにより、世界の隅々にまでオリンピック・ムーブメントが行き渡るグローバルなシステムとなっている[8]。

オリンピック憲章がスポーツ界における「憲法」と言われる由縁が、このネットワークを介して、国境を越えたオリンピック共同体というトランスナショナルな法の世界を生み出している点にある。そして、これは国家や国際社会が介入することが難しい空間となっている。Vedderは「憲章の生み出す法秩序は、簡潔な法秩序であり、国内法に服することのない、IOCの管轄にのみ服する、国家のない（disnational）でトランスナショナルな法秩序」と特徴づけている[9]。しかし、共同体の団体の自治は尊重されるとしても、「法の支配」との関係では、人権に反する国内法が憲法違反に問われるように、いかにトランスナショナルな存在といえども、この団体自治も制約を受けることになる。

2　IOCの法的地位

(1) IOCの国際法上の地位

クーベルタンはIOCが独立した、国際的な主権者となることを構想していた[10]。オリンピック憲章規則15.1は、IOCの法的地位について次のように定めている[11]。

> IOCは国際的な非政府の非営利団体（association：アソシエーション）である。法人格を持つ協会の形態を整えた、存続期間を限定されない組織であり、2000年11月1日発効の協定に基づき、スイス連邦評議会により承認されている。

この規程は法的にはいくつかの重要な意義を有している。第一に、IOCが法人格をもつ団体であるということである。法人格とは、法人が法によって法人格（権利能力）を認められることで、契約など私法上の権利義務の帰属主体となることができるものである。法人格のない団体は、銀行で講座を開設したり、事務所を借りたり、不動産の登記をしたり、電話を設置するなどの法律行為を行う場合は、団体の名で行うことができず、様々な不都合が生じることになる。国家は、すべての団体に法人格を認めているわけではなく、一定の要件を満たした団体に法人格を付与している。IOCの本部は、スイスのローザンヌにあるため、スイス法が適用される。わが国において特定非営利活動法人（Non Profit Organization, NPO）を設立するためには、法律に定められた書類を添付した申請書を、所轄庁に提出し、設立の認証を受ける必要があるのに対して、スイスでは非常に簡便な形での団体の設立を認めている。FIFAや国際バスケットボール連盟（International Basketball Federation, FIBA）などの約半数のIFの組織がスイスに本部を置いている。

　スイス民法60条はアソシエーションの成立について次のように規定している。「政治的、宗教的、科学的、文化的、慈善、社会的その他非商業的目的を有するアソシエーションは、団体として存在する意思表示がそのアソシエーションの条項が明白である時、法人格を取得する。そして、この条項については、書面で作成されなければならない」。また、スイス民法は、非営利法人の設立には登記も要件にしていない[12]。

　第二に、スイス連邦評議会による「承認」にどのような法的効力があるかということである。

　スイス連邦議会は1981年9月17日にIOCの地位について、以下のような国際法上の法人として認める布告を出した。

　　スポーツの世界における、貴委員会（IOC）の重要性並びに普遍的な使命を公に承認することを決定した。さらに、連邦議会は、スイス国の国際関係の領域において、1915年以来国内に本部を置くIOCをわが国に有することが

国益に合致することを周知することを希求する。
　IOC は、その法的性質からスイスにおいて享受する利益及びスイス法によって付与される権利と自由を享受する。

　その後、2000 年 11 月 1 日にスイス連邦議会と IOC との間で、IOC に対する連邦税の免除など 18 ヵ条に及ぶ協定書が交わされた。もっとも、一国の布告が国際法上どのような影響を及ぼし得るのであろうか。Ettinger によれば、「連邦議会は、国際組織としてその普遍的な活動と特別な性質を考慮した特別法（特別な法的効力）を IOC に付与した」(13) と評価する一方で、実際には、これは、税法上の特典ぐらいで、限定されたものであり、国際公法上の地位については何ら影響を及ぼすものでもないとの評価もある(14)。
　国際法上の法の主体には、国際私法に関するものと、国際公法上の法主体に関する問題がある。

(2) IOC の国際私法上の地位

　国際組織が実際に活動するのは、特定の国家の領域であるため、その国内法上の主体としての法的地位が認められるかどうかが問題となる。たとえば、国連については、「この機構は、その任務の遂行及びその目的の達成のために必要な法律上の能力を各加盟国の領域において享有する」（国連憲章 104 条）として国連が加盟国において法律上の能力を有していることを明記している。また、国連特権免除条約 1 条は、国連が締結国において①契約すること、②不動産及び動産を取得し、及び処分すること、③訴えを提起することが可能であることを明記している。したがって、国連は憲章や条約を通じて法人格が付与されている。
　IOC については、スイス法において法人であることが認められているものの、すべての国で、法人登記がされているわけではない。たとえば、わが国では、IOC のように外国で設立された外国法人については、当然に権利能力を有するものではないと考えられている。しかし、外国で設立された法人の活動を認め

ないということは取引上不都合が生じることになるため、民法35条は、「外国法人は、国、国の行政区画及び外国会社を除き、その成立を認許しない。ただし、法律又は条約の規定により認許された外国法人は、この限りでない」と規定している。この条文によれば、①国、②州や市町村などの行政区画、③法律又は条約の規定により認許された外国法人、④外国会社については、法人として法人格が認められることになる。③の「法律により認許された外国法人」とは、特別法によって認許される法人で、外国の相互保険会社などがこれに当たる。認許とは、法人の属性を有する主体の承認にほかならないとされ[15]、この認許された法人については、「日本において成立する同種の法人と同一の私権を有する」とされる[16]。

　IOCのような組織は、上記①〜④のいずれにも該当しないため法人格が認められないことになる。外国の公益法人を認許しないのは、外国の公益とするところが必ずしもわが国の公益とならず、内外公益が抵触する場合があると説明されている。しかし、わが国の公益にも重要な貢献を行う国際的な非政府組織（Non Governmental Organization, 以下NGOと略）が増えてきている中、本条の認許の範囲は狭きに失するとの批判も多い。

　認許されなかった不認許法人もわが国で新たに法人として設立することは可能である。法人設立がされない場合でも、不認許法人は「権利能力なき社団（財団）」として扱われる場合もある。「権利能力なき社団（財団）」とは、法人として登記されていないにもかかわらず、社団・財団の実体を備えている団体などに対して判例は法人に準ずる権限を認めてきている。そのため、IOCが民法35条の認許外国法人に該当しないとしても、JOCの活動とともに、実際上はそれほどの支障が生じるものではないと思われる[17]。また、IOCの財産でもある五輪マークの保護についても、不正競争防止法（17条）で国際機関の標章の商業上の使用禁止が規定されている。同条にいう「国際機関」には、IOCのような民間国際機関は含まれていなかったが、1993（平成5）年の不競法改正により、国際機関には「政府間の国際機関に準ずるものとして経済産業省令で定める国際機関」も含まれることとなったため、五輪マークやその他のオリンピック標章

も保護の対象となっている。

(3) IOC の国際公法上の法主体性

　国際公法上の法主体とは、国際法上の権利義務の主体となり得る地位を意味するとされている。この場合の法主体は原則として国家である。また、国連やEUなど複数国の政府によって構成される政府間組織（Intergovernmental Organization）も国家間の条約（設立文書）によって設立されることで、国際法上の法主体性が認められてきている。一方、NGOについては、政府間合意によって設立されていない国際組織であるため、法主体性は認められないことになる[18]。NGOの中で、唯一国際法上の法的地位を認められているのが、赤十字国際委員会（International Committee of the Red Cross, 以下 ICRC と略）である。ICRC は、1949年のジュネーヴ条約によって法人格を付与されている[19]。

　IOCも1947年に「オリンピック競技会とその名称・エンブレムの保護に関するジュネーヴ条約」を起草したことがあったが、頓挫した[20]。その後、1981年にオリンピック・シンボルの保護に関するナイロビ条約（Nairobi Treaty on the Protection of the Olympic Symbol）が採択された。この条約では、締結国は、商業目的のために五輪マークなどオリンピック・シンボルの標章その他の標識の使用を禁止する義務を負うことになる。日本は批准していないが、現在、締結国は51ヵ国である。この条約は、オリンピック・シンボルの保護を目的とするもので、IOC の国際法上の法的地位（主体性）に影響するものではない。

　国際法上の法主体として認められることは、①外交能力・使節権、②国際法定立権能・条約締結権、③国際請求能力・国際責任能力、④領域管理権能などの権限を有していることを意味するとされている[21]。①の能力・権利が認められると、たとえば使節団の法的地位等について特権免除が与えられる。②については、直接、条約締結当事者となることができるかどうかということである。③国際請求能力・国際責任能力については、国際司法裁判所規程34条1項によれば、国家のみが、裁判所に係属する事件の当事者となることができるとし

ており、国際司法裁判所で IOC が訴訟当事者となることは難しいといえる。もっとも、IOC は、1984 年に CAS を設立しているため、スポーツから生じる紛争については、当事者になることは可能である。④の領域管理権能については、国家は領土を基盤とする以上、一定の領域を保有することになる。国連も本部所在地については、所在地国の領域管轄権が制限されている。しかし、本来、一定の機能や任務を達成するために設立された NGO などの国際組織は必ずしもこのような機能を必要としているわけでない[22]。IOC は、国際法上の法主体としての権能は認められていない。そのため、IOC は、ボイコットや政治的圧力の問題に直面する時、国家との関係においては無力であるとの指摘がある[23]。このような中、IOC は国連と非常に密接な関係を構築していく。

(4) IOC と国連

1982 年の IOC 総会で、オリンピック・ムーブメントを保護するための草案が国連で可決されるべく採択された。
1. 加盟国はオリンピック競技大会の祭事を承認・保護をすること
2. オリンピック開催中並びに終了後の一定期間における選手並びに役員のオリンピック会場・施設への無償かつ無制限の立ち入りを保証すること
3. 加盟国は、人種、宗教、政治を理由とした差別を行わないとともに、オリンピック・ムーブメントのエンブレムを促進する以外の目的で大会関連の活動を慎むこと
4. 加盟国は IOC によって承認された自国内の NOC の目的並びに業務を尊重すること

この草案では、国際法定立機能が IOC にあることを確認する目的もあったが、結局のところ、当時の政治的状況から、この草案の提出は見送られることになった。

その後も IOC は国連にさまざまな働きかけをしている。その 1 つが、「オリンピック停戦 (Olympic Truce)」である。1992 年に IOC が古代のオリンピック停

戦の観念を蘇らせるため国連に働きかけ、第 48 回国連総会においてオリンピック停戦の順守に関する決議が採択された。その後も、オリンピック停戦決議は、オリンピック大会の開催ごとに採択されてきている。

　2009 年には、五輪憲章が掲げる「人種、宗教、政治、性別、その他の理由に基づく国や個人に対する差別は一切認めていない」という理念が国連のそれと重なり合うという理由で、国連の「オブザーバー資格」[24]を付与された。この地位は、議決権はないものの、国連の総会に参加することができるものである。

　また、2014 年には IOC にとって「歴史的」と評される国連決議がなれる。それは、「スポーツの独立性と自治の尊重およびオリンピック・ムーブメント（運動）における国際オリンピック委員会（IOC）の任務の支持」決議（2014 年 10 月 30 日）である。この決議では、「主要な国際的スポーツイベントは平和の精神、相互理解、友好、寛容、差別の拒絶といった精神のもとで開催され、そのようなイベントのもつ融和性といったものが尊重されるべきである」ことが確認された。これを受け、IOC バッハ会長は「この決議をスポーツと政治との関係における歴史的礎として大変に歓迎している。我々は、この国連によるスポーツの自治（オートノミー）の承認に基づいて政治的な団体とのパートナシップを形成しなければならない」とコメントしている。IOC にとって、この決議は、ボイコットが国連の考えとは一致しないことを意味する。この国連決議が、実際上、どれほどの効力を有しているかは今後のオリンピック大会において証明されていくことになるであろう。もっとも、国際法上の IOC の自治をどのように考えるかは、重要な問題である。

　この IOC の自治と国家との関係について Vedder 教授の見解を紹介する[25]。従来、「国際組織に関する伝統的な法は、設立者とは別個に行為する制度の創設を許容しない」ため、「国際的なスポーツは当初、私事として考えられてきたように、この種の承認は、IOC に固有のオートノミーへの配慮を伴ったものであった。言い換えると、これまで政府は国際スポーツをその特権の範囲内にあるものとしてみてきた限りにおいて、IOC の承認も黙示的な権限移譲として理解することができる。そのような権限移譲は慣習によるものと考えることができる」として、

IOC の自治とは私的な団体の自治の問題であり、黙示的な権限移譲によって法主体性が認められるとしても、それはあくまでも国家の配慮においてその自治が認められているにすぎないとする。そのため、国の支配権が残る限り、これら組織は真の意味において自律的とはいえない。

「国家は、国際的なスポーツが国内の問題として理解し始めてきた。彼らは既存の組織である IOC と対峙することになる。政府は、IOC の問題には介入しないことで、国際レベルでは、IOC が国家と平等な条件で関係を有し、活動を続けることを認めている」というように、IOC の自治とは、国家との微妙なパワーバランスの上に成立している。IOC がオリンピック共同体の自治を強調すれば、国家とのこの微妙な関係を崩すことになるかもしれない。すなわち、国家からの明白な反対（移譲の撤回）を受けた場合には、その法的根拠を失うことになる。

「これまで国家のみが国際法上の法人格を享受できると考えられてきた。これは、領土主権に由来するものである。政府間組織を含めた形で国際法の主体概念を拡張することは、法人格がもはや領土性に依拠しないことを意味する。国家は国際的な法人格を創設することができる。基本的には、政府の機能の移譲は、国際法上の法人格の主たる基準である。政府間組織を創設する場合のみ法人格付与が可能となるのかということについて明確な理由はない」と考えるならば、国家主権に依拠することのない、国際公法上の法人格を認める余地も出てくる。これは、NGO 等による国際的な活動する国際機関にとって新たな理論モデルを提供する。これまで国家のみが掌握してきた権限を直接扱う IOC の試みは、国際公法における新たな法的主体をめぐる議論を提起する[26]。

3　IOC の役割と組織

(1) オリンピズムとオリンピック・ムーブメント

オリンピック憲章は「IOC の使命は世界中でオリンピズムを奨励し、オリンピック・ムーブメントを主導することである」（規則 2）と定めている。このオリン

ピズムとはどのような意味なのであろうか。

　オリンピズム（Olympism）という言葉は、クーベルタンによる造語である。クーベルタン自身はこの言葉について明確な定義をしてはいない。クーベルタンに影響を及ぼしたのは、古代ギリシャのヘレニズムの価値とイギリスのパブリック・スクールの教育制度であったとされている。前者では、オリンピックが神（ゼウス）に捧げる祭典競技であり、神聖なものであった。競技者はギリシャ彫刻のような自己の肉体的完成とともに、賞賛の対象となった。後者においては、「スポーツ教育の効用」（人格的生成を目指し、その完成された人間の他者を思いやる心）が重視された[27]。

　オリンピック憲章では、前文の後に「オリンピズムの根本原則」[28]が規定されている。オリンピズムとは「肉体と意志と精神のすべての資質を高め、バランスよく結合させる生き方の哲学」であるとされる。その具体的価値として、「努力する喜び」、「良い模範であることの教育的価値」、「社会的な責任」、「普遍的で根本的な倫理規範の尊重」が掲げられている。これら生き方の価値を人々に浸透させていくために、オリンピズムはスポーツと文化、教育とを融合させ、そして、これら価値を兼ね備えた人々から成る「人間の尊厳の保持に重きを置く平和な社会」の実現がオリンピズムの究極の目的とされている（根本原則2）。そのため、オリンピズムとは単なるスポーツの祭典を目指したものではなく、オリンピズムに基づく諸個人の完成による平和な社会の実現を目指すという壮大な企画といえる。

　「オリンピズムとオリンピズムの価値に則って実践されるスポーツを通じ、若者を教育することにより、平和でより良い世界の構築に貢献すること」がオリンピック・ムーブメントの目的とされる（規則1.1）。「オリンピック・ムーブメントは、オリンピズムの価値に鼓舞された個人と団体による、協調の取れた組織的、普遍的、恒久的活動である」というように、オリンピック・ムーブメントは、オリンピズムを実践する運動である。そして、これを推進するのがIOCである。その意味では、IOCの活動そのものがオリンピック・ムーブメントといえる。オリンピック憲章規則2（「IOCの使命と役割」）をもとにIOCの主な活動を分類すると、3つの階層に分けることができる。

その1つが、「オリンピック大会」に向けた活動であり、「オリンピック競技大会の定期的な開催」とその後の「オリンピック競技大会の有益なレガシーを遺すこと」である。「レガシー」については、2014年の改正に盛り込まれた、新たな規定である。
　第2層としては、スポーツ界に向けた活動である。具体的には、「スポーツ界における倫理とグッドガバナンスの普及」、「スポーツにおけるフェアプレー精神の確立および暴力の撲滅」、「スポーツの独立性・自律性を守る」、「ドーピングに対する戦い」、「スポーツのインティグリティとクリーンな選手を守ること」、「男女平等の原則を実践」と「スポーツにおける女性の地位向上を支援すること」、「スポーツ・フォア・オールの発展」が挙げられている。クリーンなスポーツ、スポーツにおけるインティグリティが重要なテーマといえる。
　第3層として、社会全体に向けた活動を挙げることができる。「スポーツを通じた青少年教育の奨励・支援」、「スポーツを人類に役立て、平和を推進する」、「オリンピック・ムーブメントに影響を及ぼす、いかなる形態の差別に反対すること」、「スポーツと文化および教育を融合させる活動」などその多くが教育活動と密接に結びついている。

(2) IOC総会

　オリンピック憲章は、IOCの機関として、総会、IOC理事会、会長を挙げている。
　IOC総会はIOCの最高機関であり、その決定は最終的なものとされている（規則18.1.）。IOC総会はオリンピック憲章の改正を含めて、立法機関としての役割を担っている。IOC総会では、①IOC会長の選出、②IOC理事会メンバーの選出、③憲章の規則の採択・修正、④開催都市の決定などが行われている。
　IOC総会は、法人の社員総会と同様に法人の重要事項についての決定を行う。総会の決議は過半数によって決せられるが、オリンピック憲章の改正については、3分の2の賛成を要することになっている。通常総会は年に1度開催される。

ところで、IOC の公式言語はフランス語と英語であるが、IOC 総会では常にフランス語、英語、ドイツ語、スペイン語、ロシア語、アラビア語の同時通訳が提供される（規則 23）。

総会の権限に関しては以下の通りである（規則 18）[29]。

- オリンピック憲章の採択または改正
- IOC 委員、名誉会長、名誉委員、栄誉委員の選出
- 会長、副会長、その他の IOC 理事会メンバーの選出
- オリンピック競技大会の開催都市の選定
- 通常総会を開催する都市の選定
- IOC の年次報告書および会計報告の承認
- IOC の会計監査人の指名
- NOC、NOC の連合体[30]、IF、IF の連合体、その他の組織に対する正式承認、もしくはその取り消しについての決定
- IOC 委員の除名および名誉会長、名誉委員、栄誉委員の地位の取り消し
- 法またはオリンピック憲章により総会に委ねられた事項についての決議・決定

(3) IOC 理事会

IOC 理事会は 1921 年に創設された。当初の IOC 理事会は 5 名でスタートしたが、現在では、会長、副会長 4 名、その他の理事 10 名を含め、15 名で構成される。理事会は、年に 4 〜 5 回程度、開催される[31]。

理事会メンバーは IOC 総会で過半数をもって選出される。会長の任期は 8 年で、副会長および、その他 10 名の IOC 理事会メンバーの任期は 4 年である。憲章によれば、「理事会メンバーの構成は、総会の構成を反映するものとする。総会は、理事会メンバーの選挙ごとに上記の原則が尊重されているか、確認しなければならない」（規則 19.1）とされ、理事職がある程度固定化されている。具体的には、副会長並びに理事のメンバーとしては、WADA 会長、IF 連合会長、

CAS 理事長、NOC 連合会長、NOC 会長経験者などオリンピックファミリーのメンバーが大半を占めている。

　総会は、通常、年 1 回開催であるため、IOC 理事会が IOC の運営全般を担うことになる。IOC 理事会の主たる業務についてオリンピック憲章規則 19 に定めがある[32]。

- オリンピック憲章の遵守についての監視
- IOC の組織に関する内部管理規則についての承認
- 年次会計報告を含む年次報告書の作成と総会への提出
- 規則または付属細則の改正案の作成と総会への提出
- IOC 委員の推薦、候補者名簿の総会への提出
- オリンピック競技大会の開催立候補の受け付けと選定の手続きの策定
- 総会の審議事項と議事日程の決定
- 事務総長の任命または解任
- 総会、IOC 理事会、専門委員会、作業部会を含め IOC のすべての会議の議事録および会計報告、その他の記録の保存
- 規程、裁定、基準、ガイドライン、手引き、マニュアル、指示、要件、その他の決定など法的拘束力を持つ IOC の規定の作成
- IF および NOC と定期的な会議の開催
- 名誉ある功績の授与
- 法やオリンピック憲章によって総会、または会長に帰属しない権利・義務の履行

(4) IOC 会長

　法律上、法人の代表は法人の業務に関する一切の裁判上または裁判外の行為をする権限を有している。オリンピック憲章は、「IOC 会長は IOC を代表し、すべての活動を統括する」（規則 20）と定めている。IOC 会長は、IOC 委員の中から総会の無記名投票により選出され、任期は 8 年で、任期の更新は 1 度のみ可

能で、再任の任期は 4 年とされている。

　IOC 会長の報酬は、原則、無報酬だが、本部があるローザンヌでのホテル滞在費や出張の経費はIOCの負担とされ、2012 年の経費は 70 万 9,000 ドル（約 7,100 万円）と公表されている。IOC 会長はサマランチ会長時代からローザンヌの高級ホテルを住居代わりに暮らす慣習となっている[33]。

　IOC 会長の主な役割は、対外的には、各国要人と会談するなど華やかな外交舞台に立ち、対内的には、IOC 総会及び IOC 理事会の招集と議長業務、IOC 委員の任命、委員会設置など、組織運営を統括することである。

　オリンピック憲章によれば、IOC 会長には以下のような職務が定められている。

- オリンピック・コングレスの招集ならびに議長職（規則 4）
- IOC 委員の任命（規則 16）
- 総会の招集（規則 18 付属細則 2）
- 臨時総会の招集（規則 18）。
- 会長選を除く、すべての選挙の規則の制定（規則 18 付属細則 6）
- IF および NOC と定期的な会議の議長職（規則 19.3.11）
- 事務総長に対する報酬の決定、制裁権（規則 19.3.8）
- IOC 理事会の運営と準備についての責任（規則 19 付属細則 1）
- IOC 理事会の招集・議長（規則 19 付属細則 2 及び 3）
- 常設委員会、特別委員会または臨時委員会、および作業部会の設置、解散権（規則 21）
- 立候補都市評価委員会の設置（規則 21 付属細則 5）
- オリンピック競技大会立候補都市の評価委員会の設置（規則 33 付属細則 6）
- IOC、OCOG、IF、NOC 間の連絡調整を行うオリンピック競技大会調整委員会の設置（規則 37）
- オリンピック競技大会期間中のオリンピック関連の式典と行事への出席（規則 51）
- オリンピック競技大会開会式・閉会式で「短い式辞」を述べる権限（規則 55）

(5) IOC 事務局

現在、IOC は 475 人の正職員をかかえ、そのトップに立つのが事務総長である。事務総長は、会長のもと、IOC の日常の業務の運営の責任を負っている。また、会長は IOC 理事会の運営と準備について会長自身の権限の一部、あるいはすべてを事務総長に委託することができる。IOC 内部には、「オリンピック大会」、「国際協力・開発」、「財務・管理」、「スポーツ」、「NOC」、「技術情報」、「コミュニケーション」、「TV・マーティング」、「法務」、「医科学」、「オリンピック博物館」、「オリンピック・ソリダリティー」といった部局が置かれている。

事務総長の報酬については、会長が定めることになっており、事務総長の任命または解任については IOC 理事会の決定事項とされているが、その提案権を IOC 会長が有している（規則 19.3.8）。

(6) IOC 専門委員会

オリンピック憲章規則 21 によれば、IOC 会長は、専門委員会を設置することができるとされ、IOC 専門委員会は必要に応じ総会、IOC 理事会、会長への助言を目的に設けられる。会長は、必要と思われる時に常設委員会、特別委員会または臨時委員会、および作業部会を設置することができる。会長は委員会への委託事項を定め、委員を任命し、委員会の任務が終了したと判断した時には、その解散を決定することができる。

現在、22 の委員会が設置され、オリンピック憲章で規定されている「IOC アスリート委員会」、「IOC 倫理委員会」、「IOC 指名委員会」、「オリンピック・ソリダリティー委員会」、「立候補都市評価委員会」、「オリンピック競技大会調整委員会」、「IOC 医事委員会」の他、「倫理」、「女性とスポーツ」、「財務」、「監査」、「法務」委員会などがある。IOC 委員のみが委員長になることができるとされ、IOC 委員の他にもアスリート、IF や NOC の代表、専門家などがメンバーとなることができる。なお、会長はすべての委員会と作業部会の職権上の委員とされている。

（7）IOC 委員

　IOC 委員にはどのような人がなっているのであろうか。新聞等では、五輪貴族[34]とも揶揄されているところであるが、オリンピック憲章規則 16 では、IOC 委員の資格・要件が定められている。IOC 委員は、まず 18 歳以上の自然人でなければならない。

　IOC 委員の総数は、115 名以内と定められているが、その選出はいくつかのカテゴリーに分かれている。まず第一に、現役選手枠があり、その総数は 15 名以内とされている。その次に、IF 枠（15 名以内）があり、IF の会長から選出される。さらに、NOC 枠（15 名以内）が置かれ、NOC 会長あるいは NOC の世界的な連合体の会長から選ばれる。これら職務や地位と結びついた委員は、その地位や職務から離れることで委員の資格を失うことになる。

　その他のカテゴリーとして、いわゆる一般枠（定員 70 名）がある。このカテゴリーの委員については、NOC の存在する国の国籍をもつ者とされ、同じ国籍を持つ委員が 1 名を超えてはならないとされている。（規則 16.1.1.1)。これは各国から IOC 委員が選出されることが期待されているといえる。しかし、70 名という数は必ずしも現存する国家の数と相応するものではなく、また全体的にヨーロッパ出身の委員が多い状況にあり、偏りがあるとも言われている[35]。また、IOC 委員のあり方については、アスリート委員が少ない一方で、職務や地位と結びつかない委員が圧倒的に多いとの評価もある[36]。

　IOC 委員の選出方法については、IOC 委員立候補者をすべて審査するために、IOC 指名委員会が設置される。同委員会で作成された立候補者の評価報告書が IOC 理事会で審査され、その後、総会に提案がなされ、多数決により決定されることになる（規則 16 付属細則 2、規則 21 付属細則 3）。

　IOC 委員の任期は 8 年で再任は可能とされている。なお、IOC 総会への出席、IOC 委員会への参加は委員の義務とされ、2 年連続欠席した場合には資格停止処分を受けることになる（規則 16.3.4)

1）室伏選手 IOC 委員資格取消事件

　2012 年 8 月 11 日に IOC は、IOC 選手委員に立候補していた陸上男子ハンマー投げの室伏広治選手が選挙活動規定に違反し、失格になったと発表した[37]。その後、室伏選手は、IOC の決定を不服として、CAS に提訴した。ここでは、室伏選手事件をもとに IOC 委員のあり方について考えてみたい[38]。

　本件の事案をまとめてみると以下の通りである。

　IOC 選手委員の投票は、オリンピック村が開村された、7 月 16 日から投票が開始され、7 月 20 日に候補者に対する説明会が開催された。この説明会には、室伏選手本人ではなく、JOC の担当者が代理で参加した。室伏選手自身は、7 月 20 日にロンドンに到着し、日本陸連の用意したトレーニング施設に向かった。7 月 25 日、投票所で日本人選手たちが日本語で書かれた指示書を持参してきていることが発見され、その指示書には、室伏選手が日本を代表する候補者であること、この選挙では、異なる競技から 4 人の現役選手が選ばれること、オリンピック選手村にいる他国の選手にも支援を要請することなどが記載されていた。また、投票所で室伏選手の顔写真付の携帯クリーナーが発見されたため、IOC 担当者は、JOC 担当者と室伏選手には電子メールで、これらを回収するよう要請するとともに、JOC の宿泊施設に（室伏選手が掲載された）日本アンチ・ドーピング機構（Japan Anti-Doping Agency, 以下 JADA と略）のポスターが貼られていたため、これも併せて撤去するように求めた。

　室伏選手は、何度かオリンピック村に立ち寄っていたようであるが、8 月 1 日まで JOC の用意したトレーニング施設に滞在し、8 月 2 日オリンピック村に戻るまでは、ほとんどオリンピック村にはいなかった模様である。そして、8 月 3 日から 5 日にかけてハンマー投げ競技会に参加し、大会終了後の 8 月 7 日に iPad を手にオリンピック村の食堂に現れ、選手のいるテーブルを回っていることが目撃され、IOC 担当者から食堂では選挙活動も iPad を使った選挙活動も認められていないことを告げられる。その後、選挙委員会は理事会にこの事を報告し、8 月 11 日室伏選手の資格取消の決定が告げられることになる。

　ところで、IOC では、「IOC 選手委員選挙活動に対する行動規範」というルー

ルが定められており、第3条では以下のような禁止事項が決められていた。
- オリンピック村の開村から選挙の終了まで、候補者は選挙活動をすることができる。
- 投票所近辺でのいかなる選挙活動も認められない。
- オリンピック村の内外において（NOCの居住エリアも含めて）、いかなる文書、ポスター、サイン、バナー、贈り物も行ってはならない。
- 候補者に投票するために、あるいは投票に参加せるために、金銭や物の使用（Tシャツ、帽子、写真等）は認められない。

さらに、第3条を受けて、第6条が違反行為に対する制裁を規定している。
a. 非公開の警告
b. 候補者の取消
c. 派遣団長との会合の場での譴責及び投票所での公示
d. 次期オリンピック大会で立候補する権利の取消
e. 次期オリンピック大会で立候補者を推薦するNOCの権利の取消

違反行為が繰り返される場合、あるいは、2つの異なる違反行為であってもそれが継続した違反行為である場合、2回目の違反行為は自動的に重大なものとなる。選挙委員会はaとbの制裁を課すことができるが、c、d、eについては、理事会の権限とされている。

2）仲裁判断の要旨

仲裁パネルは、最初の違反行為をした後で規約違反がなされたことを重視し最終的に室伏選手の訴えを斥けたが、その中でいくつかの理由を挙げるとともに、興味深い指摘も行っている。

まず、本件の選挙違反行為は重大なものと軽微なものに分けることができるとして、7月25日に発覚した選手への指示書の配布については、重大な違反行為であるとされ、その一方、携帯クリナーの配布や8月7日の室伏選手の食堂

での行動は軽微な違反であると判断した。

　前者の違反行為については、選手本人が関与したものではないため、なぜJOCによる違反行為の責任を負わなければならないのかが問題となった。「行動規範」は、この点に関して、何も言及されていなかった。仲裁パネルは、6月19日にIOCが関係者宛てに発行した情報書簡（information letter）に着目した。その書簡の中では「IF、NOC、スポンサー等を含めた組織によって候補者を支援することも選手が支援を受けることもできない」と記されていた。したがって、この書簡によって選手は責任を十分に認識することができたとして、立候補選手は自らの違反行為に責任を負うだけでなく、NOCによる違反行為にも責任を負わなければならないとして、JOCによる行動規範違反は選手にも責任があると判断された。

　仲裁パネルは、「JOCによる違反行為が選手に帰責されないとするならば、IOCの決定を支持することはなかったかもしれない。すなわち、本パネルが明らかにしたいことは、なぜ候補者としての資格性が取り消されたのかという最も重要な理由が選手よりもむしろJOCにあるということである。…結論として、候補者は過熱したNOCの被害者であり、彼自身の行動は、不正をしようと動機づけられていたわけでもなく、不誠実なものでもなかった。スポーツマンとしての彼の名声と高潔さは、全く輝きを失うものではない」と付言している。

　ところで、今回の選挙活動において、台湾人選手も同様に資格取り消しを受け、CASに提訴し、敗訴している（CAS 2012/A/2913）。この台湾選手の事件では選手自身によるキャンディの配布や食堂でiPadを使った選挙活動が問題とされていた。台湾選手からは、他の選手による同様の選挙活動の存在も指摘されており、処分を受ける選手とそうでない選手がいることの不公正さも選手側から主張されていた。仲裁パネルは、処罰を受けていない他の選手がいることが、本件申立人が処分を受けないという理由にはならないとして一蹴している。この事件での仲裁パネルの判断は正当なものであるが、もし食堂内において他の選手によるそのような活動が行われていたということが事実であったとすると、なぜそのような状況が発生していたのか（実は室伏選手も同様の主張をしていた）、ま

た、そもそもなぜ食堂内での選挙活動が禁止されていたのか、すなわち他の場所での選挙活動は許可されているにもかかわらず、なぜ食堂では禁止されたのかということが問われた。

　IOC側によると、選手の平穏、プライバシーの保護が理由とされ、食堂は、選手にとって食事、会合、社交、リラックスの場であり、その快適な空間で選挙活動をすることで選手に不快な思いをさせないためであるとの説明がされた。選挙活動が選手にとって「不快な思い」をさせるものであれば、なぜオリンピックの開催期間という選手にとってもっとも大事な時期に、IOC委員の選挙を設定したのか、そのこと自体が問われるべきであろう。さらに、選挙活動の説明会においてIOCの担当者は、食堂内でも他の選手からの質問に答える形での応答は認められていると説明しており、選挙活動が完全に禁止されているわけではなかった。そのため、食堂内での選挙活動は、ある程度、許容された状況にあったと考えられる。その結果、選手同士の会話が選挙活動であるのかどうか非常に曖昧な状況にあったといえる。この点では、英語が堪能な選手は特段のコミュニケーションツールを要しないが、そうではない選手にとっては何らかのコミュニケーションツールが必要となってくるため、自ずと選挙活動の方法に違いがみられることになるのではなかろうか。選挙活動の時期及び方法に問題があるように思われる。

　また、この問題は、IOC委員の制度そのものにも関係している。IOC委員の数が限定されている関係上、すべてのNOCの代表者がIOC委員になることはできない。その結果、IOC選手委員となることが、延いては、国の代表を送り込むという構造になる。そのため、選手候補者が「国益」の代表となり、NOCによる選挙応援が激化することにつながっているのではなかろうか[39]。

　大会期間中という現役選手にとってもっとも大事な時間にかつ、非常に限られた時間で選挙期間を設定していること、また政治的に利用されやすい状況になっているという現状を踏まえると、このような選挙制度は果たして現役選手の声を反映する構造になっているのであろうか。

(8) NOC の役割

　先述したように、NOC はオリンピック・ムーブメントの一翼[40]を担うものであるが、わが国にも、JOC という組織がある。NOC という組織がどのような役割を担い、IOC とどのような関係を有しているのであろうか。

　わが国での最初の NOC は、第5回ストックホルム夏季大会に参加するため、1911 年に設立された大日本体育協会である。この大日本体育協会は、戦後に日本体育協会と改称され、その後、1991 年に JOC が分離独立した。

　国内オリンピック委員会という名称が示すように、NOC は、オリンピック大会のための組織というイメージをもつ人もいるかと思われるが、NOC の役割については、オリンピック憲章（規則 27.2）では以下のように規定している。

- オリンピック教育プログラムの推進
- オリンピック憲章の遵守
- 高レベル競技の発展
- スポーツにおける差別・暴力の禁止
- アンチ・ドーピング規程の採択
- 選手の医療・健康に関する対策を奨励

　NOC は、オリンピック大会の開催そのものには直接、関与することはなく、オリンピック競技大会に参加する代表選手団を編成し、組織し、率いることがその役割の1つとされている。そして、NOC が選手団員に用具、輸送、宿泊を用意し、死亡や事故などによるリスクに備えた保険加入することも義務付けられている。

　ところで、NOC として活動するためには IOC の承認を受けなければならず、そのためには①法人格の取得、②オリンピック憲章の遵守、③ IOC による定款の承認が承認の要件とされている（規則 3.2）。この他、オリンピック憲章は、NOC の運営や構成についても言及している。まず、IOC 委員は自動的に NOC の構成メンバーとなり、NOC の執行機関のメンバーになるとされる。この他、IF

に加盟するすべての国内競技連盟の代表者の他、オリンピック競技大会に出場した実績のあるアスリート委員についても必ず構成員に含めなければならないため、NOCでは、国内競技連盟の代表がメンバーの大半を占めることになる。なお、NOCの委員は憲章で原則、無報酬と定められている。また、NOCおよびその執行機関の議決においては、国内競技連盟が議決権の過半数を占めなければならないとされ、さらにオリンピック競技大会に関する問題に関しては、国内競技連盟およびNOCの執行機関メンバーにしか投票権が認められていない（規則28.3）。

　NOCは世界各国において設立され、各国で1つのNOCが原則となっている。現在、NOCとして206団体が承認されている。この数は国連の加盟国（193ヵ国）を上回る。この相違は、オリンピック憲章での「国家」の定義に由来する。現行のオリンピック憲章は「国」の表現は、国際社会に独立国家として認められているものを指す（規則30）として、国連の加盟国と歩調を合わせている。かつてのオリンピック憲章では「オリンピック憲章のなかの『国』という表現は、ひとつの国、主権国家、領土、もしくは領土の一部で、IOCが独自の判断に基づいてIOC公認のNOCの領域であると考えるものを指すものとする」（オリンピック憲章1996年版規則34）として、IOCが独自の判断において国家を承認することができるという解釈がなされていた。したがって、香港や台湾なども1つのNOCとして認められてきたという経緯があり、現在もこれらは独自のNOCとして承認されている。その一方で、IOCは、チベットオリンピック委員会の創設については「チベットは中国の自治区でIOCが承認する国内オリンピック委員会ではない」として、個人資格による出場も拒否した[41]。

　IOCは、自国での法律等がNOCの活動を阻害したり、オリンピック憲章に違反する場合など「NOCの承認の取り消し、または資格停止」などの措置をとることができる（規則27.9）。実際に、インドやクウェートなどのNOCは、政府によるスポーツ界への干渉がオリンピック・ムーブメントの妨げになることを理由に、資格停止処分を受けている。NOCの承認が取り消されることになれば、NOCが存在しないということになり、オリンピックへ出場できないということ

になる。そのため、クウェート政府は、今夏開催される第31回リオデジャネイロ夏季大会（2016年）の参加をIOCから差し止められた問題で、クウェート・オリンピック委員会を相手に巨額の賠償を求める訴訟を起こしている[42]。IOCにとって政治的中立は重要なキーコンセプトであるが、裁判所がどのような判断を下すのか、今後、注目されるところである。

　NOCとして承認されることによって、いくつかの権利・特典が付与される。その1つが、オリンピック・ソリダリティーの援助[43]であり、もう1つはオリンピック資産の活用が認められることである[44]。

4　IOCの財源

　IOCはテレビ放送権、スポンサー権、入場料、ライセンス権などから収入を得ている。IOCの収入の約半分を放送権料が占めている。2009年から2012年の4年間に放送権料が38億5千万ドルで、スポンサー収入が9億5,000万ドルと言われている（『朝日新聞』2014年8月1日）。

　IOCは、第23回ロサンゼルス夏季大会（1984年）以来、正式名称日本語（The Olympic Partner，TOP）プログラムを展開している。これは、世界で五輪マークを使って宣伝できる企業を1業種1社に限定し、全世界での排他的なマーケティング権を付与している。たとえば、コカ・コーラがTOPパートナー企業となっているが、他の飲料メーカーはオリンピック関連の広告宣伝をすることはできない。

　2020年東京オリンピックではエンブレムの盗用が問題となったが、JOCやOCOGは、五輪マークそのものを使うことはできないため、独自のマークを作成し、スポンサー契約をすることができる仕組みとなっている。たとえば、JOCは、「JOCパートナーシッププログラム」のもと、日本国内でJOCのマーク、日本代表選手団に関する知的財産及びJOCが管轄する選手の肖像等を契約した商品・サービスの広告宣伝・販売促進に関連して使用することができる。

5　オリンピックの開催

　オリンピックを開催するためには、IOC との間で開催都市契約を締結しなければならない。第 32 回東京夏季大会（2020 年）の決定が 2013 年に発表されたように、オリンピック憲章では、「オリンピック競技大会の開催都市は大会開催年の 7 年前に選定される」（規則 33.2）。そのため、招致のための活動は、実際には、その 2 年前から開始される。

　オリンピック憲章によれば、「IOC は開催都市およびその国の NOC と書面による合意を交わす」として、オリンピックの開催は IOC との契約であることが明記され、必要があれば、国や地方等の機関も、IOC の裁量により、当事者となる（規則 33 及び付属細則 3.3）。この合意文書は、通常、「開催都市契約」と呼ばれ、IOC 側が作成した契約条項を開催地側が受諾する形になっている。開催都市が決定されるまでには、① IOC への届出→② IOC の開催条件に関する質問事項への回答→③ IOC 理事会（5 都市に選考）→④候補都市による招致ファイル（開催概要計画書）の提出→⑤評価委員会による審査・視察→⑥評価委員会レポートの IOC 委員への送付→⑦ IOC 総会でのプレゼン→⑧ IOC 委員の投票→⑨オリンピック開催都市の決定というプロセスとなっている。

　ところで、開催都市契約に先立ち、開催都市の立候補の段階で、「各立候補都市は IOC 理事会が要請する通りに財務保証を提出しなければならない。IOC 理事会は当該保証について、都市自身が発行すべきか、その他の権限を有する地域、地方、国の公共機関、または第三者が行うべきか判断する」（規則 33 付属細則 2.4）として、政府を含めた、関係機関に財務保証を求めている。さらに、「当該公的機関と NOC は、オリンピック競技大会が IOC の求める条件を満たし、その条件のもとで組織運営されることを保証しなければならない」（規則 33 付属細則 1.2）として、財務保証の他にも、政府機関がオリンピック憲章に従うことを保証する法的に拘束力のある証書の提出が求められている。

　さらに、「賠償責任」として、「NOC、OCOG および開催都市はオリンピック

競技大会の組織運営と開催に関して各自で、または 3 者そろって結んだ約束に対し、連帯して、かつ各自で責任を負う」と明記される一方で、「IOC はオリンピック競技大会の組織運営と開催について、なんら財政的な責任を負わない」（規則 36）としている。

　この開催都市契約が結ばれて、オリンピック組織委員会が設立されることになる。オリンピック憲章では、「OCOG はその国において法人格を持つものとする」（規則 35 付属細則 1）とされ、開催都市契約の締結から 5 ヵ月以内に法人化されなければならないとされている（開催都市契約 2 条）。なお、OCOG はオリンピック大会終了後には解散することになる。

　また、過去の開催都市などで構成されたオリンピック開催都市連合同連合（World Union of Olympic City, 以下 UMVO と略）という組織がある。同 UMVO では、これまでの開催の経験をもとにオリンピック開催に関し意見交換をしている。「アジェンダ 2020」では、「NOC と UMVO などの外部の組織の支援を受け、オリンピック競技大会の遺産を確実に監視する」（提言 4）として、オリンピック・レガシーを遺していくために UMVO の役割に期待が寄せられている。

結びに代えて

　本章では、オリンピック憲章の法的意義とともに IOC の法的地位、組織、役割を中心に考察を行ってきた。ここでは、これまでの考察結果をもとに、IOC の対内的な関係、対外的な関係における法的課題について確認しておきたい。

　IOC は対外的には国際法上の法主体として承認を受けないため、長年にわたり苦心を重ねてきた。IOC の事実上の国際機関としての地位は、私的な契約を通じて、国家を含めた、さまざまな組織や団体との間でオリンピック憲章を礎にしながら、形成してきたといえる。IOC を中心に形成されるいわゆるオリンピック共同体についても、IOC を中心に放射状に延びる無数の複合した契約関係から成立している。これら契約関係は IOC を頂点とした垂直的な関係であるためその優越的な地位の濫用が問題となる可能性や、IOC 側が一方的に作成する文

書は、約款としての法的規制や公序良俗といった契約法理が適用される余地もあると考えられる。

　また、IOC 憲章が憲法としてオリンピック共同体における最高法規性を主張するためには、「法の支配」の貫徹が求められる。具体的には、権力によって侵されない個人の人権の保障や法の適正手続などの整備が必要とされる[45]。オリンピック憲章において、人権に言及する条項としては「スポーツをすることは人権の1つである」(根本原則4)という抽象的な条文しか存在しない。スポーツ界をリードしていくためにも、今後、いかに人権規定を充実させていくかということも課題といえる。

　IOC の対内関係においては、2つのガバナンスが問題となる。1つは、IOC という法人内部のガバナンスの問題である。他の1つは、オリンピック・ムーブメントを担うオリンピック共同体の内部関係のガバナンス(グローバルガバナンス)の問題である。前者において、NOC や選手委員といった IOC 委員の選考のあり方をどのように考えていくのかということが重要な課題といえる。後者に関しては、共同体としてのスポーツの自治を主張していくためには、オリンピック共同体の民主化が求められている。いわゆるオリンピック・ムーブメントの末端として活動している NOC、NF などのステイクホルダーの意見発言の機会をどのように制度上確保していくのか、重要といえる。世界アンチ・ドーピング規程(WADA Code)の改正作業は、アスリートやサポートスタッフ、競技連盟、政府、各国アンチ・ドーピング機関、その他スポーツに参加するすべての人が意見を徴集している。オリンピック共同体の憲法を標榜するオリンピック憲章にとって、WADA Code の立法過程は参考になるものと考えられる。

　オリンピック憲章は IOC の存在に対する正当の源泉である。国際法上の人格としての IOC の地位はオリンピック憲章のグローバルな受容に依拠している。IOC やオリンピック憲章の受容は、オリンピック大会に対するグローバル社会の敬意に依拠している。そのため、冒頭で述べたようにオリンピック競技大会に対する魅力が低下していくことは、IOC の法的地位に関係なく、IOC の国際社会における地位の低下、すなわち契約の拘束力の低下をもたらすことになる。

註：
(1) レガシーに関しては、拙稿「ロンドンオリンピックからみる、レガシーとしてのオリンピック」中京大学社会科学研究所編『コモンウェルスにおけるレガシーの光と影』ナカニシヤ出版、2016年参照。
(2) 本章は、2015年版（英語版／日本語版）のオリンピック憲章をもとに記述している。
(3) クーベルタンの主導により、1894年6月23日にパリのソルボンヌ大学で国際アスレチック・コングレスが開催され、14ヶ国から79人の代表と49のスポーツ団体が参加し、IOCが設立された（ジム・バリー、ヴァシル・ギルギノフ／舛本直文訳『オリンピックのすべて　古代の理想から現代の諸問題まで』大修館書店、2008年、72頁）。オリンピック・コングレスは、IOC委員およびIOCの名誉会長、名誉委員、栄誉委員、IFとNOCの代表により構成される（規則4）。コングレスには、この他に大会組織委員会、選手、メディアの代表、スポンサー等も参加できる。「アジェンダ2020」（提言39）では、4年に1度の新たなコングレス（'Olympism in Action' コングレス）の開催が提案されている。
(4) 日本オリンピックアカデミー編『ポケット版オリンピック事典』楽、2008年、30-31頁。
(5) 平見俊之・來田享子「オリンピック憲章における参加資格規定関連条文の変遷に関する考察」日本体育学会大会予稿集65号、2014年、83頁参照。両氏からは学会大会当日に使用された資料のご提供を受けた。この場を借りて感謝申し上げる。
(6) Vedder (2013), The International Olympic Committee: An Advanced Non-Governmental Organization and the International Law, in *Transnational Law of Sports*, p.240.
(7) IOCは、オリンピック競技大会におけるIFの技術面の責任は各IFに委ねており、競技種目の規則、競技における最終順位の確定、審判員の選任などはIFに委ねられている。また、各競技のオリンピック・プログラムや、1種目当たりの競技者数、1ヵ国当たりの出場競技者数、出場チーム数の確定などについてIFからIOC理事会への提案することになっている。憲章規則42によれば、「オリンピック競技大会では競技者の年齢制限はない。ただし、IFが競技規則の中にそれを定め、IOC理事会により承認されている場合は、その限りではない」と規定している。たとえば、夏季オリンピックの男子サッカー競技では、23歳未満の選手しか選手登録できないことになっている。そして、本大会に

限って、この年齢制限に適合しない選手であっても各チーム3名を上限として登録可能とするというルールになっている。また、フィギュアスケートの浅田真央選手（当時15歳）が年齢制限のため、第20回トリノ冬季競技大会（2006年）への出場資格がないことが問題となったこともあった。
(8) その一方で、オリンピック憲章上は、NF、NOC、OCOG等の団体のIOCに対する発言権は規定されていない。
(9) Vedder, *supra* note 6, p.92
(10) Vedder, *Ibid*., p.91.
(11) 1991年のオリンピック憲章改正までは、IOCの国際法上の法人格は定義されてこなかった。それにもかかわらず、IOCは事実上国際法上の法人として活動してきた。
(12) スイス民法61条は、アソシエーションは商業登記することができるとされ、①目的追求のため、商業的機能を有する場合、②監査要件に服する場合には登記されなければならないとする。
(13) Ettinger (2013), The Legal Status of the International Olympic Committee, in *Transnational Law of Sports*, p.115-116.
(14) Vedder, *supra* note 6, p.291.
(15) 民法上の「認許」の意味をめぐって学説は分かれている。外国法上有効に成立した外国法人の法人格は、外国法適用の効果として内国で当然に承認され、なんら特別な承認行為を要しない。外国法人が外国法上有効に成立したか否かの問題と、外国法上有効に成立した外国法人がわが国において法人として「活動」することを認められるか否かの問題とは別個の問題であるとして、外国法人の認許とは、わが国において法人として活動するため法人格を承認されることである、とするのが、わが国の通説とされている。これに対して、法人格の付与は国家による処分行為であって、外国国家行為がなされている以上、日本としてできることはもはやその外国国家行為を承認するかどうかの問題であるとする。この説は、民事訴訟法118条が、法令または条約により外国裁判所の裁判権が認められる場合には、外国裁判所の判決は、その効力を有すると規定しているように、そもそも法人として「承認」するかどうかの問題であると捉えている（道垣内正人「法人」『法学教室』233号、2000年、120頁、河村博文「外国法人認許の意義」『早稲田法学』75巻3号、2000年、257頁以下参照）。
(16) 法人として認められることで、次のような権利能力が認められるが（①法人の名での契約締結、財産の取得、②法人の訴訟当事者能力、③法人名義の

財産に対する強制執行、④法人の名での不動産の登記、⑤法人の登記・公示、⑥法人財産に対する構成員の持分の譲渡性、⑦構成員の有限責任（河村・前掲注15　274-275頁参照））、権利能力なき社団についても①〜③、⑦については判例上認められている。

(17) 不認許の外国法人が裁判上当事者になることができるかどうかが争われた事案で、東京高裁は、「民事訴訟法上の当事者能力の有無を判断するに当つては、当該外国法人が外国法上有効に成立しているかどうか、…の考察をもって足り、わが国において法人としての権利享有の承認に関する民法の認許は問題とする余地はない」（東京高判昭和49年12月20日『判例時報』773号、1975年、89頁）として、認許されない外国法人の当事者能力を認めている。

(18) Ettinger, *supra* note 13, p.113.

(19) 宇佐美初男「赤十字百周年記念とジュネーヴ4条約」『ジュリスト』287号、1963年、59頁。

(20) Vedder, *supra* note 6, p.104.

(21) 小寺彰・岩沢雄司・森田章夫編『講義国際法　第2版』[植木俊哉] 有斐閣、2010年、198-205頁参照。

(22) IOCとローザンヌ市との間の協定において、IOCに特別区域（extra-territoriality）という地位を付与したとされる（Vedder, *supra* note 6, p.96）。

(23) オリンピック憲章において、オリンピック大会における国家の役割について考慮する必要があるとの指摘もある（Vedder, *ibid*, p.103）。

(24) バチカン市国、スイス、アフリカ連合、英連邦、EU、赤十字国際委員会（ICRC）、国際赤十字社連盟（IFRC）などが承認されている（General Assembly of the United Nations, Note by the Secretariat（A/INF/70/5）（6 January 2016 参照）。

(25) Vedder, supra note6, pp.107-108.

(26) その一方で、超国家的なグローバル・ガバナンスの中に主権国家が埋没するという指摘もある（興津征雄「グローバル化社会と行政法―グローバル・ガバナンスへの日本の学説の対応」『法律時報』88巻2号、2016年、81頁）。

(27) 永石啓高「オリンピック憲章に規定されるオリンピック理念」『苫小牧駒澤大学紀要』16号、2006年、50-51頁参照。

(28) 「オリンピズムの根本原則」として①オリンピズムに関する定義、②オリンピズムの目的、③オリンピック・ムーブメントの定義、④人権規定、⑤スポーツ団体の自律とグッドガバナンス、⑥差別の禁止、⑦オリンピック・ムーブメントの一員となるための要件、という7つの項目を定めている。

(29) その他にもIOC総会に次のような権限を有している。

- NOC や IF 等の正式承認またはその取り消し（規則 3）
- オリンピック・コングレスの開催の決定（規則 4 付属細則 1）
- IOC 委員の定年の延長（規則 16 3.3）
- 委員資格の停止（規則 16.3）
- IOC 倫理委員会の委員長と委員の選出（規則 22）
- オリンピック競技大会のプログラムの決定・改定（規則 45）
- 対応措置と制裁措置の決定（規則 59）

(30) IOC は、「NOC の連合体」を承認できる（規則 3.2.）。NOC 連合（Association of National Olympic Committees, ANOC））は、1979 年に創設され、NOC の利益を代表するものとされている。2010 年まではパリに置かれていたが、スイスのローザンヌに移転した。5 大陸ごとに NOC 連合体も組織され、各国の NOC はいずれかの連合体に加盟することになっている。この団体は、各国 NOC の対話・情報交換・交流を図っている。

(31) Jean-Loup Chappelet and Brenda Kubler-Mabbott, *The International Olympic Committee and the Olympic System: The Governance of World Sport* (Global Institutions), p.27.

(32) その他にも IOC 理事会の役割について規定がある。
- NOC、IF などの承認についての判断、暫定承認の決定（規則 3）
- オリンピック・コングレスの審議事項と議事日程の決定（規則 4 付属細則）
- ライセンス使用権（規則 7.4）
- NOC によるオリンピック・シンボル、旗、モットー、賛歌の使用に対する事前承認（規則 7 ～ 14 付属細則 3.2、規則 31）
- IOC 委員の再選の手続きの定め（規則 16.1.7）
- IOC 委員の定年延長の提案（規則 16.3.3）
- IOC 委員資格の停止除名の提案（規則 16.3.4 及び 3.8）
- 名誉会長、名誉委員、栄誉委員の総会への提案（規則 16.4）
- 総会の組織運営と準備（規則 18 付属細則 1）
- 会長選の選挙規則の策定（規則 18 付属細則 6）
- IOC 専門委員会の規則・手続きの策定（規則 21）
- NOC の承認の取り消し等の決定（規則 27.9）
- NOC 申請者の定款の承認（規則 27、28 付属細則 1.3）
- NOC の名称の承認（規則 30.1）
- オリンピック競技大会の開催日程（規則 32）
- 開催都市選定の手続きの策定（規則 33）

- 立候補都市の受理についての決定（規則33.1）
- 立候補都市に対する財務保証の要請（規則33.1.6）
- 立候補都市の最終リストを作成（規則33.2.4）
- 開催都市以外の都市でのオリンピック競技実施の許可（規則34）
- OCOGに対する指示（規則35付属細則3）
- オリンピック村に宿泊するチーム役員、およびその他のチーム関係者の割当（規則38付属細則2）
- 文化プログラムに対する承認（規則39）
- IFの作成する競技の参加資格基準の承認（規則40付属細則1）
- 競技者の国籍の決定（規則41.2）
- オリンピック競技大会のすべての参加者数、参加登録者の決定（規則44.5、規則44付属細則1及び2）
- オリンピック競技大会の種目プログラムの決定（規則45付属細則2）
- 競技種目の日程・タイムテーブルについての最終的な決定（規則46.4）
- ドーピング検査を受ける競技者の選定及びアンチ・ドーピング対策の策定（規則46.5）
- ジャッジ、レフェリー、その他の技術役員の人員総数の決定（規則46付属細則1.4及び3.5）
- IFごとのオリンピック競技プログラムの確定（規則46付属細則3.1）
- IFによる試合方式についての承認（規則46付属細則6.3.4）
- OCOGによるユースキャンプ開催の許可（規則47）
- メディアによる取材・中継に関するすべての決定権（規則48.2）
- オリンピック競技大会に関連する出版物についての指示と許可（規則49）
- オリンピック競技大会を含めた、あらゆる形態の広告またはその他の宣伝についてのガイドライン策定（規則50付属細則1）
- プロトコル（儀礼上の約束事）の決定（規則51.1）
- オリンピック身分証明兼資格認定カード取得者の決定（規則52.2）
- IOC決定の適用や解釈をめぐる紛争についての唯一の解決機関（規則61.1）

(33)『朝日新聞』2013年9月12日。
(34)「五輪貴族」とも評される委員の顔ぶれは多彩だ。オランダ国王をはじめ、王室・王族関係者は10人以上いるし、政治家、弁護士もいる（『朝日新聞グローブ』116号、2014年）。
(35) IOC委員の出身を地域別にみれば、ヨーロッパ45人、アジア23人、米州18人、アフリア12人、オセアニア6人ということで、依然として欧州中心の

構造となっている（『朝日新聞グローブ』116 号）。
(36)「世界で最も排他的なクラブ」とも評されている（Ettinger, *supra* note11, p.129.）。
(37) 室伏選手は今回の IOC 選手委員による投票で、立候補した 21 人のうち、1 位で当選していたという（『朝日新聞』2012 年 8 月 13 日）。
(38) Koji Murofushi & Japanese Olympic Committee v. International Olympic Committee（CAS 2012/A/2912）
(39) これは、東京招致のための選挙であった（「JOC、甘い規定認識」『朝日新聞』2013 年 5 月 23 日）。
(40)「オリンピック・ムーブメントにはオリンピック競技大会の組織委員会（OCOG）、IF および NOC に所属する国内協会、クラブ、個人も含まれる。」とされ、たとえば、JOC の加盟団体には、オリンピック競技に直接関わらない、日本相撲連盟や全日本剣道連盟、全日本薙刀連盟も加盟しており、規約上は、オリンピック・ムーブメントの一翼を担っていることになる。
(41)『朝日新聞』2007 年 12 月 11 日。
(42)『朝日新聞』2016 年 1 月 15 日。
(43) オリンピック・ソリダリティーとは、IOC が承認した NOC に対して支援を行っていく事業である（規則 5）。Solidarity とは団結、連帯を意味する言葉で、当初は、アジア・アフリカの独立諸国への支援委員会として発足し、1971 年よりオリンピック・ソリダリティー委員会が運営している。具体的には、「IF と協力し、奨学金制度などにより、選手とコーチの技術水準を向上させること」や「オリンピック競技大会に参加する選手とチームの準備」などを支援する活動である。オリンピック・ソリダリティーの活動には年間 1 億ドル以上の予算が使われている。
(44) IOC の資産は、4 億 5,500 万ドル（約 455 億円）とされている（『朝日新聞』2013 年 8 月 30 日）。オリンピック憲章によれば、オリンピック・シンボル、旗、モットー、賛歌などがオリンピックの資産とされ、NOC は IOC の許可を得てこれら資産を使用することができる（規則 7）。
(45) 芦部信喜『憲法　第六版』岩波書店、2015 年、14 頁。

参考文献

稲垣康介「IOC という組織」『現代スポーツ評論』30 号、2014 年、120-130 頁
宇佐美初男「赤十字百周年記念とジュネーヴ 4 条約」『ジュリスト』287 号、1963 年、59 頁。

浦川・吉田・石堂・松本・入澤編『標準テキスト　スポーツ法学』エイデル研究所、2016 年

興津征雄「グローバル化社会と行政法」グローバル・ガバナンスへの日本の学説の対応『法律時報』88 巻 2 号、2016 年、79-85 頁。

河村博文「外国法人認許の意義」『早稲田法学』75 巻 3 号、2000 年、257-285 頁。

木村吉次編著『体育・スポーツ史概論』市村出版、2010 年。

小寺彰・岩沢雄司・森田章夫編『講義国際法　第二版』有斐閣、2010 年。

Chappelet, Jean-Loup and Kubler-Mabbott, Brenda, *The International Olympic Committee and the Olympic System: The Governance of World Sport*, Routledge, 2010.

道垣内正人「法人」『法学教室』233 号、2000 年 115-125 頁。

Nafziger, *Transnational Law of Sports*, Edward Elgar, 2013.

永石啓高「オリンピック憲章に規定されるオリンピック理念」『苫小牧駒澤大学紀要』16 号、2006 年、37-73 頁。

日本オリンピックアカデミー編『ポケット版オリンピック事典』楽、2008 年。

ジム・バリー、ヴァシル・ギルギノフ／舛本直文訳『オリンピックのすべて　古代の理想から現代の諸問題まで』大修館書店、2008 年。

平見俊之・來田享子「オリンピック憲章における参加資格規定関連条文の変遷に関する考察」日本体育学会大会予稿集 65 号、2014 年、83 頁。

Mestre, Alexandre Miguel, *The Law of the Olympic Games*, Asser, 2009.

＊本稿は、㈶民事紛争処理基金の平成 26 年度研究助成「スポーツ仲裁を通じた法形成に関する実証的研究」による研究助成を得て行った研究の一部である。

第2章

オリンピックの経済効果

中山 恵子
白井 正敏
山田 光男
藤川 清史

1　経済効果とは

　2013年IOC総会で2020年夏季オリンピック・パラリンピックの開催地が東京都に決定した。その前後から、政府、地方自治体、民間機関がオリンピックの経済効果を相次いで公表している。

　経済効果とは、ある現象が特定の国や地域の経済に及ぼす影響を意味する。経済効果は、水面に投げ込まれた石が次々に波紋を起こすように、ある現象の影響がさまざまな産業間取引を経て多方面に連鎖的に及ぶため、経済波及効果とも呼ばれている。

　経済効果は、直接効果と間接効果に、さらに間接効果は、第一次間接効果と第二次間接効果に分類され、これら直接効果と間接効果の合計が総合効果として扱われる。

　東京都はオリンピック招致の際に、2020年第32回東京夏季大会（以下、東京オリンピックと略）開催に伴う経済効果を2兆9,400億円と試算した[1]。分析対象期間は2013年から2020年、分析対象地域は東京都および全国、経済効果

の内訳は直接効果が1兆3,000億円、第一次波及効果が約9,900億円、第二次波及効果が約6,500億円であった。

しかし、一口に東京オリンピックの経済効果といっても、その金額は公表主体によって大きな開きがある。以下は、民間の研究所が行った試算結果である。

表1　民間研究所試算の経済効果の比較

	予測金額	公表日
SMBC日興証券[2]	4.2兆円	2013年9月
大和証券[3]	150兆円	2013年9月
日本総合研究所[4]	6.8～11.8兆円	2013年9月13日
みずほ総合研究所[5]	2.5兆円	2013年9月27日
みずほ総合研究所[6]	36兆円	2014年12月10日
三菱UFJモルガンスタンレー証券[7]	29.3兆円	2013年9月19日
森記念財団都市戦略研究所[8]	19.4兆円	2014年1月6日

資料：著者作成

いずれも開催までの7年間にもたらされる経済効果の予測値であるが、2.5兆円から150兆円とその金額に大きな差がある。これは、計算の前提としてどのような需要を取り入れるのか、何次までの波及効果を考慮するか、対象とする現象の範囲や期間をどの程度に設定するのかなどの差異によるものである。

東京都とみずほ総合研究所（2013）の金額が少額となっているのは、大会開催の有無にかかわらず建設される道路や鉄道などのインフラ整備費を試算対象外としているためである。また、大和証券の金額が突出しているのは、観光産業を95兆円、政府のインフラ投資を55兆円と多大に試算していることに起因している。

みずほ総合研究所（2014）、三菱UFJモルガンスタンレー証券、日本総合研究所、森記念財団都市戦略研究所はオリンピック開催が後押しとなって生ずる付随的な効果を加味しているという点で共通している。特に、竹中平蔵氏が所長を務める森記念財団都市戦略研究所では、オリンピック開催に伴う先行きへ

の希望から消費活動などが活性化することをドリーム効果と名付け、ハード効果のみならず、ソフトパワー効果にも注目すべきと示唆した。

オリンピックに限らず、経済効果に関する報道は多い。インフラの整備、大規模商業施設の開業、国際的なスポーツイベントの開催には寧ろ欠かせないものとなっている（具体的な事例に関しては、たとえば、宮本（2012）、小長谷・前川（2014）参照）。さらに、政策の是非を問う際にも、経済効果は重要な指針となっている。

紆余曲折を経て、漸く大筋合意に至った環太平洋戦略的経済連携協定（Trans-Pacific Strategic Economic Partnership Agreement、以下TPPと略）であるが、政府内でも経済効果の表現は混迷を極めた。農林水産省は、TPPに参加した場合には農業部門では4.1兆円、GDPにおいては7.9兆円がそれぞれ減少するとの見解を示した。他方、経済産業省は、TPPに参加しなければ国内総生産（Gross Domestic Product、以下GDPと略）は10.5兆円減少すると試算した。さらに、2013年3月、内閣府は「関税撤廃した場合の経済効果についての政府統一試算」[9]としてTPPへの参加はGDPの3.2兆円増加と農林水産物生産額の3.0兆円減少をもたらすと公表した。これら府省による経済効果の隔たりは、試算の前提および効果の導出方法の違いによるものである。農林水産省は、農業への影響に特化するとともに主要農産物の関税を直ちに撤廃する場合を仮定しているのに対し、経済産業省は基幹産業への影響に焦点をあて、内閣府はTPPをはじめさまざまな自由貿易協定（Free Trade Agreement, FTA）を締結した状況を想定したためである。

産業連関表を用いた経済効果は、われわれの判断基準として非常に有用なものであるが、反面、試算の金額を鵜呑みにせず、試算の前提や分析対象の範囲、効果の導出方法にも目を向ける姿勢が必要である。

2　経済効果の導出方法

経済効果は、国内経済において一定期間（通常1年間）に行われた財（含サー

ビス）の産業間取引を行列表示した産業連関表に基づいて試算される。

　産業連関表は、1936年、アメリカのノーベル賞受賞経済学者ワシリー・レオンチェフ（Wassily Leontief, 1906~1999）がアメリカ経済を対象とする産業連関表の構想を発表したのが最初とされている（Leontief, 1936））。このLeontiefによる産業連関表による経済分析の手法、いわゆる産業連関分析は、第二次世界大戦後の経済予測において他の分析手法に比して非常に高い精度を示したため、その有用性が認められ、世界各国へと普及した。

　わが国における産業連関表は、経済審議庁（後の経済企画庁、現内閣府）、通商産業省（現経済産業省）等が独自に試算表として作成した1951年を対象年次とするものが最初である。55年を対象年次とするもの以降は、5年ごとに作成され、現在は総務省を中心とした関係10府省庁の共同事業として実施されている。この他にも、経済産業省による地域産業連関表や延長産業連関表、各自治体による都道府県・市産業連関表をはじめ、多数の産業連関表が作成され、目的に応じて幅広く利用されている。

　産業連関表は、取引基本表、投入係数表および逆行列係数表から構成される。取引基本表がその中核をなすため、取引基本表を産業連関表と称することもある。

　2部門から成る簡素化した経済を仮定する。

　取引基本表は、表2のように、部門相互間や部門と最終需要との間で取引された財の金額を行列表示したものある。

表2　取引基本表

	部門1	部門2	最終需要	国内生産額
部門1	x_{11}	x_{12}	f_1	x_1
部門2	x_{21}	x_{22}	f_2	x_2
付加価値	v_1	v_2		
国内生産額	x_1	x_2		

資料：著者作成

　ただし、$x_{ij}(i=1,2;j=1,2)$ は、部門 j がその生産物を生産するために部

門 i から投入した原材料の額である。

　部門1を横（行）方向に見ると、中間需要 x_{11} と x_{12} に最終需要 f_1 を加えたものが総供給 x_1 となることが表されている。一方、部門1を縦（列）方向から眺めれば、総供給 x_1 から中間投入 x_{11} と x_{21} を差し引いたものが付加価値 v_1 となっていることが理解される。換言すれば、表の横方向は各部門の販路構造を、縦方向は投入構造を示している。

　したがって、需給均衡式

$$x_{i1} + x_{i2} + f_i = x_i \quad (i = 1, 2) \quad (1)$$

および、収支均衡式

$$x_{1j} + x_{2j} + v_j = x_j \quad (j = 1, 2) \quad (2)$$

が成立する。

　この取引基本表に基づいて、投入係数表と逆行列係数表が作成される。投入係数とは、取引基本表の縦の列部門ごとに、投入額を当該部門の生産額で除すことによって得られる。投入係数を $a_{ij} = x_{ij}/x_j$ $(i = 1, 2 ; j = 1, 2)$ と定めれば、a_{ij} は部門 j がその生産物を1単位生産するのに必要な部門 i からの投入額を表している。また $a_{vj} = v_j/x_j$ $(j = 1, 2)$ は生産要素の原単位を示している。表2にこれら計算を施せば、表3の投入係数表が得られる。

表3　投入係数表

	部門1	部門2
部門1	a_{11}	a_{12}
部門2	a_{21}	a_{22}
付加価値	a_{v1}	a_{v2}
国内生産額	1.0	1.0

資料：著者作成

（1）式は、a_{ij} を用いて

$$a_{i1}x_1 + a_{i2}x_2 + f_i = x_i \quad (i = 1, 2) \quad (3)$$

と書き改められる。この（3）式を行列表示し、

$$\begin{bmatrix} a_{11} & a_{12} \\ a_{21} & a_{22} \end{bmatrix} \begin{bmatrix} x_1 \\ x_2 \end{bmatrix} + \begin{bmatrix} f_2 \\ f_2 \end{bmatrix} = \begin{bmatrix} x_1 \\ x_2 \end{bmatrix} \qquad (4)$$

を得る。$\mathbf{A} = \begin{bmatrix} a_{11} & a_{12} \\ a_{21} & a_{22} \end{bmatrix}$ は投入係数行列、$\mathbf{f} = \begin{bmatrix} f_1 \\ f_2 \end{bmatrix}$ は最終需要ベクトル、$\mathbf{x} = \begin{bmatrix} x_1 \\ x_2 \end{bmatrix}$ を生産額ベクトルと定めれば、(4) 式は、

$$\mathbf{A}\mathbf{x} + \mathbf{f} = \mathbf{x} \qquad (5)$$

さらに、

$$(\mathbf{I} - \mathbf{A})\mathbf{x} = \mathbf{f} \qquad (6)$$

と変形される。これを $\mathbf{x}$ について解けば、

$$\mathbf{x} = (\mathbf{I} - \mathbf{A})^{-1}\mathbf{f} \qquad (7)$$

が求められる。ここで $\mathbf{I}$ は単位行列、$(\mathbf{I} - \mathbf{A})^{-1}$ は $(\mathbf{I} - \mathbf{A})$ の逆行列である[10]。(7) 式は生産決定モデル、$(\mathbf{I} - \mathbf{A})^{-1}$ は Leontief 逆行列とも称される。$(\mathbf{I} - \mathbf{A})^{-1}$ の要素は逆行列係数といわれ、$(\mathbf{I} - \mathbf{A})^{-1}$ の第 (i, j) 要素を b_{ij} で表せば、逆行列係数表は、表4のように与えられる。

表4　逆行列係数表

	部門1	部門2
部門1	b_{11}	b_{12}
部門2	b_{21}	b_{22}
列和	$b_{11} + b_{21}$	$b_{12} + b_{22}$

資料：著者作成

　逆行列係数表は、特定部門の最終需要の供給を1単位行うために、直接的・間接的に要される各部門の生産増加量が、どの程度になるかを示した表である。したがって、この表の列和は、当該部門に新規最終需要が1単位発生した時の各部門への波及効果の合計に相当する。

　これまでは、輸入を考慮しない単純なモデルで説明してきたが、現実の経済

では、各種財が輸入され、国産のそれらと合わせて消費されている。輸入を取り入れた場合には、モデルは国産品と輸入品を区分して取り扱う非競争輸入型とそうではない競争輸入型に分類され、それに応じて逆行列係数も変更される。$(\mathbf{I}-\mathbf{A})^{-1}$ 型の逆行列係数でも経済分析を行うことは可能であるが、このモデルでは輸入額が最終需要とともに外生的に決定されるため、実態と馴染まず、あまり利用されていない。また、非競争輸入型の $(\mathbf{I}-\mathbf{A}^d)^{-1}$（$\mathbf{A}^d$ は国産財投入係数行列）では、輸入品の投入比率が部門間で異なる場合を分析できる。ただ、わが国では一般的に、競争輸入型を非競争輸入型に擬制した $[\mathbf{I}-(\mathbf{I}-\hat{\mathbf{M}})\mathbf{A}]^{-1}$ 型逆行列係数（$\hat{\mathbf{M}}$ は輸入係数 m_i を対角要素とし、非対角要素を 0 とする対角行列）が利用されている。

　分析目的に応じて逆行列係数を選択することが望ましいが、何れの型に関しても投入係数の安定性や逆行列の非負可解性が保証されねばならない（たとえば、宮沢（2002）、二階堂（2012）参照）。

3　経済効果の新たな視点

　2020 年の東京オリンピック開催に向けて、開催に伴う経済効果やオリンピック特需に期待が寄せられている。従来の経済効果は、大会関係施設整備にかかる資本投資、開閉会式、競技運営、輸送・セキュリティ費用をはじめとする大会運営費、大会関係者や国内外観戦客による交通費、宿泊費、飲食費、買物代などの消費支出、関連グッズやオリンピック開催を機にした耐久消費財のテレビの購入費などの家計支出がその対象であった。

　オリンピックが外国人観光客の増加や雇用の創出に貢献し、景気が浮揚するとの見方も多い。しかし、過去の事例から見て、開催国の期待通りの経済効果が実現される保証はなく、景気拡大効果が一時的に望めるにしろ、わずかな開催期間であるオリンピックに莫大な費用を費やすことへの批判の声もある。経済効果自体に懐疑的な研究もある。例えば、Baade and Matheson（2002）は、「1994 年以降に、アトランタが通常の水準を超えて達成した経済成長がすべて 1996 年

に開催されるオリンピック関連の公共事業の恩恵であるとすれば、アトランタはフルタイムまたはパートタイムの職を一つ創出するのに約 63,000 ドルを要したことになる」とオリンピックによる支出が経済活動の効率性を阻害したことを指摘した。

　しかし、最近になって、オリンピックの経済効果を新たな視点から分析した論文が注目されている。Rose and Spiegel（2009）は、国別のデータをもとに計量分析を行い、オリンピックの開催国の輸出が長期的に 20%増加することを明らかにした。大竹（2015;pp.39-43）やニューズウィーク日本版[11]にも Rose and Spiegel（2011）が取り上げられている。しかも、興味深いのは、実際に開催国に選出されずとも、招致レースに参加するだけで同様の結果になるというのである。

　Rose and Spiegel（2009）は、オリンピック招致への立候補が、立候補国政府の貿易自由化への真剣な取り組みとして他国や投資家・企業家からの信頼を得るシグナルの役割を果たしていると解釈している。事実、1964 年、東京オリンピックの開催年にわが国は国際通貨基金（International Monetary Fund, 以下 IMFと略）と経済協力開発機構（Organisation for Economic Co-operation and Development, 以下 OECD と略）に加盟した。また、バルセロナでの第 25 回夏季大会開催が決定した 1986 年にスペインは欧州経済共同体（European Economic Community, 以下 EEC と略）への加盟をはたした。中国も第 29 回北京夏季大会（2008 年）の招致が決定した 2001 年に世界貿易機関（World Trade Organization, 以下 WTO と略）への加盟が認められた。

　Spence（1973）が教育経済学におけるシグナリング理論を提唱して以来、シグナリングはゲーム理論にも取り入れられている（たとえば、澤木（2014））。しかし、Rose and Spiegel（2009）によるシグナリングは、逆の効果をもたらすことにも注意を払わねばならない。開催国がオリンピック開催までに、あるいは開催後に不祥事などを起こせば、逆の意味でのシグナルを放つ可能性がある。このシグナルによって開催国の信頼が失墜すれば、オリンピック開催は開催国の経済に負の効果を与えることとなる。

本研究の今後の研究課題としては、特にアジアで開催されたオリンピック―第 18 回東京夏季大会（1964 年、日本）、第 24 回ソウル夏季大会（1988 年、韓国）、第 29 回北京夏季大会（2008 年、中国）―に注目し、シグナリング効果を含めたオリンピック開催の経済効果を検討・実証し、2020 年開催の東京オリンピックの経済効果を推計することである。その際、従来型の経済効果のみならず、オリンピック終了後の投資や需要の減少がもたらす景気冷却効果にも配慮する必要があろう。

註：
(1) http://www.metro.tokyo.jp/INET/OSHIRASE/2012/06/20m67800.htm
(2) 2013 年 9 月 10 日 産経ニュース
　　http://www.sankei.com/economy/news/130910/ecn1309100044-n2.html
(3) 2013 年 9 月 8 日 日本経済新聞
　　http://www.nikkei.com/article/DGXNASDG0302Y_T00C13A9GO2000/
(4)「2020 年東京五輪の経済効果をどうみるか ― 7 〜 12 兆円の景気浮揚効果 ―」
　　http://www.jri.co.jp/MediaLibrary/file/report/researchfocus/pdf/7023.pdf
(5)「2020 東京オリンピックの経済効果〜五輪開催を触媒に成長戦略の推進を〜」
　　https://www.mizuho-ri.co.jp/publication/research/pdf/urgency/report130927.pdf
(6)「2020 東京オリンピック開催の経済効果は 30 兆円規模に ―マクロアプローチと個別効果の積み上げによる試算」
　　http://www.mizuho-ri.co.jp/publication/research/pdf/report/report14-1210.pdf
(7)「2020 年東京五輪が日本経済に与える影響」
　　http://www.sc.mufg.jp/report/business_cycle/bc_report/pdf/bcr20130919-2.pdf
(8)「2020 年東京オリンピック・パラリンピック開催に伴う我が国への経済波及効果」
　　http://www.mori-m-foundation.or.jp/pdf/140107_Olympic2020_release.pdf
(9) 内閣府　www.kantei.go.jp/jp/singi/keizaisaisei/dai5/siryou1.pdf
(10) 投入係数の安定性や逆行列の非負可解性については、例えば、宮沢（2002）、二階堂（2012）に詳しい。

(11) ニューズウィーク日本版 2013 年 3 月 18 日

参考文献

大竹文雄（2015）『経済学のセンスを磨く』日本経済新聞出版社

小長谷一之・前川知史編（2014）『経済効果入門　地域活性化・企画立案・政策評価のツール』日本評論社

澤木久之（2014）『シグナリングのゲーム理論』勁草書房

二階堂副包（2012）『現代経済学の数学的方法─位相数学による分析入門』岩波オンデマンドブックス

宮沢健一（2002）『産業連関分析入門（新版）』日経文庫

宮本勝弘（2012）『「経済効果」ってなんだろう？』中央経済社

Baade, R. A. and V. A. Matheson(2002), "Bidding for the Olympics: Fool's Gold?" *Transatlantic Sport*. Eds. Carlos Barros, Murad Ibrahim, and Stefan Szymanski. London: Edward Elgar Publishing, pp.127-151.

Leontief W.(1936), "Quantitative Input and Output Relations in the Economic System of the United States". *Review of Economics and Statistics* 18, pp. 105-125.

Rose, A. K. and M. M. Spiegel(2009), "The Olympic Effect", *NBER WORKING PAPER SERIES Working Paper* 14854, NATIONAL BUREAU OF ECONOMIC RESEARCH, http://www.nber.org/papers/w14854.

Rose, A. K. and M. M. Spiegel(2011), "The Olympic Effect", *The Economic Journal*, 121, pp.652-677.

Spence, A.M.(1973), "Job Market Signaling", *Quarterly Journal of Economics* 87, pp.355-374.

第3章

オリンピックとミュージアム

亀井 哲也

1 古代ギリシャ文明の2つの遺産

(1) 古代ギリシャ文明

　地中海に生まれた古代ギリシャ文明は、現代にまで伝わるさまざまな文物や思想を生み出した。紀元前8世紀に始まった古代オリンピックも、この章で取り上げるミュージアムもまたその産物である。ヨーロッパにおいて、古代オリンピックが行われていた古代ギリシャ時代は、ヨーロッパ社会が共有する文化の源と認識されている。それ以外の地域の者も、さまざまなヨーロッパ由来の学問やミュージアムのような施設、そしてオリンピックのようなイベントや思想の影響を受け、恩恵に浴しており、古代ギリシャ文明は人類社会が共有する文化の源ともいえるであろう。

(2) ミュージアムの起源

　多くの神々を崇拝した古代ギリシャでは、芸術や学問をつかさどる9人の女

神たちをムーサイ（単数形はムーサ）、その祠堂をムーセイオンと呼びならわしていた。これが英語ミュージアムの語源である。

その後、哲学者プラトンやアリストテレスが紀元前4世紀に開設した学校（アカデメイア、リュケイオン）にムーサイを祀るムーセイオンを建てたことで、祠堂という意味から学堂という意味に転じ、教育機関や研究機関をムーセイオンと呼ぶようになった。

古代ギリシャ文明が地中海沿岸に広まるにつれ、ムーセイオンも各地に建設された。その代表例が、古代エジプトのアレクサンドリアに、時のファラオ、プトレマイオス1世が設立した総合学術機関としてのムーセイオンである。当時世界最大の図書館といわれたアレクサンドリア図書館も、このムーセイオンの付属機関であった。プトレマイオス1世は、マケドニア出身で、アレキサンダー大王の部下であった人物である。ムーセイオンにはギリシャから多くの学者や芸術家が招聘され、エジプトのヘラス化（ヘレニズム化、ギリシャ化）が図られた。

ムーセイオンは古代ギリシャ文明衰退の後もローマ帝国のもと存続したが、ローマ帝国のキリスト教国教化の動きに伴って破壊された。これは古代オリンピックが終焉した理由とまったく同じである[1]。

（3）古代ギリシャ文明と近代ミュージアム

近代ミュージアムは、一般公開と常設化をその特徴とする。18世紀の大英博物館（1759年開館）やルーヴル美術館（1793年開館）を嚆矢とするが、大学立としてはオックスフォード大学のアシュモレアン博物館（1683年開館）までさかのぼることができる。

18世紀から20世紀前半にかけては、こうした近代ミュージアムのコレクション拡大期にあたる。前述の通り、ヨーロッパ社会の共有する文化の源である古代ギリシャ文明は、コレクションの主要な対象の1つとなり、ギリシャは列強各国による文化財略奪の舞台となった。その一例が、大英博物館に展示されている「エルギン・マーブルズ」である[2]。

1) エルギン・マーブルズ

19世紀初頭、在オスマン帝国イギリス特命全権大使としてコンスタンティノープル（現イスタンブール）に赴任していた第7代エルギン伯爵トマス・ブルース（以下、エルギンと略）は、当時オスマン帝国領であったアテネのパルテノン神殿の彫刻に関心を抱き、時のスルタンから調査・研究・複製制作のための遺物の移動を含めた勅許を得た。エルギンはその許しを逸脱し、大理石製の彫刻群を神殿の壁から削り取り、本国へ持ち帰ってしまった。この頃は、ナポレオンによるエジプト遠征でイギリスがオスマン帝国を支援した時期に重なり、オスマン帝国は大使の蛮行を不問に付した。すなわち、エルギンがオスマン帝国の許可を得て（合法的に）彫刻群を移動させ、イギリスまで（法を犯して）持ち去ったことを、オスマン帝国は（暗黙の了解で）見て見ぬふりをしたのである。

エルギンはこうした一連の行為で巨額の負債を抱え、せっかく手に入れた彫刻群を手放さざるを得なくなり、国内外に売却先を探した。帝国主義全盛であった当時のイギリス社会でもこの蛮行は「略奪」と問題視され、英国議会で取り上げられた。議会はエルギンを直接罰することはなかったが、貴重な文化財の国外流出を食い止めるためにエルギンに対し彫刻群を大英博物館に売り渡すよう命じた。その金額は法外な安さであったという。このような経緯を経て、エルギンがギリシャから持ち去った大理石の彫刻群は、現在、年間550万人を超える入館者数を誇る大英博物館において、人気展示品の1つとなっている。それゆえにこの彫刻群を「エルギン・マーブルズ」と呼ぶのだが、1830年に独立[3]して以来、返還を求め続けているギリシャ政府は決してこの名は使わず、「パルテノン・マーブルズ」と呼んでいる。

2) オリンピアの遺跡

古代オリンピック発祥の地オリンピアの遺跡もまた、古代ギリシャ文明の遺産として列強の略奪の対象となった。1766年に遺跡の一部が確認され、1829年にフランスの調査隊による発掘が始まったが、一部の文化財がフランスへ持ち出されたことからギリシャ新政府により中止させられている。その後、出土品

の国外持ち出しをしないという協定を結んだドイツが、オリンピアの遺跡発掘権を獲得し調査を行った（1875年～1881年）。1936年のベルリンオリンピックを契機にドイツが発掘を再開し（1936年～1941年）、その後も遺跡の発掘、保存そして修復作業を続けている[4]。古代オリンピックの遺物は、遺跡のそばにあるオリンピア考古学ミュージアム（1887年開館）に収蔵、展示されている。

　18世紀以降の古代ギリシャ文明への再評価、西欧列強による古代ギリシャ文明の遺物のミュージアムへの収集と展示、そしてオリンピアの古代オリンピック関連遺跡の発掘といった一連の出来事が、クーベルタンの思想に影響し、1894年パリでの「オリンピック復興会議」に結びつき、近代オリンピックが誕生したのである。

3）古代ギリシャ文明の「遺産」

　古代オリンピックは、4年に一度の競技会の姿をした、全能の神ゼウスをはじめとするギリシャの神々への捧げものであった。オリンピアに数々の神像が立ち並んでいたことは、2世紀の地理学者パウサニアスが『ギリシア記』[5]に詳しく描写している。こうしたギリシャの神々の彫像は、現在ミュージアムの展示物となり、神ではなく「美術品」として「崇め奉られ」ている。そして、競技会としての古代オリンピックの、さまざまなスポーツ競技が同じ場所で一斉に執り行われる様式は、今日の近代オリンピックが受け継いでいる。すなわち、オリンピックとミュージアムは、ともに古代ギリシャ文明の「遺産」を今日に伝えるものなのである。

2　遺産：ヘリテージとレガシー

（1）過去からの遺産と未来への遺産

　この「遺産」という表現を英訳する時、ヘリテージ"heritage"とレガシー"legacy"という2つの表現がある。換言すれば、"heritage"と"legacy"という2つの英単語に、「遺産」という1つの日本語訳が当てられているということである。

　1990年代以降、日本ではユネスコの「世界遺産」"world heritage"が周知され、

「遺産」の訳語としてヘリテージがなじみ深いものとなっている。ヘリテージには、現在において過去から何かを引き継いだ側の視点、つまり後継者が「もらったもの」という意味合いがある。ミュージアムに展示される遺物や美術品は、いにしえの人々から今に生きるわれわれがもらった、受け継いだものである。「遺産」を引き継いだわれわれは、それを次の世代に受け伝え、彼らにもまた「遺産」としてもらわねばならない。

　ところが、オリンピックに関わる場面で「遺産」を表現する時、ヘリテージではなくレガシーという言葉がよく使われる。2013年9月初旬のIOC総会[6]において、安倍晋三首相や竹田恆和招致委員会理事長は、東京に2020年夏季オリンピックを招致するための演説で"legacy"を用いていた[7]。それはIOCの理想に忠実たらんとする立候補都市の姿勢の表れであった。

　IOCの定めるオリンピック憲章では、第1章「オリンピック・ムーブメントとその活動」の「2　IOCの使命と役割」の14.に「オリンピック競技大会のよい遺産を、開催国と開催都市に残すことを推進すること」[8]とある。ここで用いられている「遺産」は"legacy"の訳語である。レガシーには受け渡す側からの視点、すなわち誰かに「与えるもの」という意味合いがある。レガシーという言葉をIOCが使う時、今に生きるわれわれがオリンピック開催を通じて、未来に何を与えられるのかを問うているということになる。

(2) ミュージアムの「遺産」

　ヘリテージとレガシー、ミュージアムの「遺産」はともすればヘリテージのみと見られがちであるが、そうではない。ミュージアムの機能は、さまざまな「遺産」を集め、修復・保存し、調査・研究した成果を、広く一般の利用者に展示として観覧に供し、その学びを促すことにある。ここでいう「遺産」は単に「受け継いだもの」「古いもの」ばかりではなく、ミュージアム自らが創りだす「新たな遺産」もある。

　同時代の優れた美術品を正しく評価しコレクションに加えていくことなど、ま

さしく次世代に引き継ぐべき「遺産」をミュージアムが創造する過程といえよう。同時代の当たり前の電化製品などの生活用具も、数十年の後にはおそらく姿を変える、あるいは姿を消すものである。昭和時代の日常をテーマとして、世相史・生活史資料としてコレクションをすすめ、未来の市民に遺そうとしているミュージアムが増えていることも、レガシーとしての「遺産」を意識したミュージアムの在り方を例証している。

　ミュージアムは、調査研究活動を通した「遺産の創り手」であり、収集保管活動による「遺産の守り手」であり、展示活動による「遺産の示し手」であり、教育普及活動を通じて「遺産の伝え手」としての役割を果たしている。この「遺産」には、ヘリテージとレガシー、両方の意味が含まれているのである。

　ミュージアムはまた、資料や作品があればよいという存在ではない。資料と資料に付随する情報が非常に重要であり、ミュージアムの生命線である。物体としての資料は「ハードな遺産」、資料に付随する情報は「ソフトな遺産」といえる。資料に付随する情報とは何かといえば、それは「記録」と「記憶」である。

(3) オリンピックの「遺産」

　オリンピックは大会開催の半月ほどだけのイベントではない。開催都市、開催国では、オリンピアードと呼ばれる4年間に数多くのイベントを行い、大会の盛り上がりを高めようとする。さらにいえば、オリンピック開催都市と決まってから開催までのおよそ7年間、開催都市そして開催国にはさまざまな出来事が生じる。そして、大会終了後にもその余韻、余波は残る。

　オリンピック開催のための準備期間中、開催都市では大型の国際イベントを円滑に運営するためにインフラ整備を進める。各種競技のための施設といった直接的なものばかりでなく、第18回東京夏季大会（1964年、以下、東京大会と略）の東海道新幹線、第11回札幌冬季大会（1972年、以下、札幌大会と略）の地下鉄、第18回長野冬季大会（1998年、以下、長野大会と略）の長野新幹線のように、交通インフラの整備も大々的に行われる。これらはまさにオリンピックが次

世代に遺す「ハードな遺産」の典型の1つといえるであろう。無論、大会で使われたさまざまな「もの」、聖火トーチ、メダル、プログラム、マスコット、競技具、競技衣装なども、ミュージアムが収集対象とする「ハードな遺産」といえる。

　もう一方の「ソフトな遺産」には、まず、ミュージアムのコレクションとなったさまざまな出来事に関わる諸々の「資料」にまつわる「記録」がある。「100m走決勝で金メダリストのボルトが履いていたスパイク」などというように、いつ、どこで、誰が、何をした何であるかという「記録」は、その資料が何物にも代えがたいものであることをわれわれに伝える。そしてミュージアムでその「資料」を見学した者は、展示で説明される「記録」から自らの「記憶」を呼び起こし、昔日のオリンピックの感動を思い出すのである。これもまた重要なオリンピックの「ソフトな遺産」である。ミュージアムでの出来事の展示は単なる記録、単なる歴史ではない。過去の出来事を詳らかにすることは、それを現在に投影し、現在の出来事の理解を対象化することにつながる。さらには未来をもその視野におさめ、先々の道筋を見定めようとするものである。

　そして、オリンピアードの4年間にさまざまなイベントを通じて人々に伝えられるオリンピックの精神もまた「ソフトな遺産」である。ミュージアムでのオリンピックの展示は、人々が世界中で共有した感動の「記憶」を呼び起こすことで、そのベースとなるオリンピックの精神を改めて思い起こさせ、その広まりを継続させていく。

　IOCが開催都市・開催国に求める「よい遺産」を残せという表現は、ハード、ソフト両面で人々の「記憶」に残るような競技大会、オリンピアードを開催し、オリンピック精神の広範で深度のある浸透を望むという意味なのである。

3　オリンピックのミュージアム

(1) オリンピックを展示するミュージアムの「使命」

　ミュージアムというものは、「使命（ミッション）」をもち、それに応じて活動

方針を定め、コレクションを収集し、展示を行っている。「使命」とは何かを説明すれば、「伝えたいメッセージ」という表現に尽きる。ミュージアムは、コレクションとその展示空間を通じて、人々に何事かを伝達する場なのである。

この節では、オリンピックを展示するミュージアムの実例を紹介する。そのためにまず、オリンピック、オリンピック・ムーブメントのもつ「使命」、すなわちオリンピズムを確認する。

『オリンピック憲章』第1章1.1.において、「オリンピック・ムーブメント」の目的が「オリンピズムとオリンピズムの価値に則って実践されるスポーツを通じ、若者を教育することにより、平和でより良い世界の構築に貢献することである」[9]と語られている。この「オリンピズム」とは、近代オリンピックの創立者クーベルタンが提唱したオリンピックのあるべき姿であり、「スポーツを通して心身を向上させ、さらには文化・国籍など様々な差異を超え、友情、連帯感、フェアプレーの精神をもって理解し合うことで、平和でよりよい世界の実現に貢献する」[10]ことである。オリンピックを展示するミュージアムの「使命」には、こうしたオリンピズムの普及を含む事例が多い。

(2) IOC のオリンピック・ミュージアム

スイス、ローザンヌの IOC 本部のそば、レマン湖畔に 1993 年に開館されたのが IOC のオリンピック・ミュージアム[11]である。その使命は、クーベルタンの思想を受け継ぎ、オリンピズムの理念を世界中の人々に伝えることにある。2013 年 12 月発行の『オリンピック・ミュージアム概況報告書』には、「スポーツを通じてより良い世界を構築すること」[12]を目的とするとも記述されている。まさに、IOC の理念をミュージアム展示という手法で表現し、多くの人々に普及させようとする施設である。またこのミュージアムは、後述するオリンピック・ミュージアム・ネットワークの中心的位置づけとなっている。

2013 年 12 月、オリンピック・ミュージアムはこの使命を保ちつつリニューアルオープンした。展示面積は以前の 2 倍、約 3,000 ㎡となった。新しいミュー

ジアムは、21世紀を先導するミュージアムの1つと評することができるほどに、最新の展示理念や展示技術を取り入れた施設となっている。以下、新しいミュージアムの展示構成を、2014年3月の筆者の観察と、先述の『オリンピック・ミュージアム概況報告書』やオリンピック・ミュージアムのホームページ[13]をもとに概観し、適宜印象を述べ、説明する。

1）オリンピック・パーク

ミュージアムの南入口部には、聖火をイメージした火が灯るそばにクーベルタンの彫像があり、レマン湖やアルプスの峰々を眺望しているがごとく立っている。湖畔からこの入口部までは、オリンピック開催年と開催地そして聖火台点灯者の名前が蹴上に彫り込まれた階段があり、その周囲には著名な作家のスポーツをテーマとしたオブジェの展示がある。また100mの走路や棒高跳の競技具が設置され、その世界記録が表示されており、競技を体感できるスペースとなっている。このエリアはオリンピック・パークと呼ばれている。玄関のわきには8本の列柱があり、歴代のIOC会長の名前やオリンピック開催地が刻まれている。そして玄関正面の走高跳の競技具をくぐり抜け、エントランス・ホールへと入ることができる。

2）エントランス・ホール

ここは0階となる。券売機で入館チケットを購入する。チケットにはオリンピック競技のピクトグラムが印刷されており、アトランダムに発券されているようで、来館者たちはチケットを互いに見せ合っていた。ミュージアム・ショップの存在を横目で確認しながら、展示室をめざす。吹抜けのホールの中央はらせん状のスロープとなっており、競技のイメージ映像が映し出される中を、1階の展示室に向かって上がっていく。もちろん、エレベーターで上がることも可能である。こうしたバリアフリーの導入は、21世紀のミュージアムには必須の要素だ。

3）1階・オリンピック世界

「ジ・オリンピック・ワールド」というタイトルのもと、常設展示が始まる。

常設展示場は、いくつかのコーナーに分かれ、オリンピック・ムーブメントそして競技大会に関わる事象を展示している。

①オリンピア＜古代オリンピックの紹介＞

まずは、現代のオリンピックの祖となる古代オリンピックの世界が紹介される。

パウサニアスが目にしたであろう古代オリンピアの地の建物群や、世界七不思議のひとつとされた天空神ゼウスの巨大な像の映像が、曲面の大型スクリーンに投影されている。説明文や模型では伝えきれない迫力や往時の賑わいを、最新型の映像技術が補っている。

展示される古代ギリシャ文明の黒絵式や赤絵式の壺や皿には、古代オリンピック競技の図柄が描かれている。陶器の図像研究から制作された当時の競技の様子を再現した映像もまた、われわれに生き生きとしたオリンピアの姿を見せてくれている。

ガラスケースに収められた古代ギリシャ文明の遺物を、英仏2ヵ国語のキャプションやハンドセット型の音声解説機器で説明している。

②オリンピックの復興

1894年の「ビッグバン」と称されもする近代オリンピック発祥の経緯を紹介している。

③オリンピック憲章

クーベルタンの胸像や遺品を展示するとともに彼の書斎を一部再現し、今日のオリンピック・ムーブメントに受け継がれている彼の思想や理念が、「教育」と「スポーツ」の連携をベースとしていることが示されている。有名なオリンピックのモットー「より速く、より高く、より強く（Citius, Altius, Fortius）」が大きく取り上げられ、最後には古いオリンピック旗が展示されている。

④IOCの年表

「たったひとりの男の夢が、数十億の人々を結束する運動となった」という惹句とともに、1894年、そして1896年から2022年までのオリンピック開催年の年号とその開催地名が帯状に表記されている。帯の上には11枚の写真パネルが

ある。たとえば 1920 年の上には、「初めてオリンピック旗が登場」という説明の入った入場行進の写真が掲示されている。1956 年には「1956 年冬季大会がテレビ国際放送の最初である」とある。これらはその時々のオリンピックに関わる大きな出来事を紹介したものである。

そして、帯の下には、歴代 9 名の IOC 会長の姿が掲示されている。この展示は、オリンピック各大会の歴史を語るというよりは、IOC の歴史、オリンピック・ムーブメントの歴史を語るものである。

⑤聖火リレーとトーチ

各大会で制作されたトーチが並ぶ展示は壮観である。大会前にオリンピアで聖火を採火する道具や衣装も展示されている。聖火リレー中のアクシデントに備えて、聖火の予備を運搬するための道具の展示の中には、1964 年東京大会の「安全トーチ」もある。

⑥オリンピック開催都市

オリンピック開催はその開催都市に大きな影響を与え、さまざまな社会整備や技術革新、そして意識変革に結びついていることを、メタモルフォーシスと表現し紹介している。具体的にはスタジアム建築、マスコット、記念品、そして文化オリンピアードというコーナーに分けて展示している。

ここではまた、オリンピックの各大会を再度列記して、オリンピックの歴史を社会の出来事とともに紹介する展示を展開している。来館者は、関心のある大会を選択し、映像や音声で情報を得ることができる展示装置がある。このコーナーの最後には、開催都市決定プロセスの紹介があり、筆者訪問の半年前にあった 2020 年東京大会決定の様子が展示されていた。

⑦開幕式

3 階の最後のコーナーは開幕式をテーマとしている。オリンピックの開会を宣言するセレモニーは、各大会とも力を注いで見ごたえのあるイベントに仕立てている。歌舞音曲、そして衣装、見た者の記憶に残るものが多い。ここでは、大スクリーンに映し出される映像を前に、演奏と歓声をヘッドホンで聞きながら、当時の感動を再度楽しむことができる。

4) 0階・オリンピック競技

　階段を下り、0階へ進む。夏季オリンピック、冬季オリンピック、パラリンピック、そしてユースオリンピックを、新旧の競技具や競技着、画像、映像を用いて紹介するフロアとなる。1,000以上のVTRから好きなプログラムを見ることもできる。

　水着や体操競技のユニフォームは、ともするとペタッとした展示になりがちだが、透明なトルソーを用い立体感のある展示となっている。また、フィギュアスケートの衣装には肩部からつま先までのベージュのマネキンを使用しており、展示対象によって展示装置を選択するきめ細かな配慮がうかがわれた。スペインの民族スポーツ、バスク・ペロタのグローブが、第19回メキシコシティー夏季大会(1968年)公開競技の競技具として紹介されていた。初めて実物を見たが、植物繊維の編み織りが美しいものである。初期のボブスレー用の木製そりのシンプルさには、競技の安全性を危ぶんだ。

　また、触れる展示、ハンズオンとして、ボールやフェンシングの剣、スキージャンプの板などの展示がある。入り口付近には、各競技のピクトグラムのパネルがあり、大会ごとに実施された種目が何であったかを知ることができる。こちらも参加型機器である。

5) 地下1階・オリンピック精神

　さらに階段を下りた地下1階は、「オリンピック精神」をテーマとしている。競技そのものではなく、最高のパフォーマンスを見せるため、見せてもらうための、努力や配慮が展示されている。例えば、最初のコーナー「オリンピック村」では、アスリートたちのスーツケースを彼らの映像メッセージとともに展示している。背景の壁紙は飛行機の預かり手荷物につけるタグの拡大コピーである。アスリートたちが世界各地から集まってくるイメージが湧いてくる。オリンピック村の歴史が写真とともに紹介されている。そしてアスリートをサポートする、大会をサポートする市民ボランティアの展示につながる。オリンピック村でどんな食事をしているかも来館者の関心を集めている。

　また、「ドーピング対策」、「道具の規制」、「ルール違反」といった競技に潜む

問題を扱うコーナーもある。オリンピック・ムーブメントとして根絶を図らねばならないテーマだ。その中で、オリンピック・アスリートの言葉を聞くことのできる映像機器は、先達から若者へのよいメッセージとなっている。
　競技具の進化と競技の成績の向上を紹介する展示は、科学技術の発展による人類の進歩と賞賛すべきものなのか、最新の競技具を手にすることのできる富める者が勝利するという格差の問題を嘆くべきものなのか、判断に迷った。バイアスロンのシミュレーターなどの参加型機器類は、ゲーム感覚で老若男女が楽しむことができるものとなっている。
　各種スポーツの男女アスリートたちが黒いシャツとパンツ姿で立ち並ぶ写真パネルは、筆者の印象に特に残った展示であった。身長や体型を比較できるばかりでなく、筋肉のつき方などがひと目で分かり、競技によって身体の鍛え方が異なることが理解できる。われわれは同一種の人類ではあるが、その身体の発達には大きな可能性を秘めていることが伝わる。
　最後のコーナーでは、各大会のメダルを展示している。夏季大会のメダルは、長らく勝利の女神ニケの座像を描いたものであったが、第28回アテネ夏季大会（2004年、以下、アテネ大会と略）から女神ニケの立像となった。そこには、定まったデザインの中に各大会の特徴を探す楽しみがある。一方、冬季大会のメダルのデザインには特に決まりがなく、開催都市のお国柄がよく表れたものとなっている。意匠、形状、そして素材にまで工夫が凝らされている。
　以上がオリンピック・ミュージアムの展示の概観である。2015年現在、世界でもトップクラスのミュージアム展示といえるであろう。コレクションの質の高さと量の多さ、知的情報量の豊かさ、迫力ある美しい映像を映し出すAV機器の新しさ、双方向性のある参加型機器の楽しさ、そして来館者の見やすさや快適さに応えた優しさは、世界中のミュージアムがめざす21世紀型のミュージアム像である。オリンピズムの理念を伝え、オリンピックの感動を再現し、オリンピック・ムーブメントのうねりを広めるに格好の施設となっている。

(3) IOC のオリンピック・ミュージアム・ネットワーク

　オリンピック・ミュージアム・ネットワーク（Olympic Museum Network，以下 OMN と略）は、IOC の主導により 2006 年 9 月に創設された、スポーツとオリンピズムの振興を目的とする組織である。前述のオリンピック・ミュージアムのリニューアルと合わせ、IOC は世界的なオリンピック・ムーブメントの基盤づくりのために、OMN を立ち上げたと考えられる。スポーツやオリンピズムという同一のテーマをもつ施設がネットワークを形成し、協力し合うことで、展示の質の向上や展示費用の分担などの相乗効果が生まれることが期待されている[14]。
　2006 年の創設当初は 11 館の加盟館であったが、2015 年 9 月末現在 22 ヵ国 27 館にまで拡大している。現在の加盟館の一覧表を、OMN ホームページ[15] の配列順にしたがって次頁に掲載する。
　OMC への加盟は、各館にとってどのようなメリットがあるのだろうか。まず、IOC との公的なつながりを持つこととなり、オリンピックに関わる公式情報を速やかに入手することが可能となる。また、加盟館相互の資料の貸借、交換の可能性も広がり、ミュージアムとしての充実につながる。さらには、オリンピック・ミュージアムの収蔵資料の借用や、巡回展示企画を招聘することも容易となる。OMN 加盟館には、歴代のオリンピック・メダルや聖火リレーのトーチを購入する権利が得られるという。
　それに対して OMN 加盟のための条件は、次の 4 つである[16]。①国際博物館会議（International Council of Museums，略称 ICOM イコム）[17] の規約および倫理規定を遵守すること。②国内オリンピック委員会を支援すること。③一般市民に開かれたミュージアム運営をすること。④ミュージアムの 25% をオリンピック・ムーブメントのためのものとすること。特にこの④は、IOC が加盟館に期待するところを反映した部分であるが、この 25% が何に対するものであるかは明文化されていない。展示面積、収蔵資料、研究活動、教育活動、あるいは館の運営全般に関わるものなのか、曖昧である。

表 オリンピック・ミュージアム・ネットワークの構成館

No.	館　名	国　名	所在地名
1	オリンピック・ミュージアム	スイス	ローザンヌ
2	スポーツミュージアム	ベルギー	ホフスターデ
3	ブラジル・オリンピック・ミュージアム	ブラジル	リオデジャネイロ
4	リッチモンド・オリンピック・エクスペリエンス	カナダ	リッチモンド
5	中国スポーツミュージアム	中国	北京
6	南京オリンピック・ミュージアム	中国	南京
7	天津団泊サマランチ・ミュージアム	中国	天津
8	天津大港オリンピック・ミュージアム	中国	天津
9	アモイ・オリンピック・ミュージアム	中国	厦門
10	エストニア・スポーツミュージアム	エストニア	タルトゥ
11	フィンランド・スポーツミュージアム	フィンランド	ヘルシンキ
12	ドイツ・スポーツ・オリンピア・ミュージアム	ドイツ	ケルン
13	アテネ・オリンピック・ミュージアム	ギリシャ	アテネ
14	テッサロニキ・オリンピック・ミュージアム	ギリシャ	テッサロニキ
15	イラン・イスラム共和国・ミュージアム	イラン	テヘラン
16	オリンピック・エクスペリエンス	イスラエル	テルアビブ
17	長野オリンピック展示コーナー	日本	長野
18	ソウル・オリンピック・ミュージアム	大韓民国	ソウル
19	ノルウェー・オリンピック・ミュージアム	ノルウェー	リレハンメル
20	ペルー・オリンピック・ミュージアム	ペルー	リマ
21	ワルシャワ・スポーツ観光・ミュージアム	ポーランド	ワルシャワ
22	カタール・オリンピック・スポーツミュージアム	カタール	ドーハ
23	シンガポール・ユースオリンピック・ミュージアム	シンガポール	シンガポール
24	スロバキア・オリンピック・スポーツミュージアム	スロバキア	ブラチスラヴァ
25	オリンピック・スポーツミュージアム	スペイン	バルセロナ
26	ヨーテボリ・スポーツミュージアム	スウェーデン	ヨーテボリ
27	アメリカ合衆国オリンピック・ミュージアム	USA	コロラドスプリングス

(4) オリンピックを展示するミュージアム

次に、筆者が訪問したオリンピックを展示する幾つかのミュージアムを概観する。OMNに加盟しているミュージアムも、加盟していないミュージアムも取り上げる。ここでは、オリンピックにまつわる資料や出来事がいかに展示表象されているかに注目し、オリンピックをミュージアムで表現することの意味を見出したい。

1) ドイツ・スポーツ・オリンピア・ミュージアム

ドイツ西部のケルンに1999年に開館したドイツ・スポーツ・オリンピア・ミュージアム[18]は、ライン河畔に立地し、展示面積約2,000㎡、収蔵資料約12万5,000点を有するOMN加盟館である。1972年に設立構想が発案され、1980年代に収集を開始し、ケルン体育大学があることからこの地に建設することとなったという。2011年に常設展の展示を一部更新している。

常設展は古代ギリシャの紹介から始まる。神像彫刻、古代の競技具、オリンピアの復元模型から、古代オリンピックを解説している。次は18世紀後半からのドイツのスポーツ文化の紹介コーナーである。「近代体育の母国」とも呼ばれるドイツで発展した器械体操を、平均台、鞍馬、棍棒、棒術といった道具を通じて展示している。一方で、「近代スポーツの母国」と呼ばれるイギリス発祥のゴルフ、ラグビー、クリケットなどの古い道具の展示もある。そしてドイツのオリンピック・ムーブメントの草創期を、クーベルタンとドイツにおけるオリンピック・ムーブメントの創始者ゲプハルトの業績から紹介している。

中央通路には、走幅跳の走路やハンマー投げのサークル、重量挙げなどの競技に関わる道具類が展示され、来館者は競技に使われるものを体験することができる。また、走幅跳や棒高跳、重量挙げなどの世界記録、オリンピック記録、ドイツ記録などが示され、来館者は競技記録の実際の長さや高さや重さを実感することができる。中央通路の右手には、19世紀からのおよそ150年分の年表を掲示し、1,000もの出来事を記載している。文字と実物資料と写真で、ドイツのスポーツ

150年史を知ることができる。年表の間にある通路を進むと個別の競技をテーマとした小部屋に通じる。ドイツで人気のスポーツを取り上げて紹介しているようで、サッカー、ボクシング、自転車などのコーナーがある。サッカーの紹介コーナーでは、ドイツ国内のブンデスリーガの本拠地スタジアムからはぎとった芝を保存処理し、展示していた。面白い試みだ。そして通路左手には、ドイツで開催された2つの夏季オリンピックの紹介ブースが配置されている。1つは第11回ベルリン夏季大会（1936年、以下、ベルリン大会と略）で、もう1つは第20回ミュンヘン夏季大会（1972年、以下、ミュンヘン大会と略）である。

　2つの展示はかなり趣の異なる展示がなされており、意図的なものを感じた。ベルリン大会ブースは、コンクリート打ち放しの壁で囲まれ、室内の照明も暗く抑えられ、閉塞感を感じるものであった。資料をおさめた展示ケースは、競技の様子をプリントした薄い布で遮蔽され、入り口付近からは見えないようになっていた。ナチスの大会とも呼ばれるベルリン大会は、当時のドイツにとっては栄光であり保存すべき記憶であったであろうが、現在はそれを手放しに賞賛できない心持ちが展示に表現されているようであった。一方のミュンヘン大会ブースは、原色のプラスチック素材を壁面に用い、天井のない非常に開放的で明るい空間となっていた。オリンピック村襲撃事件という沈痛な記憶は残るが、戦後復興を成し遂げ、経済成長著しい時期の輝かしい記憶として展示されているように思う。

　この後、テニスのグラフ選手らのプロスポーツの展示、サーフィンやスケートボードといった現代的スポーツの展示、ボブスレー、リュージュ、スケルトンなどの冬のスポーツの展示があった。アスリートのロッカーの展示では、扉を開けると有名選手の使った競技具やユニフォームがあり、選手のメッセージとともに観覧することができる。中央通路の最奥部には、各種大会のトロフィーが展示されていた。

2）ベルリン・オリンピアシュタディオン

　1936年ベルリン大会のメインスタジアムとして建設されたベルリン・オリン

ピアシュタディオン[19]は、ベルリン西部の郊外にあり、何度か修復や改装を経て現在も陸上競技場として使用されている。またブンデスリーガ、ヘルタ・ベルリンの本拠地ともなっている。OMNには加盟していないが、今もエントランスには五輪のシンボルマークが掲げられ、競技場の内外の展示解説板において、写真を多用しながらベルリン大会の記憶を展示している。スタジアムの脇には競泳プールもあり、小規模なスポーツコンプレックスとなっている。ベルリン大会ではこのプールで日本女子初の金メダリストが生まれている。200m平泳ぎに出場した前畑秀子選手である。

　ベルリン・オリンピアシュタディオンは、ミュージアムを標榜していないが、オリンピックが行われたところであり、丁寧にオリンピックの記憶を継承しており、十分ミュージアムの範疇に入る施設であると考え、ここに取り上げた。オリンピック開催都市には、ミュージアムという体裁ではなく、公園や記念碑の姿でその記憶を保存し伝えるところがよくある。

3）ドイツ歴史ミュージアム

　ベルリン市内中央部にあるドイツ歴史ミュージアム[20]は、国立と冠されてはいないが、ドイツ連邦共和国が歴史系ミュージアムとして2006年に開館した、比較的新しいミュージアムである。8,000点もの歴史的資料を展示したかなり大規模なミュージアムで、国家が歴史を語る時に、オリンピックをどのように表象するのかをみるために取り上げる。

　展示では1936年のベルリン大会と第4回ガルミッシュ＝パルテンキルヒェン冬季大会（1936年）が取り上げられていた。1972年ミュンヘン大会の展示がないことを踏まえると、オリンピックが開催されたことを単なる出来事、「歴史」として展示しているのではなく、20世紀前半のドイツ史における「ナチスの足跡」としてオリンピックを展示していると考えられる。オリンピックは、ナチス主導の国際イベント、大戦前夜の平和の祭典、ナチズムの宣伝手段といった扱いであった。

4）テッサロニキ・オリンピック・ミュージアム

　テッサロニキはギリシャ北部にある国内第二の大都市である。このテッサロニキ・オリンピック・ミュージアム[21]は、2001年にスポーツミュージアムとして創設されたが、2004年アテネ大会の時期に移転し、改名の上、再開館している。OMNには2007年に加盟を果たしている。

　1階の常設展は、古代ギリシャのオリンピックと近代のオリンピック・ムーブメントの紹介から始まっているが、実物資料は少なく写真や文字のパネルがほとんどであった。1896年からのオリンピック各大会を、壁面ケースで編年展示している。各大会を丁寧に紹介しているのだが、初期は小さな資料しかなく、展示のボリュームがない。また資料の少なさ、小ささから生じたアイデアと推察するが、展示台を競技場のトラックに見立て、土色の塗装を施し、ところどころペンキを垂らしていた。こうしたペンキの上に、資料が直に置かれている様子は、決して美しい展示とは思えなかった。

　編年展示中、第3回セントルイス夏季大会（1904年）と第4回ロンドン夏季大会（1908年）の間に、1906年アテネ大会の展示があった。これはオリンピック史上一度しか開催されなかった「中間大会」のコーナーである。アテネでのオリンピック常時開催を希望したギリシャ国王ゲオルギオスⅠ世への妥協案として、中間大会が設けられたという。現在、IOCの公式記録には数えられていない。それでもお膝元のギリシャではその史実を記録し、記憶を継承しようとしているようである。展示の最後となっていた2004年アテネ大会のコレクションは、さすがに充実していた。1980年代以降の展示台には、ペンキによる装飾は施されていない。

　館内には砲丸投げの競技スペースや、走幅跳の砂場、小さなトラックなどが再現されていた。筆者が訪問した際にも小学生向けのワークショップが開催されており、体験型の子ども向けプログラムが充実しているようであった。

5）パナシナイコ・スタジアム

　パナシナイコ・スタジアム[22]は、ギリシャの首都アテネ市内中心部に位置する、

1896年の第1回近代オリンピック、アテネ大会の競技場である。紀元前4世紀に建設され、幾度も改築された後、1895年に翌年のオリンピック開催のために大々的に修復された。2004年アテネ大会の際にも、男女マラソンのゴール地点、アーチェリー会場となった。古代オリンピックの競技場にならい、トラックの直線部分は極端に長く、コーナーが急となっている。総大理石造りのスタンドは6万人収容できるという。

　競技場入り口から見て左手奥部に、スタンドの下をくぐり抜けるトンネルがある。通路奥部には、このパナシナイコ・スタジアムの歴史や、1896年アテネ大会の様子を紹介するパネルが展示されている。設置されたモニターには、国際オリンピック・アカデミー制作の映像が映し出されている。さらに先に進み、パナシナイコ・スタジアムの古い写真やIOCの理念を伝えるポスターを壁に掲示した階段を上がると、記者会見場に入る。このスタジアムはギリシャ・オリンピック委員会に属する施設であり、オリンピックに関わる発表に使用される部屋となっているのであろう。記者席の並ぶ部屋の壁には、歴代のオリンピックポスターのレプリカと聖火リレーのトーチが展示されている。

　古代ギリシャにまでさかのぼるパナシナイコ・スタジアムの建築物としての価値と、近代オリンピックの始まりの地というスポーツ史上の意味を求めて多くの人が訪れるところに、オリンピズムを含めオリンピックにまつわる情報を伝達する場があることは、オリンピック・ムーブメントの普及に格好のモデルといえるであろう。来訪者はスタジアムを観覧することで、このスタジアムで、あるいはテレビを通じて得た2004年の感動を呼び起こす。さらに展示から、当時の記憶をたぐりよせ、改めてオリンピックの素晴らしさに感じ入る。何かの出来事を記念するミュージアムには、展示する資料や情報ばかりでなく、その出来事に関連する空間、場というものも重要である。実際にその出来事が行われた「現場」のもつ存在感を、このパナシナイコ・スタジアムは上手に展示に活かしていた。

　続いて日本国内のオリンピックを展示するミュージアムを紹介する。

6）秩父宮記念スポーツ博物館

秩父宮記念スポーツ博物館[23]は、「スポーツの宮様」と呼ばれた秩父宮雍仁親王を記念し1959年に開設された総合スポーツミュージアムである。独立行政法人日本スポーツ振興センター（Japan Sport Council, 以下JSCと略）が運営し、明治神宮外苑の国立霞ヶ丘陸上競技場（1964年東京大会メインスタジアム）内に設置されていたが、新国立競技場建設のため2014年5月より休館中である。

休館前の展示構成は次の通りである。①古代オリンピック。②近代オリンピックのあゆみ。③栄光の証。④日本で開催されたオリンピック。⑤草分け時代の近代スポーツ。⑥スポーツ再建のあゆみ。⑦国立競技場の歴史。⑧秩父宮御遺品室。⑨スポーツ芸術・伝統スポーツ。⑩ニュースポーツ。

秩父宮記念スポーツ博物館では、オリンピックのメダルやユニフォームなど所蔵資料約6万件をもとに日本のスポーツ史を上記のように常設展示するとともに、併設の図書館には約10万点のスポーツ関連蔵書を擁し、日本のスポーツ文化の集積・発信の中心的役割を長年担ってきたといえる。再開館を待ち遠しく思うとともに、新しい展示に期待する。

7）東京オリンピックメモリアルギャラリー

東京オリンピックメモリアルギャラリー[24]は、駒沢オリンピック公園総合運動場体育館1階にある1993年開設の施設で、公益財団法人東京都スポーツ文化事業団が運営する。

近代オリンピック史の紹介展示や、スポーツを体験・体感する展示ゾーンもあるが、主たる展示は1964年東京大会である。1964年の記憶を喚起し、感動を来館者に思い出してもらうために、名場面、名選手を紹介するコーナーが充実している。オリンピック自国開催の興奮と熱狂を記録する展示といえよう。

8）札幌ウィンタースポーツミュージアム

札幌ウィンタースポーツミュージアム[25]は、札幌市西部の大倉山ジャンプ競技場そばに立地し、株式会社札幌振興公社が運営する、冬季スポーツをテーマ

としたミュージアムである。展示は次のような3部構成となっている。① 1972年札幌大会をはじめ、冬季ユニバーシアードなど、冬季スポーツに関する資料を観覧できる「展示ゾーン」。②ジャンプ台やアイスホッケーのゴールなど7種のシミュレーターで競技を疑似体験し、競技への理解を深めてもらう「体感・体験ゾーン」。③冬季スポーツのルール、新しい競技具、そしてトップ選手の情報を提供する「競技情報ゾーン」。

来館者の中には、1972年札幌大会を記念する展示を通じて、大会の「感動」を思い出すのではなく、その頃の自分や家族を思い出す人々がいるという。遠く隔たった過去の展示ではなく同時代の展示の場合、来館者は展示物に懐かしさを感じ、数十年前の記憶が甦るという。高齢者を対象とした認知症予防策に回想法と呼ばれるものがあり、ミュージアムを活用した事例がある。このミュージアムもその格好の場となるだろう。

札幌市は現在、2026年冬季大会の招致を表明している。この招致活動の機運を盛り上げるため、札幌市は札幌ウィンタースポーツミュージアムを2016年度に改修の上、OMNへの加盟を果たし、展示を充実させる方針であるという。さらに充実した新しい展示が期待される。

9) 長野オリンピック記念展示コーナー

1998年長野大会でスピードスケート会場となったエムウェーブにある長野オリンピック展示コーナー[26]は、1999年に長野オリンピック記念館として開館したが、その後現在の名称に変更になった。運営は株式会社エムウェーブが担っている。2015年9月、日本で初めてOMNへの加盟を果たしたミュージアムである。

同社のホームページや配布リーフレットでは、「感動」という表現を繰り返し用いている。長野大会の競技を観覧した人たちや競技の運営に携わった人たち、そして競技に出場した人たちが、当時の「感動」を甦らせる場となることがこのミュージアムのテーマである。それゆえ展示資料のほとんどは長野大会に関連するもので、これまでの冬季大会についてはポスター、メダル、トーチの写

真等での紹介に限られている。

　ボブスレーのシミュレーター、マネキンと競技具による競技の再現展示、競技具を実際に触れる体感展示、当時の新聞をファイルした情報展示、そして直後に開催されたパラリンピックの展示など、長野大会をコンパクトに網羅した展示を展開している。

　以上、オリンピック・ミュージアムを含め 10 のオリンピックを展示するミュージアムを取り上げた。もちろん、これでオリンピックに関連するミュージアムのすべてを語ることができるとは思わない。それぞれ規模、設立趣旨、運営母体が異なる上に、全世界を網羅するほどの地理的広がりもなく、OMN に加盟しているか否かも定まっていない。これら 10 館という限られた情報に基づくが、次の節では、オリンピックを展示するミュージアムの意味とその可能性について議論したい。

4　オリンピックの展示の意味と可能性

(1)「ミュージアム」という語

　ここまで本章では、できるだけ「博物館」という語ではなく「ミュージアム」という語を用いてきた。理由は、日本語の「博物館」に潜む限定的なイメージを回避するためである。「ミュージアム」という語は、日本の博物館法に規定される「博物館」よりも含意する範囲が広い。前述したベルリン・オリンピアシュタディオンやパナシナイコ・スタジアム、そして駒沢オリンピック公園総合運動場体育館などのように、部分的または小規模な展示でオリンピックに関わる記録と記憶を展示する施設も対象とするために、本稿では「ミュージアム」という語を用いてきた。また、「オリンピック記念公園」、「オリンピック通り」などのように施設や通りに名称を付与するだけでも、オリンピックの顕彰、記憶の継承を担っているといえるが、ミュージアムに不可欠な「展示」という要素に欠けるため、本章の対象とはしていない。

（2）オリンピックの展示モデル

　オリンピズムは、19世紀末に生まれ20世紀に花開いた、世界に共通の価値観を構築しようとする1つの思想である。前述の通り、オリンピズムとはスポーツを通じて異文化理解、公正さ、平和でより良い世界の実現に貢献しようとするものである。実際のオリンピックの運営には幾多の問題が存在するが、その理想とするところが多くの文化・社会に受け入れられていることもまた事実である。このオリンピズムの継続的普及が、オリンピックを展示するミュージアムの有する意味の1つであることは明白である。以下では、前節で取り上げた事例をもとに展示モデルを提示し、本章のまとめとする。

1）オリンピズムの学びの場
　いかに優れた思想であれ、理解する人々がいなくては運動には結びつかない。オリンピックの精神を広め、その理解者を増やし、オリンピック・ムーブメントの大きなうねりを生み出す最大の原動力は、オリンピック競技大会そのものであろう。しかし、4年に一度の祭典はいかにも間があいている。大会と大会の間の期間も継続的に普及に貢献する施設としてミュージアムという場は有用である。
　クーベルタンの提唱した理念を軸にした展示では、古代オリンピック競技の様子や近代オリンピック誕生の歩みを通じ、両オリンピックに共通する特徴とともに相違する点をも明らかにする。同時に、オリンピック精神を伝え、オリンピック・ムーブメントをより大きなものとなるよう、現代社会におけるオリンピックの存在理由を積極的に語り継ぐ。そこは、古代へのロマンと未来への理想の融合が生んだオリンピズムを宣伝・伝承する場となる。オリンピズムの理念を体現し、学びを通じた実践の場となることが望まれる。

2）オリンピズムの記録集積の場
　100年を超える近代オリンピックの歴史、そしてパラリンピックやユースオリンピックの歴史を紹介することで、世界中へのオリンピズムの伝播の過程を明らかに

する。ローザンヌのオリンピック・ミュージアムでは、IOCからの発信という展示が主であったが、ケルンのドイツ・スポーツ・オリンピア・ミュージアムでは、受信側としてドイツでの普及に貢献したゲプハルトを取り上げて展示していた。それぞれの国・地域で国内オリンピック委員会（以下、NOCと略）を立ち上げ、オリンピズムの普及、オリンピックへの参加に尽力した人々がいる。オリンピック開催地であれば、招致や建設や運営に献身的に携わった人々がいる。そうした人びとの記録を保管、整理、そして展示することは、ミュージアムの役目である。開催地の事後評価の問題点は後述する。

3）オリンピズムの記憶集積の場

　ミュージアムの展示では、資料、解説、写真、映像といった展示物と観覧者をいかに関係づけるかが肝要である。展示されていることと観覧者自身との間に関わりがあることに気づいてもらい、自分の経験と照らし合わせ、展示を理解してもらうこととなる。特に同時代に生き、関わった出来事の展示は、観覧者それぞれがもつ「記憶」を喚起しやすい。

　その点、オリンピックという世界規模のイベントは、それぞれの国や地域で社会にそして個々人に大きな影響を与え、記憶されている。その記憶はテレビ放送を通じ同時代の世界中の人びととの共有性が高いといえる。オリンピック史を塗り替えるほどの大活躍をした選手の記憶。国を代表し活躍した選手の記憶。語り継がれる名勝負の記憶。勝利した者のみならず敗れ去った者の記憶もある。特に開催地となったところでは、競技そのものでなく、大規模なインフラ整備や都市開発、開催期間中の交通渋滞、オリンピックに染まった街の雰囲気、そして海外の人々との交流といった記憶も加味される。その後の世代も、親や祖父母の語りの記憶を思い出す機会となり、感動の伝承の場ともなる。

　こうしたオリンピックの記憶を再帰させる場を恒常的に設けることで、オリンピズムの維持・継承がかなうこととなる。

4）オリンピアンの顕彰の場

オリンピック出場を果たした選手たちを讃えることは、単なる顕彰ではない。そうしたオリンピアンに憧れ、あとに続く選手たちへの鼓舞激励となる。日々の精進に励み、苦しい練習に耐え、身体や技能を鍛え、目ざましい成果を上げた者への栄誉は、当然に与えられるべき敬意の表れでもある。また、そうしたオリンピアンを慕うファンの期待に応えるものでもある。

5) オリンピック競技紹介の場

数あるスポーツの中でオリンピックの種目となる競技は限られている。正式競技、公開競技、新規採用と採用取り消し、オリンピック競技種目には栄枯盛衰がある。こうしたオリンピックで競われる競技についての展示もまた、ミュージアムには必要であろう。

オリンピックの正式種目となるため、正式種目を維持するための、世界規模の普及活動や国際ルールの変更、道具の改変といった部分も、ミュージアムの展示に面白い彩りを加える。

6) オリンピックの遺産継承の場

この点はすでに第2節において説明したので、ここでは「負の遺産」について述べる。

周知のとおり、IOCや各NOCそして各オリンピック競技大会の運営に全く問題がないわけでない。オリンピックを展示するミュージアムの意味が、展示を通じてオリンピズムの高邁な理想を伝えることであるならば、なおのこと理想と現実のギャップに目をそらすことはできない。オリンピックがわれわれにもたらした正の遺産のみを取り上げるのではなく、オリンピックが生み出した負の遺産もまたわれわれはミュージアムに展示すべきなのである。

商業主義、開発主義、過大な財政負担、不明朗な会計、政治とテロ、環境破壊、薬物汚染など、オリンピックに絡む問題は多々あり、これらを無視してミュージアムでオリンピックを展示することは、オリンピックの表面をなぞるだけのものとなってしまう。開催地で運営主体が設立したミュージアムであれば、開催後

に表面化したさまざまな問題を事後評価に正面から取り上げることを躊躇しがちである。むしろ、進んだインフラ整備、住民ネットワークの再生、ボランティア組織の活躍、そしてあの日々の感動といった成功体験に展示を集中させることであろう。

　現代のミュージアムは展示のメッセージ性を重視する傾向がある。いかなる出来事であれ、それをありのままに伝えることや客観的な事実として説明することは困難であり、展示には少なからず展示する側の意志が反映すると考える。であればこそ、なおさらミュージアムとしては、正の遺産の展示に偏重することなく、負の遺産の展示にまで踏み込んで、より望ましいオリンピックのあり方を模索した展示を作るべきであろう。展示する側は、観覧者が知りたいと思うオリンピックの負の遺産について、結論を留保してその考え方のアイデアを提供するだけでも意味があると考える。

7）オリンピックを展示するミュージアムの可能性

　ミュージアムは過去の遺産の集積場であるが、それだけであってはならない。過去の遺産を集積し、そこから知恵や知識や技術を紡ぎ出し、次の世代への遺産とすること、ヘリテージを集めレガシーを遺すことが、本来の使命である。そのためにも、たくさんの人が集い、展示を議論し、必要であれば展示を修正、改変していくことが大切である。オリンピックという多くの人が関心を持つテーマを設定したミュージアムにおいて、人々が集い意見を言い合う場を提供し、その成果を展示に反映させる持続可能なサイクルを作りだすことが、展示の成功の鍵となるであろう。そしてそれが、オリンピックを展示するミュージアムのオリンピック・ムーブメントへの貢献とつながることとなる。

註：
(1) ミュージアム、特に絵画を展示する美術館の起源を、アテネのアクロポリスの丘にあるピナコテークとする説もある。矢島國雄「近代博物館と古代における博物館の前史」『MUSEOLOGIST・明治大学学芸員養成課程年報』第 1 巻、1986 年、

17-31 頁。
(2) 朽木ゆり子『パルテノン・スキャンダル』新潮社、2004 年。
(3) ギリシャでは 1821 年 3 月 25 日を独立記念日としているが、ロンドン議定書で列強がギリシャ王国としての完全独立に合意したのが 1830 年である。
(4) 周藤芳幸「古代オリンピックの舞台を掘る」桜井真理子・橋場弦編『古代オリンピック』岩波書店、2004 年、18-34 頁。村川堅太郎『オリンピア：遺跡・祭典・競技』中央公論社、1971 年（初版 1963 年）、11-14 頁。
(5) パウサニアス／飯尾都人訳『ギリシア記』龍溪書舎、1991 年、311-432 頁。
(6) アルゼンチンのブエノスアイレスで開催。
(7) 「2020 東京オリンピックのプレゼン内容・英語原文」2013 年 9 月を参照。
http://matome.naver.jp/odai/2137885236028563801（2015 年 12 月 30 日閲覧）
(8) 日本オリンピック委員会『オリンピック憲章（英和対訳版）』2015 年、14、61 頁。傍点は筆者付与。
http://www.joc.or.jp/olympism/charter/pdf/olympiccharter2014.pdf
原文は以下の通りである。

    Olympic Charter
    Chapter 1 The Olympic Movement
      2 Mission and role of the IOC
          14. to promote a positive legacy from the Olympic Games to the host cities and host countries;

(9) 前掲書、12 頁。
(10) 日本オリンピック委員会ホームページ「オリンピズム：クーベルタンとオリンピズム：オリンピズム 〜オリンピックのあるべき姿」
http://www.joc.or.jp/olympism/coubertin/ （2015 年 12 月 30 日閲覧）
(11) The Olympic Museum。2014 年 3 月 28 日筆者訪問。
(12) 『2013 年 12 月版オリンピック・ミュージアム概況報告書』、1 頁より筆者訳。
http://www.olympic.org/Documents/Reference_documents_ Factsheets/Legacy.pdf（2015 年 12 月 30 日閲覧）

（13）オリンピック・ミュージアム・ホームページ。
http://www.olympic.org/museum（2015 年 12 月 30 日閲覧）
（14）オリンピック・ミュージアム・ネットワーク・ホームページ。
http://www.olympic.org/museum/collaborate/olympic-museums-network（2015 年 12 月 30 日閲覧）
（15）前掲書、筆者訳。ただし、2016 年 2 月 7 日現在、ホームページ掲載の地図上には、2015 年 9 月加盟の 7 館（表中の番号で、6、13、15、17、20、24、27）は、掲載されていない。他方、地図中に掲載されている、アムステルダム・オリンピック・スタジアム（オランダ、アムステルダム）、ニュージーランド・オリンピック・ミュージアム（ニュージーランド、ウェリントン）の 2 館はリストに記載されていない。その経緯は未詳である。また 17 の長野オリンピック記念コーナーは、英文では Nagano Olympic Museum、かつての名称である長野オリンピック記念館の英文名となっているが、現在の正式名称で表記した。
（16）前掲書、筆者訳。
（17）国際博物館会議（International Council of Museum, ICOM）は、1946 年創設の国際的非政府機関で、博物館と博物館専門家を代表する団体である。
（18）Deutsches Sport & Olympia Museum。2014 年 3 月 30 日筆者訪問。ドイツ・スポーツ・オリンピア・ミュージアム・ホームページ。
http://www.sportmuseum.de/ （2015 年 12 月 30 日閲覧）
（19）Olympiastadion Berlin　2015 年 3 月 16 日筆者訪問。
（20）Deutsches Historisches Museum　2015 年 3 月 16 日筆者訪問。
（21）Thessaloniki Olympic Museum　2015 年 3 月 18 日筆者訪問。
（22）Panathenaic Stadium　2015 年 3 月 21 日筆者訪問。
Hellenic Olympic Committee（ed.）, *Panathenaic Stadium: Discover 2500 years of History*, publish year unknown.
（23）2013 年 6 月 7 日筆者訪問。秩父宮記念スポーツ博物館ホームページ「博物館散歩」。http://www.sport-museum.jp/（2015 年 12 月 30 日閲覧）。日本スポーツ振興センターホームページ「常設展示場」。

http://www.jpnsport.go.jp/muse/annai/tabid/63/Default.aspx（2015 年 12 月 30 日閲覧）

(24) 2015 年 2 月 2 日筆者訪問。東京都スポーツ文化事業団ホームページ「東京オリンピックメモリアルギャラリー」。
http://www.tef.or.jp/kopgp/gallery.jsp （2015 年 12 月 30 日閲覧）

(25) 2015 年 12 月 25 日筆者訪問。札幌振興公社ホームページ「札幌ウィンタースポーツミュージアム」
http://okura.sapporo-dc.co.jp/guide/museum.html（2015 年 12 月 30 日閲覧）。札幌 2026 年オリンピック招致および展示改修については、「大倉山「スポーツミュージアム」改修 冬季五輪招致へ展示充実」2015 年 12 月 3 日付北海道新聞。
http://sports.47news.jp/smp/sports/localsports/2015/12/600_423603.html（2015 年 12 月 30 日閲覧）

(26) 2016 年 1 月 4 日筆者訪問。エムウェーブホームページ「長野オリンピック展示コーナー」。
http://www.nagano-mwave.co.jp/m_wave/about/olympic_corner.php（2015 年 12 月 30 日閲覧）

参考文献

朽木ゆり子 『パルテノン・スキャンダル』新潮社、2004 年

周藤　芳幸 「古代オリンピックの舞台を掘る」桜井真理子・橋場弦編『古代オリンピック』岩波新書、2004 年、18-34 頁

日本オリンピック委員会『オリンピック憲章』2015 年、14、61 頁
http://www.joc.or.jp/olympism/charter/pdf/olympiccharter2014.pdf

パウサニアス／飯尾都人訳『ギリシア記』、龍溪書舎、1991 年、311-432 頁

村川堅太郎 『オリンピア―遺跡・祭典・競技』中央公論社、1971 年（初版 1963 年）、11-14 頁

矢島　國雄 「近代博物館と古代における博物館の前史」『MUSEOLOGIST・明治大学学芸員養成課程年報』第 1 巻、1986 年、17-31 頁

夢と現の狭間で 酔九十四

第4章

オリンピックと身体

近藤 良享

はじめに(問題の所在)

　Citius, Altius, Fortius(Faster, Higher, Stronger:より速く、より高く、より強く)。この有名な語はオリンピックを象徴する標語(モットー)である。この標語は、後述するように、オリンピックと身体を論じる際にキーワードとなり、オリンピックをめざす選手らの身体を拘束、規制、変容させていく。

　オリンピック研究者、伊藤公の説明によると[1]、この標語は近代オリンピックの創始者、ピエール・ド・クーベルタンの友人の校長が同校のラグビー選手らに語ったものである。クーベルタンが1914年に考案した五輪マークと一緒にこの標語を入れ、1920年の第7回アントワープ大会で初登場させたという(図1)[2]。以後、1924年の第8回パリ大会を経て、5つの輪から成るデザインと標語は1926年のIOC総会において「オリンピック・シンボル」として承認され、現在に至っている。

図1 オリーブとモットーと五輪マーク

　例えば、1948年第5回サンモリッツ冬季大会（写真：左上）、1952年第6回オスロ冬季大会（写真：右上）、1956年第7回コルチナ・ダンペッツォ冬季大会（写真：左下）、1960年第8回スコーバレー冬季大会（写真：右下）[3]のメダルにCitius, Altius, Fortiusの文字が刻まれている。

写真　メダルに刻まれたCitius, Altius, Fortius[4]

ST. MORITZ 1948　　　　　　　OSLO 1952

CORTINA D'AMPEZZO 1956　　　SQUAW VALLEY 1960

　『The Olympic symbols』の「motto」[5]には、"この標語は人生哲学もしくは順守すべき行動規範をまとめた用語であり、競技の中で全力を尽くすことを選手

に促している"と説明されている。この標語をさらによく理解するには、クーベルタンが残した有名な言説と比較するとよい。すなわち、"人生で最も重要なことは勝利ではなく闘うことで、その本質は勝利したことではなく、よく闘ったことにある"[6]には、彼のオリンピックに込められた願いが表れている。

　近代オリンピックが始まったころは、現在と比べて牧歌的なスポーツ風景であった。ただし、厳格なアマチュアリズムに包囲され、個人が自分自身の力によって他者の力を借りず、全力を尽くして闘うことに価値を見いだしていた。その後、歴史が進む中で、個人の競い合いのオリンピックは、国家が関与、利用するオリンピックへと変わっていく。Citius, Altius, Fortius の標語の下に、大きく変貌していくのである。

　本章では、三浦雅士が『身体の零度』[7]の中で展開した所論に着想を得て、オリンピックの標語（Citius, Altius, Fortius）によって選手の身体がどのように変容していくかを論じていく。具体的には、まず、この世に生を受けた個人の身体が社会的な身体へと変容していく過程について、特に日本人の身体変容（政治による身体管理）を事例に論じる。次に、オリンピックに適した身体として、①近代オリンピックの草創期にクーベルタンが描いた理想、②ドーピングによって不法に臨界点を超えた選手らの事例、③オリンピックへと越境していくパラリンピアンらを論じる。最後に、オリンピックと身体の未来を展望して本章を閉じる。

1　身体の可変性・可塑性

　近年のオリンピックの記録やパフォーマンスの高度化をみれば、人間の身体はどのように変わってきたのか、またどのように変わる可能性があるかが想像できるだろう。近代オリンピックの創始から百年以上が経過しているが、オリンピックと身体を考える前提として、まずは人間の身体の可変性や可塑性について簡単に触れておく。

(1) ヒトの身体から社会的身体へ

　スイスの生物学者、アドルフ・ポルトマンは、『人間はどこまで動物か』において、「就巣性（巣に座って、保護者や擁護者の手助けを必要とする）」の鳥類と、「離巣性（誕生後、直ちに活動を開始できる）」のほ乳類を観察し、本来ならば他のほ乳類と同じく「離巣性」であるはずの人間が「生理的早産」であることを洞察した。「子宮外早産の1年」の研究が人間の新生児の特殊性をあきらかにした。すなわち、「人間は『巣立つ』ことのできない『巣立つもの』であり、『巣に座っているもの』でありながら『巣立つもの』の、開かれていて、よく感覚できる感覚器官を持つものである。人間の誕生時の状態は1つの特殊な人間的な『変異』ともいうべきものであり、それは真の『巣立つもの』の系統をひき、しかも大変早い時期に子宮から出されてしまった『乳のみ子』なのだ」[8]とポルトマンはいう。この変異こそが「生理的早産」の意味であり、生存のための特殊な存在様式を備えているのである。

　人は誕生からほぼ1ヵ年の間に急速に生育が進み、初めて一般的なほ乳類の離巣の状態になる。このことは人が社会的接触という意味での広義の教育機能（社会的関係性）によって生誕から、文字通り、人の間に存在して人間となっていく特徴が示されている。ただし、人は誰もが特殊な時間的、空間的な世界に生まれ落ちる運命にある。当該世界の文化的な制限の中で生育し、新生児から社会的人間と成長していく。その間にさまざまな身体に関わる技術を会得していく[9]。マルセル・モースが「身体の技法」と呼んだ、「歩くとか、座る、摑むといった極めて原始的な身体動作にも、文化によって異なるスタイルが見いだされる」[10]という意味で、社会的身体として成長していく。

　このように人間の身体は文化によって異なることから、当然ながら日本人の歩き方は西洋人とも異なるし、古今でも異なる。三浦雅士が『考える身体』の中で、「昔の日本人は、手足を互い違いに出す今のような歩き方はしていなかった。右手右足を同時に出す、いわゆるナンバのかたちで歩いていたのである。腰から上を大地に平行移動させるようにして、摺り足で歩いていた。今でも、

能や歌舞伎、あるいは剣道などにはこの歩き方が残っている」[11]と指摘し、野村雅一もまた、「日本の民衆の伝統的姿勢は、(中略)腰をかがめ、あごを突き出し、四肢がおりまがった姿勢であって、歩くときも膝がまがったままであり、腕の反動も利用することはない。なまじ腕もふって歩くように言うと、右腕と右脚、左腕と左脚というように左右の手と足をそろえてつきだす、いわゆる『なんば』式で歩き出すのである」[12]。さらに武智鉄二も同じく、「日本人の農耕生産の基本姿勢は、いうまでもなく、ナンバであった。ナンバというのは、農耕生産のために全身労働においてとられる姿勢で、右手が前に出るときは右足が前に、左手が前に出る時は左足が前という形になる。つまり、現代人の歩行の体様において、手が足と逆の方向にふられるその姿勢と、まったく逆の動きになる」[13]と日本人のナンバの動きを説明する。

ポルトマン、三浦、野村、武智らの身体所作・技法に関わる説明から、人間は、ヒトとして特殊な生活世界に生まれ落ち、教育・社会的接触によって人となっていき、生まれ落ちた生活世界の中で独自の身体所作・技法を身につけていく。このように誕生から社会的人間への必然的要請は、以下に展開する明治政府による、日本人のナンバ歩きの改造にも連動するのである。

(2) 日本人の身体改造：歩き方を変えた

今の子どもたちは、リズムに合わせて歩くことはたやすい。しかし、明治維新後の日本人はリズムに合わせて行進することができなかった。当時は、①集団移動ができない、②行進ができない、③駈足ができない、④突撃ができない、⑤方向転換ができない、⑥匍匐（ほふく）前進ができなかったという[14]。このような身体は農耕生産には適していたが、近代軍隊の兵士や産業社会向きの身体ではなかった。その理由は日本人の歩き方がナンバであることが大きな障害となっていた。

日本人の歩き方をナンバから近代社会に適合する歩き方に変えたのが、初代文部大臣の森有礼であり、彼が取り組んだ教育政策による。森は、1885（明治

18）年の大臣就任直前、兵式体操を全国の学校で実験・導入するための教員を体操伝習所において養成することを決定している。師範学校令、小学校令、中学校令が翌年の1886年に公布され、兵隊に相応しい動作を教育する方針を打ち出した。この方針が全国に浸透していくと、日本人の伝統的なナンバ歩きが必然的に失われていくと同時に、新しい身体所作も獲得されていくのである[15]。

確かに兵式体操という用語の表現から、その目的が兵士の養成のように思われるが、森文部大臣は、国民すべてを兵士向きにしようとしたのではなく、あくまでもナンバのゆったりとした所作から、組織的な集団行動を身に付けさせることをめざしていたようである。「集団が合図にあわせて整然と動くことは簡単ではなかったのである。簡単ではないそのことを成し遂げてはじめて、人は従順、友愛、威儀を達成できる」[16]と三浦が指摘しているが、兵式体操を通して日本人の身体そのものを近代化させようとしたと考えられる。

兵式体操を通じた明治政府の教育改革によって、日本人のナンバ歩きは、近代的な機動性のある集団行動ができる身体に変えられ、そして現在の日本人の歩行の形となるのである。

以上のように人間の身体は、ある一定の目的のために、その動作、所作までも変革できるような「可変性・可塑性」を有する。明治政府の教育政策によって、日本人の身体が変わったように、当該文化への志向性によって身体は変わりうる。それは当然ながらオリンピックに適した身体にも当てはまり、選手の身体が変わっていくのである。

2　オリンピックに適した身体

1896年の第1回アテネ大会から2012年の第30回ロンドン大会に至るまで、選手らの「身体」に着目すると、そこには当該時代に影響をうけた身体像を描くことができる。ここでの視点は、アマチュア規程に縛られていた（1896年から1974年）時代、政治（ナショナリズム）に利用された時代、ドーピング問題に揺れる1960年代以降の時代、とりわけベン・ジョンソン事件とマリオン・ジョー

ンズ事件の2つを取り上げる。また、21世紀に入りアスリートの身体に装備を施し、パラリンピックからオリンピックへと越境する選手たちがいる。その中のオスカー・ピストリウスとマルクス・レームに注目する。この項の「オリンピックに適した身体」に登場するのは、オリンピックの標語である Citius, Altius, Fortius をめざした選手たちの姿である。

(1) Citius, Altius, Fortius （より速く、より高く、より強く）の解釈

　オリンピックの標語にはさまざまな解釈がされている。その中の代表とも言える樋口聡の見解を取り上げよう。樋口は、この標語がオリンピズムという教育的・倫理的理念に依拠しつつ、その方向性が人間の能力の限りをめざしていることを前提に、個人内比較と他者比較に大別する。前者の個人内比較は通時的時間であり、過去よりも現在、現在よりも未来といった右肩上がりの発展図式が信奉され、向上や努力する進歩主義的イメージがある。このイメージこそが今までの自己記録よりも、より速く、より高く、そしてより強い自己へと変容させるモティベーションとして機能するという[17]。また、後者の他者比較は、比較のまなざしを時間軸にすえて共時的な競争の場に移し、この標語が「近代スポーツ競技の本質的契機である競争性を意味するものと考えることができるだろう。スタートラインについた100m走の選手は、隣のレーンを走る選手よりも速く走ることをめざす。結果としての勝敗はともかく、他の選手よりも速く走るべく全力を尽くさない選手はいない。（中略）このことはオリンピックのようなトップレベルだけではなく、どんなレベルにおいても見出すことができるもの」[18]と樋口が指摘する。このようにオリンピックの標語は、個人自身の競争としても、また他者との競争にしても、進歩主義的イメージを植え付け、結果的に人間の能力の限界まで挑戦させるのである。

　他にも、中村敏雄がオリンピック大会について、「クーベルタンが、この大会のモットー（標語）として採用した『より速く、より高く、より強く』は、次第

にこの大会を、おそらくはクーベルタンの意図、目的に反して、『勝利至上主義』的性格のものへと変えていく導きの標語となった」[19]と評価し、人々が挑戦するための原動力となる標語のもつ危うさを表明している。挑戦という思想は、近代オリンピックの歴史において選手に限らず国家もまた競争に駆り立てられる原動力となったのである。

（2）アマチュアとしての選手の身体

　1974年にオリンピック憲章からアマチュアの文字が消えるのであるが、厳格なアマチュアリズムが堅持されていた時代といえば、クーベルタンが近代オリンピックを創始し、没するまでの時代（1896年から1937年）である。

1）映画『炎のランナー（Chariots of Fire）』に見るスポーツ観

　この時代を描いたオリンピック関連の映画、ヒュー・ハドソン監督の『炎のランナー（Chariots of Fire）』は、1982年の第54回アカデミー賞で作品賞と脚本賞を受賞し高い評価を受けている。この映画は1924年の第8回パリ大会に出場した2人のイギリス代表陸上競技選手を中心に、当時のイギリスのアマチュアリズムを含む権威主義的で排他的な社会を描いた作品である。2人の主人公は、走ることで差別と戦うユダヤ人のハロルド・エーブラハムスと、神のために走るスコットランド宣教師エリック・リデルである。

　ハロルドは、パリオリンピック前年の1923年の陸上競技会で敗北した後、ヘサム・ムサビーニをコーチに雇用する。この雇用関係について、ケンブリッジ大学の寮長から、プロのコーチを雇うことはアマチュアリズムにも、大学にとっても相応しくないと批判を受ける。当時のアマチュアリズムとエリート教育の思想が映画の一場面に描かれている。一方の敬虔なキリスト教徒のエリックは、金メダルが有力視されていたが、100m予選が日曜日に実施されることから当該種目には出場せず、代替として400mに出場して金メダルを獲得するというストーリーである。週の7日目は神のための聖なる日（安息日）であり、それを順守し

ないことは神に背くことになる。この映画ではスポーツと宗教の関係も描かれている[20]。紙幅の都合上、これ以上深入りはしないが、19世紀のイギリスには伝統的スポーツに比較的寛容だったイギリス国教会と伝統的スポーツを怠惰と時間の浪費として否定した福音主義の両方があったという。両者ともスポーツを利用してそれぞれの教えを啓発・布教しようとしたが、近代スポーツの形成に大きな影響を与えたと言われている[21]。

2）個人の人間形成から国家の政治的利用へ

　当初のオリンピック大会は個人やクラブ単位で参加していたが、NOC（国内オリンピック委員会）ごとの参加になったのは1908年の第4回ロンドン大会からである。当時はクーベルタンが描いていたオリンピズムがその実現に向かって着実に推進されていた時代であった。彼の有名な言葉「オリンピアードで重要なことは勝つことではなく参加することである。（中略）人生で重要なことは勝利することではなく闘うことである。その本質は打ち克ったことにではなく、よく闘ったことにある」は、クーベルタンの45歳当時のものである。同じく、「己を知り、己を導き、己に打ち克つことが、競技者の義務であり本質である」は、彼が68歳の時の発言である[22]。

　上述のクーベルタンの言葉が示すように、彼がオリンピックでめざしたのは、スポーツがもたらす教育的効果による人間の育成、つまり青少年の人間形成であった。その意味では、標語のCitius, Altius, Fortiusは個人の努力目標と考えられ、さらに厳格なアマチュア思想の適用によって選手のプロ化を防止しようとした。前項のハロルドがプロコーチを雇用して社会的に非難されていたことがその証でもある。

　アマチュアリズムが堅持されていた頃のオリンピックでは、「私は、楽しみのためにだけスポーツに参加し、そこから身体的・精神的・社会的効果を得ます。そして私にとってスポーツは、物質的利益を伴わず、レクリエーション以外の何物でもないことを名誉にかけて誓います」という宣誓書に署名していた[23]。また、IOC会長だったラツール伯爵は1930年のIOCベルリン会議の開会挨拶に

おいて、「スポーツは、決して政治的・商業的であってはなりません。また、大きな試合の数を、年間の休日の範囲内でおさまるように縮小することが絶対に必要です。休日とは、土曜の午後や日曜日などの、個人が思い通りにできる自由時間のことであり、アマチュアは、1年に3回くらいスポーツにひたることができればそれで十分です」[24]と述べたという。この挨拶からはアマチュアリズムが貫かれていた状況や IOC 会長自身の発言から、当時のオリンピックやスポーツに対する思想を垣間見ることができる。

オリンピック大会の規模は、1896 年第 1 回アテネ大会が 14 の国と地域から 241 名の選手の参加であったものが、2012 年ロンドン大会では 204 の国と地域から 1 万 931 名の選手が参加した。110 年余にわたるオリンピックの歴史からみると、クーベルタンが描いた理想と現実が徐々に離れていき、特にナショナリズムの高揚によって、オリンピックは選手個人の人間形成から、社会(国家)の代表としての選手の政治的利用へと変容していった。ナショナリズムは国家間の競争を激化させ、差別的との批判もある厳格なアマチュアリズムをあざ笑うかのように、ステート(国家)アマチュア、スクール(学校)アマチュア、企業アマチュア、ミリタリー(軍隊)アマチュアなどのノンプロを生み出して、オリンピックの理想自体を形骸化させていった。

1936 年第 11 回ベルリン大会はオリンピックが政治的に利用された象徴的事例である。この大会はヒットラー率いるナチス・ドイツの下でドイツ民族の優秀さを示そうと、10 万人規模のスタジアムの建築を始め、青少年による聖火リレー、記録映画(民族の祭典)の作成、判定のための科学技術の開発が進められた。こうしてベルリン大会のナショナリズムの高揚は、国家・地域間の Citius, Altius, Fortius 競争の先駆けとなっていった。

第二次世界大戦後も米ソの冷戦がオリンピックに暗い影を落とした。1979 年 12 月、旧ロシアのアフガニスタンへの軍事侵攻に対して、アメリカのカーター大統領が翌年(1980 年)の第 22 回モスクワ大会のボイコットも辞さないと警告し、実際に西側同盟諸国はボイコットをした。日本選手団は 246 人の派遣を予定していたが、JOC 総会にて不参加を決めた。続く 1984 年の第 23 回ロサン

ゼルス大会は、東側諸国が報復のボイコットをした。1980年代前後のオリンピックは東西冷戦構造の中で政治的に利用されたのである。

(3) 不法に臨界点を超えた選手、関係者たち

　個人との競争、国家・地域との競争を問わず、Citius, Altius, Fortius の原動力が過剰に作用すると、負のスパイラルに陥る可能性がある。岡田猛が「標語に含まれる内的論理は現実的には圧倒的大多数の人々を疎外せざるをえない構造を有しているのである。表象の次元を離れた標語が現実レベルで課される極限性を無視してなおこの論理に忠実であろうとすれば、自らの心身を破壊するか不正な手段に依存せざるをえなくなるのは論理的な必然性をもっている。商業主義やナショナリズムが介在して事態の一層の悪化を招いてきたことはいうまでもない」[25]と指摘する。中村もまた、この標語が「永遠に過去『より』速くをめざさなければならないという必然と拘束を意味し、換言すれば、そのためにはドーピングを合法化してでもという意味さえ内包しており」[26]と警告するように、ドーピング問題は徐々にスポーツやオリンピックを蝕んでいくようになる。過剰な競争原理、優勝劣敗主義は、やがてドーピングによって人間の臨界点までも超えさせるのである。

1) 1980・90 年代のドーピング問題
　最近ではドーピングという言葉は一般的に理解されるようになった。しかし、IOC がオリンピック大会においてドーピングを禁止したのは 1968 年であり、ほぼ半世紀もの間、このドーピング問題に悩まされてきた事実はあまり知られていない。さらに加えると、1968 年以前にドーピングに類する行為がなかったかと言えばそうではない。古くは競走馬への薬物投与が動物愛護や賭け事への公平さから禁止されたのが 1930 年代である。
　また、1938 年のオリンピック憲章のアマチュア規定第 2 項には、すでに「ある種の薬品や人工的刺激物の使用は、強く非難されなければならない。それが

どんな方法であろうと、興奮剤を受け取ったり、提供した者はオリンピック大会への参加は認められない」という了解事項が決められていた[27]。この了解事項から判断して、この時には「ドーピング」という言葉は使用されていないが、クーベルタンが唱えたオリンピズムの順守、違背は別として、競技力向上のためにあらゆる手段を考案していたことは間違いない。ゲームに内在する価値（内在的価値）に留まったオリンピックから政治的、経済的な外在的価値へと傾倒していくにつれてドーピング禍に巻き込まれていくのである。

　1980年代のスポーツは、Citius, Altius, Fortius に駆動され、驚異的な記録の向上や技の高度化につながった。中条一雄は、①用具や施設の改善、②練習方法の開拓、③技術の進歩、④栄養、生活環境の改善による選手の体力・体格の向上、⑤人材の発掘、⑥周囲の理解、⑦練習時間の増大、⑧スポーツの普及などを向上や高度化の要因としてあげる。しかし、彼は、科学の力を利用して選手たちを組織的に肉体の限界まで訓練するようになった点を強調し、計画的に国際レベルの選手を生産していたと紹介している[28]。ドーピングについて真偽のほどは不明としながらも、「東ドイツの少女たちは、筋力をつけるため男性ホルモンを注射され、一時的に男性化することまでやっている」[29]と述べ、10代の有能な女子選手が科学によって飼育、ロボット化していると指摘する。第21回モントリオール大会（1976年）での東ドイツ女子競泳選手の活躍は、13種目中11種目で金メダルを獲得したことから、西欧諸国において中傷めいた噂が流れたこともある。

　さらに中条は、「ドーピングは（中略）選手を一時的に興奮させスポーツ能力を高めるものだ。だが、健康をいちじるしく損ねる。それがわかっていても、記録の極限を求める人間は使う」[30]ことを指摘しつつも、初期ドーピング時代は、試合中一時的に選手を興奮状態にさせる「興奮剤」の使用、続いて中期ドーピングは、トレーニング期間中の「筋肉増強剤（アナボリック・ステロイド）」の出現を認めている。すでに1964年の第18回東京大会の時に、「重量挙げや投てきの欧米の選手が、選手村の食堂で、白い粉末や錠剤をパクパク食べているのをよく見かけた。彼らは『魔法の薬』と呼んでいた」[31]と述べ、さらにステロ

イドの副作用の事例も報告されていたという。

　こうしたドーピングの副作用の例を暴露し、強烈に揶揄したのがシムソンらである。オリンピック大会のディナー会場における出来事を次のように描写している。「だれもかれもスマートな身なりで、男は上等のスーツを身につけ、女はイブニング・ドレースに身を包んでいる。国際的な有名選手であり、現在の世界チャンピオンと隣り合わせになって、その姿に目もくらむばかり。ところでそのスター選手は、ゲストの中ではただひとり、ひげを剃ってこなかったらしい。だが、ここでびっくりするのは、そのエチケットをわきまえない不作法にではない。そのチャンピオンが女性で、しかも、彼女は、その場の男たちよりも濃いひげを生やしているという事実なのである。ステロイド濫用の副作用が目に立つほどはっきり現れていて、彼女はどこからみてもすぐそう知れる大胆で、かつ成功した薬物選手だった」[32]と暴露する。医者やコーチから科学的知識を伝授され、巧妙に薬物検査から逃れたドーピング選手らがいたのである。IOCや国際競技連盟も、ドーピングの弊害に警鐘を鳴らす文章を作成しているが、それはあくまで表向きの対応であって、徹底したドーピング根絶に力を注ぐことはなかったと彼らの非難は手厳しい[33]。

　そうした中で、1988年第24回ソウル大会（以下、ソウル大会と略）におけるベン・ジョンソンの金メダル剥奪は、ドーピング史における大事件となる。

2）ソウル大会（1988年）のベン・ジョンソン事件

　ベン・ジョンソン事件の真相については、カナダ政府によるデュビン調査委員会の報告書によって詳細が明らかにされている。デュビン調査報告書によると、ベン・ジョンソンは、過去には何度もドーピングを実施していたが、大会直前の薬物投与プログラムは初めてだった。1988年5月に受傷したけがの回復状況が悪く、フランシス・コーチとアスタファン医師ともにベンが金メダルを取れる状況にはないと判断した。ソウル大会の男子100m決勝（9月24日）まで1ヵ月しかなかったが、陽性発覚の危険を承知の上で彼らは薬物プログラムを敢行した。8月24日、8月25日、8月28日の3度の接種が行われたが、特に、最

後の8月28日のスタノゾロール（筋肉増強剤）が陽性に結びついたと報告書は結論づけている。コーチと医師による3度の薬物投与、トロントとソウルの13時間の時差、隠蔽工作用の飲料水の不摂取などにより、ベン・ジョンソン自身、19回目の薬物検査で陽性反応を示したのである[34]。

　ベン・ジョンソン、フランシス、アスタファンという選手、コーチ、医師が三位一体となって確信犯的にドーピングを行っていた。この1980年代のドーピング検査は、競技会期間中（In-Competition）に実施されていた。そのために大会の開始までに体内から薬物の痕跡を消すことができれば薬物使用が発覚しなかった。デュビン調査委員会の委員であったロバート・アームストロング弁護士は、「（IOC）医事委員会はもう何年も、競技時に行なうステロイドの検査はまったく時間の無駄だと知っていたはずだ」[35]と厳しく糾弾している。その後1990年5月からのドーピング検査は、競技会内検査に加えて、抜き打ち検査として競技会外検査（Out-of-Competition）が実施されることになった。これにより国際陸上競技連盟（International Association of Athletics Federation, 以下IAAFと略）はトレーニング期間中の筋肉増強剤などの使用を取り締まることになる。

　しかし、1980年代には成長ホルモン分泌不全性低身長症の治療薬である「ソマトロピン」がすでに開発されていた。それはヒト成長ホルモンであったが、当時は成長ホルモンに対する有効な検査方法はまだ見つかっていなかった。先の中条の文献の中にも、「これは人間の脳下垂体からとれる成長ホルモンの一種で、筋肉の増強効果はステロイドやテストステロンより高く、人間のホルモンだから検出が困難のうえ副作用も少ない、といわれる」[36]と記載されている。このヒト成長ホルモンに選手、コーチ、医師らは注目した。検出されない、もしくはされにくい薬物はメダルを獲得する有効な手立てとなる。

　以上が、選手側のドーピング関与である。実は、薬物を需要する側だけがドーピング問題に関与していたわけではなく、供給する側、つまり製薬会社までもがドーピングに与していた。それが明らかになったのが、マリオン・ジョーンズ選手の事件である。

3）バルコ・スキャンダル：マリオン・ジョーンズのドーピング事件[37]

マリオン・ジョーンズは、アメリカを代表する女子陸上競技選手であった。2016年現在でも破られていない、100 m（10秒49）、200 m（21秒34）の世界記録をもっている故フローレンス・ジョイナー（1998年没）の後継者に彼女は位置づけられていた。2000年第27回シドニー大会で3個の金メダルを含む5つ（100 m、200 m、走り幅跳び、400 mリレー、1600 mリレー）のメダルを獲得していたが、ドーピングの発覚により、過去の記録（自己ベスト、100 m：10秒65など）はすべて抹消、獲得したメダルはすべて返還された。

アメリカの補助食品（サプリメント）を製造するバルコ（BALCO）社は、当時はドーピング検査において検出されない競技力向上薬物を選手に提供していた。関与していた選手は、陸上競技、野球、ボクシングなどの複数の競技に及び、世界一流の選手らがドーピングを行っていたことが2003年に判明した。公表された27名の選手の中に、マリオン・ジョーンズも含まれていた。この事件は「バルコ・スキャンダル」と言われるが、ドーピングに関与した選手らは世界アンチ・ドーピング機構（World Anti-Doping Agency, 以下 WADA と略）や全米アンチ・ドーピング機構（U.S. Anti-Doping Agency, 以下 USADA と略）の薬物検査によってドーピングが発覚したのではない。事件は、2003年の夏、あるコーチが注射器を USADA に送りつけたことを契機に選手への調査が開始され、一方バルコ社は脱税容疑で起訴された。バルコ社からは多くの一流選手に禁止薬物が提供されていた。当初、マリオン・ジョーンズはドーピングの嫌疑がかけられたが、本人が否認した。しかしその後にドーピングを認めたため法廷偽証罪などに問われた（禁固6ヵ月の実刑）。彼女は、世界記録保持者のジョイナーの後継者として期待されていたにもかかわらず、当時の検出技術では陽性反応を示さないテトラハイドロゲストリノン（THG）への誘惑を断ち切れず、ドーピングに手を染めたのである。

前項で取り上げたベン・ジョンソン事件では、選手、コーチ、医師の三者が協力して、計画的にオリンピックの金メダルを取れる身体を創りあげようとした。しかし、21世紀をはさむ頃、今度は健康食品会社のバルコ社という企業までも

が金メダル獲得に向けた身体加工に関与していた。オリンピックと身体をめぐっては、ドーピングによって金メダルが獲得できる身体に改造され続けたと言えるだろう。

4）ドーピング防止策と未来の懸念

　オリンピックと身体に関わる負の遺産としてドーピングがある。過度あるいは不正な方法にまで手を染める、誤った標語（Citius, Altius, Fortius）の理解がドーピングに誘惑される。あらゆる手段を用いても勝利したいという欲望がドーピングにリンクしている。こうした状況に対してドーピングの防止策は厳格化されてきたし、違反に対しても厳罰で対応している。しかしながらその反面で、現在のドーピング検査システムは一般人の感覚からは常軌を逸していることも見逃せない。

　たとえば、薬物検査には尿のすり替えなどの不正がないよう採尿時に同性が立会うし、アンチ・ドーピング管理システム（以下 ADAMS と略）[38]を利用して向こう3ヵ月間の居場所情報（whereabout）を提供させるだけでなく、その間、1日1時間（午前6時から午後11時まで）枠を検査時間として指定させる。検査対象登録選手（Regstered Testing Pool Athlete, RTPA）によって提出された情報の内、ADAMS で管理できるものには、ドーピング検査の立案・実施内容、検査分析結果、居場所情報、治療使用特例（TUE）などがある。世界中のドーピング防止機関が ADAMS を通じて、これらの個人情報を管理、共有することができるという。このようなドーピング防止体制は、選手自身がドーピングに関与していないことを立証するためとは言え、人権侵害ともいえる対応策ではないかとの批判もある。

　だが、その一方で、2015年の新聞報道では[39]、ロシア陸上競技界で発覚したドーピング検査の不正、データの改ざん、隠蔽など、組織的な関与の疑惑が取りざたされた。その結果、ロシアの陸上競技選手の2016年第31回リオデジャネイロ大会の参加ができなかった。組織的なドーピング関与がオリンピックに暗い影を落としている。

さらに未来のドーピングは遺伝子治療を応用する方法（遺伝子ドーピング）の導入が懸念されている。その懸念はすでに2003年にドーピングの禁止方法に追加されたことが何よりの証拠である。遺伝子ドーピングは、たとえば、貧血や筋ジストロフィーの遺伝子治療の方法を選手に施してヘモグロビンの増加、筋肥大をはかるものである。遺伝子ドーピングはそれまでの薬物使用とは異なり、トレーニングで培うのではなく生来の能力を高めるのである。極端な話、ベッドに横になっていても筋肥大し、激しいトレーニングは必要がない。それが遺伝子ドーピングの大きな特徴である。

　以上をまとめると、初期のオリンピック大会は、プロのコーチさえも認めない厳格なアマチュアリズムを堅持し、個人の努力に価値を置いていた。しかしその後、個人の努力の範囲を超えて、コーチ、医師、企業、そして競技団体の組織的関与に至るまで、私利私欲のために、またナショナリズム的にオリンピックの場を利用し、競技が展開されてきた。さらには、遺伝子ドーピングまでもが懸念され、選手の生来の素質（nature）が変えられ、自然な生育環境（nurture）を必要としない時代を迎えようとしている。

　これまでのオリンピックと身体の状況をみると、Citius, Altius, Fortiusという進歩主義思想が科学技術と手を組み、人間の臨界点を超えようとしてきた。勝利をめざすため、あるいは自身の極限を超えるための人間の挑戦をどのように評価すべきだろうか。ただ単にドーピングが違法という言葉では片付けられない人間の欲望がそこにある。Citius, Altius, Fortiusという標語の導きによって競技能力が高められてきた反面、不法なドーピングへの関与によってますます非人間的な状況を招来させていると言えるだろう。

（4）越境する選手たち：アスリートの身体＋装具

　1989年の国際パラリンピック委員会（International Paralympic Committee, 以下IPCと略）の発足に伴い、それまでの障がい者の競技大会の趣旨が変更された。

つまり、かつてはリハビリテーション目的の障がい者スポーツであったが、それに不満、物足りなさをもつ人々が、リハビリテーションではなく競技性を指向しようとした。その結果、障がい者スポーツの様相が激変した。もう1つのオリンピックという意味のパラリンピックは、オリンピック開催年と同年に開かれるようになり、競技レベルは飛躍的に向上していった。アスリートの身体に装具を着装することによって、オリンピアンと対等もしくはそれ以上の記録を出す時代に突入したのである。

　ここでは、その先人となったオスカー・ピストリウスとIAAFが現在彼のオリンピック参加認否に頭を悩ませているマルクス・レームの2人を紹介する。

1）オスカー・ピストリウス[40]

　オスカー・ピストリウス（南アフリカ）は生まれつき両足の腓骨がなかった。生後11ヵ月で両足の脛から下を切断する手術を受け、生後17ヵ月から義足をつけた。彼は高校時代にはさまざまなスポーツ、たとえば、クリケット、テニス、ラグビー、水球を行っていた。ラグビーの試合で膝をけがした時に、「チーター」という競技用義足をつけ、町の大会の陸上100m走に出場して優勝した（南アフリカのブルームフォンテーンという町での大会）。パラリンピックのカテゴリーでは「T43（両足膝下切断クラス）」になるが、当時の世界記録を上回っていたという。彼は、2004年の17歳の時、国内障がい者スポーツ大会に出場後、同年の第12回アテネパラリンピック大会の南アフリカ代表に選出された。そのアテネパラリンピックでは200m、21秒97の世界新記録で金メダルを獲得した。

　彼はカーボン製の義足を装着していたので、「ブレード・ランナー（blade runner）」と呼ばれた。彼の競技成績が向上するにつれ、「ハイテク」義足が不当に有利になっているとの批判的な目が向けられるようになった。2007年の南アフリカ選手権の400mで2位になり、国際舞台に進出しようとしたとき、IAAFは新しい条項（144条の2）を競技規則に追加した。それは、「競技能力を高める目的で、非使用者より有利になる人工的装置を使用してはいけない」という規則である。ピストリウスの人工的装置（義足）がこの規則に抵触するか

否かを判定するために、ドイツのケルン体育大学で実験が行われ、その結果、「人工装置」に該当すると結論づけられた。この結論によって健常者と障がい者とが一緒にレースを行う道が閉ざされた。

　しかし、ピストリウスは、IAAFの結論を覆させるべく、スポーツ仲裁裁判所（Court of Arbitation for Sport, 以下CASと略）に提訴して審理を求めた。再実験が行われ、CASの裁定は他の選手より有利となっているとはいえないと結論づけ、2008年5月に彼に対する義足論争に終止符が打たれた。

　CASの裁定の結果、ピストリウスは、2008年の第29回北京大会に出場する資格は得たが、標準記録が破れずにオリンピックには出場できなかった。だが、北京大会では100m、200m、400mに出場して金メダルを獲得した。2012年の第30回ロンドン大会では初めてオリンピック代表選手に選ばれ、400mの準決勝に進出を果たした。オリンピックに続いて開催されたロンドンパラリンピックの400mでは金メダルを獲得した。

　ピストリウスの場合は、オリンピックで健常者とレースを行うことができたが、CASの裁定は、ピストリウス個人だけに適用されるものだった。現在でも義足選手が他の選手よりも有利になっているという声が消えたわけではなく、オリンピック出場の壁に阻まれている選手がいる。それがマルクス・レームである。

2）マルクス・レーム

　マルクス・レームは、1988年にドイツ・バイエルン州ゲッピンゲンで生まれた。2003年夏、ウェイクボード（ウォータースポーツ）の練習中に事故に遭い、右足のひざ下を切断した。しかし、2005年にはウェイクボードのドイツ・ジュニア選手権で準優勝する。

　2008年からTSVバイエル04レバークーゼンに所属する。2009年、国際車いす切断者競技連盟（Int'l Wheelchair & Amputee Sports, IWAS）ジュニア世界大会で走り幅跳びの優勝者となり、翌年は同大会で走り幅跳びと100m走、200m走の3冠を達成した。2012年のロンドンパラリンピックでは走り幅跳びで金メダル、400mリレーで銅メダルと活躍し、2015年10月、自身がもつ障害者（T44）

の走り幅跳び世界記録を更新する 8 m 40 を跳んだ[41]。

彼の世界新記録は、2008 年北京大会と 2012 年ロンドン大会の優勝記録である 8 m 34 と 8 m 31 を超えている。

新聞報道によると[42]、2015 年になって IAAF は「義足が有利に働いていないことを選手自身で証明することを参加条件とした」という。義足が有利に働いていないという挙証を自身で行うことは至難である。前述のピストリウスの時には不必要だった自身による挙証責任が、レームの場合には課せられた。義足による跳躍選手が健常者の記録を超えることによって波紋を巻き起こし、スポーツ界は新たな局面を迎えようとしている。

ところで、先天的な障がい（クリッペル・トレノニー・ウェーバー症候群）により歩行が困難でありながら、プロゴルフツアーにおいてカート使用を認めてもらった選手がいる。それがケーシー・マーティンである。彼の場合は CAS ではなく連邦裁判所で裁定されたが、その際の根拠が「合理的配慮（reasonable accommodation）」という考え方であった。2008 年の改正アメリカ障がい者法による「合理的配慮」という解釈を援用すると、ピストリウスやレームの場合、義足の装着は不当に得られた有利さではない。装着した状態で他の選手と同等と判断される[43]。ピストリウスは、「義足論争は、僕個人のスポーツ活動やオリンピック出場の夢だけの問題ではない。これは差別の問題だ。競技に真剣に打ちこみ、十分な才能を発揮しているアスリートは誰でも、世界最高の舞台で競う機会を認められるべき」と主張する[44]。

アスリートの身体が、義足などの装具によって、Citius, Altius, Fortius をめざし、すぐれた身体能力を開花させた場合、われわれはどのように評価すべきなのだろうか。世界最高のパフォーマンスを競う「オリンピック」と障がい者のスポーツ参加を促す「パラリンピック」が明確に棲み分けられていた時代にはない苦悩がある。科学技術の発展や障がい者へのまなざしの変化によって、健常者と障がい者をオリンピックにおいてどのように競い合わせるべきかが問われる[45]。

3　オリンピックと身体からみた未来の展望

　本章では、三浦の『身体の零度』の所論から着想し、オリンピックの標語Citius, Altius, Fortius が、時代と共に変質するオリンピックの思想に従って、様々な選手の身体が創りあげられていく過程を辿ってきた。論を閉じるにあたり、オリンピックと身体をめぐって、2つのことを提案して未来の展望としたい。

(1) 未来のオリンピック＝
　　Citius, Altius, Fortius ＋より美しく、より人間らしく

　スポーツにおける疎外状態が問題視されている。疎外とは一般的に人間が作り出したものによって逆に人間が束縛されることをいう。この「疎外」の概念をオリンピックに援用すれば、オリンピックはクーベルタンによって始められたが、オリンピック自体が変容して、オリンピック向きに選手が束縛される状態となる。スポーツやオリンピック向きに身体そして人間までも変容させられている。その事例として、近年にみられるドーピング、意図的ルール違反、無気力試合、八百長など枚挙にいとまがない。ルールを順守することなく、秘密裏にルールを犯す行為は倫理観の欠如、モラルハザードである。自分たちが理想として、オリンピックにおける理想的身体像を描きながら育まれてきた文化から、逆に人間が疎外され非人間的文化に陥ることは回避せねばならない。

　ハンス・レンクは、ドイツにおけるボート競技のオリンピアン、金メダルチームのコーチ、さらには哲学者として、オリンピックの理想、あるべき姿を思索し、世に数多くの論文を出している[46]。彼は、オリンピックの標語（Citius, Altius, Fortius）について、この3つの標語に "pulchrius"（より美しく）と "humanius"（より人間らしく）を加えて初めて、オリンピズムが達成できる可能性を説き、後者の2つを補うことにより、オリンピック・ムーブメントの美的目標と人間的目標が達成されると主張する[47]。オリンピックの標語、Citius, Altius, Fortius の抱

える限界、陥穽に対して、美的目標と人間的目標を補完することによって、本来的な意味でのオリンピズムの理念が実現されることを期待する。

確かに古くはクーベルタンが 1912 年の第 5 回ストックホルム大会において文学や芸術もオリンピックに加えることを提案し、自らも匿名で「スポーツ賛歌」を投稿したという。オリンピックには、個々の競技種目の技術的課題を克服することにとどまらず、その達成には美しさや人間的な意味、価値をともなうべきことが示唆されている。

スポーツやオリンピックから人間が疎外される状況をつくるべきではない。スポーツやオリンピックは人間のためにあるのであって、スポーツやオリンピックのために人間がいるのではない。「より美しく、より人間らしく」をオリンピックの標語に補充し、より文化性の高い活動としてのオリンピックを保持したい。

(2) 多様性を実現するオリパラリンピック（オリンピック＋パラリンピック）へ

哲学者のドリュー・ハイランドは、プリンストン大学バスケットボール部のスター選手だったが、彼はかつて「スポーツに参加する人々にとっては最高のパフォーマンスに関心があるために、選手らの出自、人種、年齢、性別など無関係である。スポーツの価値からは、競技能力の結集、総和だけが、唯一、不可欠の関心事である。人種差別などしていては最高のチームはできないし、スポーツ界から社会の人種差別に風穴をあけられる可能性がある」[48]と論じた。

前項の「越境する選手たち」の中で、ピストリウスは、当初 2008 年の北京大会へ参加資格が認められなかった時、健常者と障がい者が同じ大会で競い合えないのは「差別だ」と非難した。確かにオリンピックとパラリンピックの棲み分けが行われていた時代があった。しかしそれが確実に変容しつつある。

鷲田清一が固定的観念、固執的思考について、次のように警鐘を鳴らす。「男らしさだとか、学生らしさ、子どもらしさなどといった規定（つまりはだれもが囚われている強迫観念）には、よく注意する必要がある。それはわたしたちの

存在の可能性を、1つのイメージ、1つの解釈のうちに閉じ込めるものだからである。そこで、わたしたちの存在をそのつど別の可能性へと向けて開いていくためには、たとえばじぶんが属している文化が内蔵している解釈コードを揺さぶったり、裏返したりして、その外へと出ていく必要が出てくる。じっさい、文化というものはつねに共同体の外にある別の文化との出会いと交換のなかでたえず自己を組み換え、ずらしつつ、展開してきたのであって、純粋に綴じた文化など、おそらくどこを探してもありえないだろう」[49]と述べる。オリンピックを固定的に把握することの妥当性を今、改めて問い直す必要があろう。

また、哲学者のポール・ワイスは、人間存在の重要性を知るためにスポーツを標準化しようとした。彼がそのようにする意図は、誰もが勝者となれる可能性を持たせ、多くの人のスポーツ参加を促すだけではなく、体重、性、経験といった障壁を超えて、1人ひとりの人間に何が達成できるかを知る機会を提供させるためである。自らの潜在的能力を開花させる機会は、標準化という操作があって初めて可能になる。標準化のための「ハンディキャップ付きのスポーツ」によって、個々の参加者の出自、来歴、価値観などが異なっても、個々の違いを理由に排除せず、違いを認め合うことにつながる。スポーツの場面において個々の違いを認め合うことで「人間の素晴らしさ」が実感できるという[50]。

競技に真剣に打ちこみ、十分な才能を発揮しているアスリートは誰でも、世界最高の舞台で競う機会を認められるべきというピストリウスの意見に同意すれば、オリンピックとパラリンピックとを融合させ、「オリパラリンピック」という用語の下に集合することはできないだろうか。健常者、障がい者、男女、老幼を問わず、多様性を尊重して個々を認め合うことは、オリンピック、パラリンピックの場はもとより、一般のスポーツの場面、社会においても重要である。1人ひとりを認めることで社会全体が強くなる[51]。「オリパラリンピック」に融合することで、国際社会そのものが強くなり、クーベルタンが世界平和をめざしたオリンピズムの実現への確実な一歩となると思われる。

註：
(1) 伊藤公「オリンピック標語トピックス」中村敏雄編『オリンピック標語の考察』創文企画、2002 年、191 頁。
(2) IOC（2000）Olympism：Selected writings；Pierre de Coubertin, IOC, p.595.
(3) このメダルについて、IOC の Web の説明には、「メダルの裏側はシンプルであることが重要である。オリンピック標語の『より速く、より高く、より強く』によって中央の 5 つの輪が囲まれ、下部の残されたスペースにはメダリストの名前を刻むことができる」とある。
(4) IOC website（http://www.olympic.org/PageFiles/478643/MSquaw-photo）2016 年 3 月 12 日閲覧（なお、閲覧日以降、IOC のサイトが改訂され、現在は各大会ごとの HP でメダルを確認することができる）。
(5) 「The motto」『Olympic symbols』The Olympic Museum, 2nd ed. 2007, p.5.
(6) 日本オリンピック・アカデミー編『21 世紀オリンピック豆事典』楽、2004 年、38-39 頁。
(7) 三浦雅士『身体の零度』講談社選書メチエ、1994 年。
(8) アドルフ・ポルトマン／高木正孝訳『人間はどこまで動物か―新しい人間像のために』岩波新書、1961 年、224 頁。
(9) 仮に「アヴェロンの野生児」のように、幼いときから全く教育を受けず、同類の人間から完全に離れて生活した場合は、フランス人医師のイタールの努力によって著しい教育成果が示されたとしても、完全に「普通児」にすることができなかった。身体に限らず、「人間は自己の種が持つ最もすばらしい特権、すなわち、模倣や社会の影響によって知性を発達することができるという特権を享受してきた」と言えるだろう。（参考：J.M.G. イタール／中野善達・松田清訳『新訳アヴェロンの野生児』福村出版、1978 年、14 頁）。
(10) 鷲田清一『悲鳴をあげる身体』PHP 新書、1998 年、130 頁、なお、デズモンド・モリスの『裸のサル』で展開される「ネオテニー（先祖返り）」という概念も、ポルトマン、モリスらと同一の地平に立っている。
(11) 三浦雅士『考える身体』NTT 出版、1999 年、54 頁。

(12) 野村雅一『しぐさの世界 - 身体表現の民族学』NHK ブックス、1983 年、14 頁。
(13) 武智鉄二『伝統と断絶』風濤社、1969 年、27 頁。
(14) 同上書、20-21 頁。
(15) 前掲書、三浦雅士、1994 年、137-138 頁。
(16) 同上書、158 頁。
(17) 樋口聡「オリンピック標語と『日本的感性』をめぐる美学的断章」中村敏雄編『オリンピックの標語の考察』創文企画、2002 年、42 頁。
(18) 同上書、42-43 頁。
(19) 前掲書、中村敏雄、4-5 頁。
(20) 舛本直文「スポーツ映像の中に見るオリンピズム：その多元的表現の解釈」『体育・スポーツ哲学研究』第 20 巻第 1 号、1998 年、34-36 頁。
(21) 中村敏雄・高橋健夫・寒川恒夫・友添秀則編『21 世紀スポーツ大事典』大修館書店、2015 年、650a、852a。
(22) 日本オリンピック・アカデミー編著『21 世紀オリンピック豆事典―オリンピックを知ろう！』楽、2004 年、38-39 頁。
(23) 西山哲郎「オリンピック標語とスポーツ固有の快楽」中村敏雄編『オリンピックの標語の考察』創文企画、2002 年、79 頁。
(24) E.A. グレーダー／四国スポーツ研究会訳『アマチュアリズムとスポーツ』不昧堂出版、1986 年、127 頁。
(25) 岡田猛「「より速く、より高く、より強く」は普遍か」中村敏雄編『オリンピックの標語の考察』創文企画、2002 年、120 頁。
(26) 前掲書、中村敏雄、5 頁。
(27) 前掲書、E.A. グレーダー、131 頁。
(28) 中条一雄『危機に立つオリンピック』朝日出版社、1984 年、142-143 頁。
(29) 同上書、146 頁。
(30) 同上書、152 頁。
(31) 同上書、153 頁。

（32）ヴィヴ・シムソン、アンドリュー・ジェニングス／広瀬隆監訳『黒い輪―権力・金・クスリ、オリンピックの内幕』光文社、1992 年、283 頁。

（33）同上書、287 頁。

（34）近藤良享「ベン・ジョンソン事件の真相究明〜デュビン調査委員会報告書を手掛かりに」『体育・スポーツ哲学研究』第 19 巻第 2 号、1997 年、9-24 頁。

（35）前掲書、ヴィヴ・シムソン他、308 頁。

（36）前掲書、中条一雄、156 頁。

（37）マリオン・ジョーンズ事件は、ウィキペディア「マリオン・ジョーンズ」（2016 年 3 月 18 日閲覧）、またバルコ社事件については、http://usatoday30.usatoday.com/sports/balco-timeline.htm （2016 年 3 月 18 日閲覧）を参照のこと。

（38）ADAMS はアンチ・ドーピング活動に関わる世界中の情報を一元的に管理、集約させる目的で WADA によって制作されたシステムのことである。

（39）『朝日新聞』、2015 年 11 月 28 日。

（40）オスカー・ピストリウス、ジャンニ・メルロ／池村千秋訳『オスカー・ピストリウス自伝：義足こそが僕の足』白水社、2012 年。

（41）http://www.newsdigest.de/newsde/features/7522-markus-rehm.html （2016 年 1 月 8 日閲覧）。

（42）「Road to Rio：義足の跳躍　健常者超えの苦悩」『朝日新聞』、2016 年 1 月 15 日。

（43）近藤良享『スポーツ倫理』不昧堂出版、2012 年、203-206 頁。

（44）前掲書、オスカー・ピストリウス他、153-154 頁。

（45）朝日新聞グローブ『からだ＋機械＝』2015 年 10 月 4 日。

（46）ハンス・レンクは、国際スポーツ哲学会、ドイツ哲学会、国際哲学会会長を歴任した。その一方で、ボート選手として、1960 年ローマオリンピック（ボート競技のエイト種目）で金メダルを獲得。1966 年にはコーチとして世界選手権でドイツをエイト種目の優勝に導いた。

（47）Hans Lenk（2012）, An Anthropology of the Olympic Athlete - Towards a

Modernised Philosophy of the Olympic Game and Athletes (2008), Manfred Messing & Norbert Mueller Eds. "S. O. S. - Save Olympic Spirit: Toward a Social Philosophy of the Olympics (Selected Writings by Hans Lenk)" Agon Sportverlag Kassel, p.100.
(48) Hyland, D.A. (1990) Philosophy of Sport. Paragon House: New York. pp.12-13.
(49) 前掲書、鷲田清一、132頁。
(50) Weiss, P. (1969) Sport : A Philosophic Inquiry. Southern Illinois University Press. ポール・ワイス／片岡暁夫訳『スポーツとは何か』不昧堂出版、1985年。
(51) 近藤良享「スポーツ・ルールにおける平等と公正〜男女別競技からハンディキャップ競技へ〜」『スポーツとジェンダー研究』第14巻、2016年、1-13頁。

第5章

公開情報から読み取れる
ソチオリンピック：期待と結果

ペトリシェヴァ・ニーナ

はじめに

　2020年の第32回オリンピック・パラリンピック夏季大会が東京で開かれることに決まり、喜んだ日本人は多かったに違いない。一方、最近「東京オリンピック」という言葉からは「国立競技場問題」や「エンブレム問題」という連想が世論においてまず浮かぶといってもいい。このような難点は日本だけの特徴では決してない。2008年第29回北京夏季大会（以下、北京大会と略）の時問題になった大気汚染や2016年第31回リオデジャネイロ夏季大会のさいの水質汚染への懸念[1]などが記憶に新しいだろう。開催国の評判にとって最も大事なのは、問題の早期発見と対応だろう。その次に重要なのが、オリンピックを開催する目的と見込まれている効果をしっかりと意識することだと思う。

　オリンピックの1つの目的は平和な社会をつくることだと宣言されている[2]。2020東京オリンピック大会組織委員会ではオリンピック精神について以下のように説明している：「クーベルタンが唱えたオリンピズム＝オリンピックの精神とは『スポーツを通して心身を向上させ、文化・国籍などさまざまな違いを乗

り越え、友情、連帯感、フェアプレーの精神をもって、平和でよりよい世界の実現に貢献すること』。(略) アスリートが生み出す興奮と感動、そして環境保護への取り組みが、きっと世界中の人をより強く、固く、結んでいくことでしょう」[3]。この定義を言葉どおりに受け取るとすれば、近代オリンピックの大会はスポーツと友情の祭典であるべきであり、いかなる政治的、利益追求的な思考もオリンピック開催に影響を与えてはならないはずである。だが理想とは違って、現実世界ではこの理念を完全に守るのは不可能なようだ。経済面では、第23回ロサンゼルス夏季大会以来、この大会がショービジネス化したとされ、大会組織はスポンサーの広告や放送権から莫大な利益を得ているといわれている。政治面では、1920年の第7回アントワープ夏季大会以来、この大会は開催国が国際舞台において影響力を示すための手段の1つになっているとも考えられている。

　本章では、2014年にソチで開催された第22回ソチ冬季大会(以下、ソチ大会と略)の社会的な側面が考察対象となっている。特に、開催前にプーチン政権が期待していたと考えられる効果と、開催後実際にもたらされた結果に焦点を当てている。第1節は主に2013年に構想されていたことに基づいており、その当時の状況や推測を述べている。第2節はオリンピック終了後に書かれたものであって、オリンピックの開催がロシアに与えた影響について様々な観点から分析を試みている。

　2007年のロシア政権はソチ大会開催に大きな期待をしていたと思われる。当時のプーチン大統領がIOCの総会で演説をして、ソチの魅力を訴えた。当初予算で1億ドルはかかるはずのオリンピックがなぜロシアにとって大統領が演説するほど大事なことだったのだろう。このイベントは国際舞台においても、国内舞台においても国家にとって最も幅広く、インパクトの強いメッセージを発信することを可能にするからだ。ロシアがオリンピック招致に名乗りを上げたのは2006年だった。その時プーチンは大統領だった。2008年に2期目を終えるプーチン大統領がさらに4年後3回目の大統領になることを見込んでいたというのは日本では考えにくいであろう。だが、2011年に首相であった彼は当時大統領

であったメドヴェージェフと、前もって大統領と首相の役割分担について合意していたことを公表している[4]。すなわち、ロシアがオリンピック招致に名乗りを上げた時点で期待していたこととは、プーチン政権が期待していたことだと言ってよい。プーチン政権が発信しようとしたメッセージのターゲットはロシア国民と国際社会であった。それぞれに向けられた期待とターゲット側の反応を詳しくみてみよう。

1 オリンピック開催に対するロシア政府の期待とそれへの反応

(1) ロシア国民へのメッセージ

オリンピック開催は財政負担のかかる事業である。最近の冬季オリンピックを振り返ると、第21回バンクーバー冬季大会（2010年）は18億ドルかかり、第20回トリノ冬季大会（2006年）は41億ドルかかった。オリンピックに対するこのような多額の投資は必ずしも利益をもたらすわけではない。得をするのは、オリンピックの開催される地域だ。ロシアの報道機関も海外の報道機関も、オリンピック開催に伴う最大の見どころは開催地ソチ市を含むクラスノダール地方のインフラの発展と観光収入だと訴えた[5][6]。黒海のリゾートであるソチ市はソ連崩壊後、公営事業分野においてさまざまな問題に直面していた。たとえば、エネルギー不足による停電、交通機関や自動車道の老朽化、水道や下水処理施設の時代遅れなどである。オリンピックを開催するためこのような問題は早急に解決するという暗黙の理解があった。しかし、プーチン政権がロシア国民に最も伝えたかったのはロシアの経済状況が安定しているということだったと思われる。ロシア統計局のデータではロシアの国内総生産は2006年から2008年の間成長し、2009年に少し落ちて以来ふたたび成長していた。2009年から2013年までロシア国民の収入は伸びて、2014年にわずかに低下した[7]。このような好調な経済状況を背景にして、ロシア政府が自身の経済戦略に自信

を持っているということを国民に伝え、さらなる経済活動の発展をめざしていたことが推定できる。

　もう1つの大きな目標は自国に対する誇りを取り戻すことにあったと思われる。この点を取り上げるにあたって、ロシア人の愛国心について一言説明をしておきたい。ソ連時代、国民が自国に対する誇りをもつことはイデオロギーの大部分を占めていた。帝国時代においてはクラシック音楽や文学における成果が前面にでて、副次的なものとしてナポレオン戦争での勝利（特に「国民の役割」）が愛国心の土台になっていた。ソ連時代にも国家の業績は賞賛されていた。ソ連が地球上の陸地面積の6分の1を占めているとか、教育や医療は無料など、プロパガンダ的な部分が多かった。一方、実際に否定しがたい成功例もソ連時代には多かった。ソ連人が誇りに思ったものの例として、第二次世界大戦におけるソ連の勝利や、スプートニクとガガーリンが象徴している宇宙開発での成果がすぐに思い浮かぶだろう（面白いことに、国民の生活水準にたいする誇りといったものは全く考慮に入っていなかった）。

　ソ連崩壊直後に国民のアイデンティティは大きく動揺した。「ソ連人」という人工的な自己認識が現実世界に沿わなくなったのだ。一方、このような「ソ連人」としてつくりあげられた自己認識の結果、血縁に基づく民族的なアイデンティティはロシア人の中では薄まってしまった。さらに、国家がこれまで歩んで来た社会主義体制が誤っていたため、その結果として1990年代には社会福祉制度が崩壊した。人々の生活が苦しくなる中、ちょっと前まで広大で素晴らしい国だったソ連が目の前で滅び去っていく。全ロシア世論調査センターのセンター長であるフョードロフ氏の2013年の分析によると、90年代のロシア人は自分たちのことを失敗者だとみなし、西側（欧米）の社会制度を導入しなければならないと考えていた[8]。しかし、国営であったすべての企業の民営化にともなって格差が広がり、当初万能に見えたアメリカの政治・経済モデルにもロシア国民は失望した。2005年の全ロシア世論調査センターの調査結果によると、自国は誇るべきものだとみなし、最も誇りに思ったものは歴史だと考えていた人が43％だった[9]。プーチン政権が成立して以来、祖国への誇りを取り戻すことが喫緊の課

題とみなされている。最近の例をあげると、ロシア連邦院が「国民の中に母国への誇りを形成するのが国家の課題だ」という考えを発表している[10]。そうしたなか、国が国際的なスポーツイベントにおいて大成功した前例があった。それが1980年の第22回モスクワ夏季大会（以下、モスクワ大会と略）だった。その時はソ連全体がその成功のために巨大な意気込みをこめて頑張った。アメリカがボイコットを宣言したにもかかわらず、ソ連国民の間ではこの大会は大成功し、全国民の狂喜をもたらした。ソチ大会が同じような喜びや祖国への誇りにつながると考えられたのは不思議ではない。

　オリンピックを招致することによってプーチン政権が目指したと思われる目的の1つは、国内・国外に対しテロ対策の強さとこれによる自信を示すことだった。北コーカサスはチェチェン戦争を第一に、武力紛争の地域として知られている。ソチはその隣に位置している南部連邦管区に属する。2005年にはロシア連邦において251件のテロ事件が発生し、その90%は南部連邦管区で起こった。ロシア中央政府と自治体の努力によって、2006年にはテロ事件の数は半減したが、以前と同様に、その90%は南部連邦管区で起こった。ソチ大会開催が決まった2007年にはテロ事件の数はさらに半減し、48件にとどまった。そのうち、南部連邦管区が占めた事件数はたった1件だった[11]。一方、人々の関心は良い事よりも悪い事の方にひかれて、良くないことが記憶に残りやすい。「北コーカサスはいつ燃え出してもおかしくなく、その隣の地域（クラスノダール地方）は危ない」というイメージがロシア人の意識の中に強かった。一般市民は統計報告に興味がなく、政府の説明を信じない傾向がある。このような状況を背景にして、世界一大きなと言っていいスポーツ大会を北コーカサスの隣の南部連邦管区で行うことは現地の治安や対テロ対策の成功を宣言するためであるというのは間違いないだろう。

　次に推測できる要素は、ソチ大会の開催によって、プーチン大統領自身の国内での評判が上がるという期待だ。そして、その期待が当初から想定通りだったことも否定できない。2005年の世論調査によると、プーチンの活動を容認した国民は64%[12]だったのに対して、2007年にプーチンをその年の一番素晴ら

しい政治家として選んだ人は国民の87％だった[13]。国家の運営は制度によるものではなくて、指導者の指示によって行われると伝統的に考えられるロシアにおいて、ソチ大会が成功したとすれば、それがプーチン自身の力によるものだと国民に思われる可能性は高い。

（2）国際社会へのメッセージ

　前述のように、オリンピックを開催することがとても出費のかかることはよく知られている。少数の例外を除いて、開催地になるのは経済状況が安定している先進国である。ロシアがオリンピックを招致することによって、上に述べられた国内総生産の伸び率に基づいて、全世界に向けて経済の安定やさらなる発展に自信を持っていることを主張した。1992年から1999年まで国際通貨基金に莫大な借金を背負ったロシアは2005年にすべてを返済した。国の対外債務も2003年から減り続ける。ソチ大会がロシアの経済回復の象徴になるというロシア政府の戦略は読みとりやすいだろう。

　しかし国際社会にロシアの経済安定を知らせることは二次的なことだったと言っていい。その当時国際舞台におけるプーチンの活動を考えるとオリンピックの招致は「強いロシアが戻った」という声明の一部であった。1990年代、国内面でロシアはソ連崩壊に伴って深い経済危機に陥り、イデオロギーの崩壊が社会の倫理的な基礎を失わせた。国際面では北大西洋条約機構構成国に冷戦で負けた側として見られた。エリツィン大統領の粗暴な行動や活動もロシアへの尊敬には繋がらなかった。ロシアにとっては最も象徴的な出来事はユーゴスラビアで行われたアライド・フォース作戦だった。国連安全保障理事会の承認もなしにロシアの積極的な反対を無視して大規模な空爆が行われたが、そんなことは10年前の世界では考えられないことだった。

　ソチがオリンピック開催地に決まった年の2月にプーチンはミュンヘン安全保障会議でロシアの新たな国際的役割についてプレゼンテーションした。国際社会にとって特に危険なことを述べた30分の演説でロシア大統領が強調したの

は、主に3点だった。①一極世界は全体主義の危険を抱かせるため、すべての国が国際法を遵守する必要性、②ロシアが独自の外交政策を行う決心、③ソ連・ロシアの国際舞台における成果(14)。ロシア政府はオリンピックの招致を国際社会にとって重要で活動的な一員として自国を確立するための手段に利用したのではないか。

　政治的な自己主張とは別に、ソチ大会は海外の一般市民の意識にあるロシアのイメージの改善を期待していたことも明らかだ。ロシアの前身であったソ連は資本主義の国々にとって「悪の帝国」だった。ソ連が崩壊したことは、上述のように、冷戦で負けたものとして認識された。ロシアは弱くて、資源しか輸出できない国にすぎないという考え方が広がっていた。欧米諸国はロシアに対して失望していたといってもいいだろう。その理由は様々であったが、最も大きかったのは、ロシアにはヨーロッパ並みの民主主義がすぐさま実現しなかったことだ。また、少しずつ人権を蹂躙している、核兵器を保有している恐ろしい国というイメージがふたたび強まり始めた。

　このことを背景にして、大規模な建築やインフラの莫大な再建設を必要とする国際大会が国際的な好評価につながるという予測は成り立つに違いない。15ヵ所のオリンピック施設の建設や再建のプログラムに加えて、367キロの車道や橋、480キロのガス管、201キロの鉄道や550キロの送電線をゼロから作らなければならないことが公表された(15)。7年間でこのような難題に対処できるような国は産業や工業の安定的な発展を証明できる。さらに几帳面でないというロシアの欠点も覆すことができる。というのも、オリンピックの開催日を延ばすことは不可能であるためだ。すなわち、オリンピック建設事業が世界の企業にロシアを信頼に足りる相手として示すことが期待されていたのである。

　国際社会に対するもう1つの期待は一般大衆の国際交流だったと言える。モスクワ大会が米英など一部欧米諸国にボイコットされたにもかかわらず、その国々の大勢の選手やファン、報道機関の代表者がソ連に赴いた。そこで実際に自分の目で見たソ連国民がその国々のプロパガンダで描かれていた像と違うことが確認できた。またソ連人にも、外国人との交流によって海外の人々を思想

上の反抗者としてではなく、自分たちと変わらない人間として意識しはじめた人が多かった。ソ連崩壊後にできた新ロシアのイメージが、前述したように、良いものではなかったという状況の中、相手国の国民が新ロシアを実際に見ることが国の最良の宣伝になるという考えがプーチン政権には当然あったと仮定される。

(3) ロシア政府の期待した事項

　ソチ大会が開催される前の情報を見ると、ロシア国民は政府のメッセージを期待された通りに受けたと言える。2014年オリンピック開催国を選定する前の2007年3月に行われた世論調査によると、国民の81％が冬季オリンピックはロシアにとって重要なことだと考えている。回答者の半分はこのイベントが国際舞台におけるロシアの威信を高めて、欧米の投資にもつながると考えていた[16]。ソチ市においてオリンピックに対する期待も高かった。『コメルサント』という政治経済記事中心のロシアの日刊全国紙によると、2010年末のソチ市民の80％以上はオリンピックが自国に対する誇りに繋がって、健康志向の拡大を促すと考えていた。ソチ市の経済発展やリゾート地としての魅力の高まりを70％以上の市民が期待していた。そして、60％以上の人はソチ大会がロシア国の経済発展と国際経済への統合を促進すると考えていた[17]。2014年、オリンピック開催1年前にドイツ連邦共和国の国際放送事業体であるドイチェ・ヴェレが行った世論調査によれば、ロシア国民の86％がオリンピック大会がソチに開催されることに喜びを感じていた。オリンピック開催後にロシアへの観光客が増えることを期待していたのも62％あった。また、ロシアの国際的な好評価に繋がりそうな要素の中で最も多く選択された3つの回答（複数回答）は「ロシア国民のもてなしの心と陽気な国民性」、「準備や開催の成功」、「オリンピック関係の施設の成功」だった[18]。すなわち、ロシア国民はプーチン政権の期待通りにオリンピック開催を評価していたと思われる。後述する問題にもかかわらず、国内においてオリンピックへの熱狂が高まり、オリンピック開催がロシア国内の発展や国際

社会での威信強化につながるという確信が広がっていた。2014年1月末の世論調査によると、ロシアはオリンピックを招致してよかったと答えた人は5割強で、大会を必ず見ると確信をしていた人が7割近くいた[19]。

同様に、オリンピック開催は自国に対する誇りを取り戻すことにもつながった。もちろん、それが唯一の理由だったとは言えない。2013年までロシアの主な輸出資源である石油の価格が上がった影響で国内総生産が伸びていくにつれて、国際銀行のレポートによると、2012年にはロシアでは失業率が最低を記録し、貧困層も激減した。人々の生活水準の上昇は国民の自信と政府への信頼に結びついた[20]。国際舞台においてもロシアの活躍が目立つようになった。シリア化学兵器問題の解決もあって2013年には英国の保守系の高級紙タイムズがプーチン大統領を国際部門でパーソン・オブ・ザ・イヤーに選んだ[21]。こうしたことを背景にして、2013年には自国において誇るべきものとして85%の人が歴史をあげ、77%がスポーツやスポーツ選手と答えた。ちなみに、50%の人は国際舞台におけるロシアの活動を誇らしいものとみなしていた[22]。

ソチオリンピックの準備をめぐってさまざまな問題が浮かび上がることになる。その主な項目はのちに紹介するが、ここで注目したいのは、IOCによるロシア政府へのサポートだ。亜熱帯の町で冬季オリンピックを開催することは疑問視されていた。ロシアではその当時次のような冗談が流行っていた：「ソチ大会は史上初めての春季オリンピックになるだろう」。一方、当初からIOCのメンバーはこの地方での冬季オリンピックの成功を疑わなかった。施設の建設や準備の進み具合を定期的に監査した委員は毎回好評価を下していた[23]。当時の委員長トーマス・バッハは同性愛プロパガンダ禁止法を理由にしたソチ大会ボイコットへの呼びかけを強く批判した。ロシアのマスコミに広がった唯一の批判的意見は汚職に関わるものだったが、その批判をしたとされていたジャン・フランコ・カスパーはロシアのテレビでそれが誤解だと釈明した[24]。

上述のように、ソチ大会はロシア国内の安全の宣伝にもなることが期待されていた。もちろん、最も困難でありながら可能性のある問題はテロだった。反テロ対策において、国際社会は積極的にロシア政府と協力していた。独立国家

共同体で活動している危機管理会社の "Centre for Political Information" の報告によると、2013年11月にはソチ市での第22回冬季オリンピック参加国の司法機関に向けた国際会議が開かれ、50ヵ国の代表者が参加した。イギリス、アメリカ、ドイツ、カナダがロシアの当局と協力することになった[25]。ロシアのマスコミでも安全対策における国際協力は広く取り上げられていた。

　海外資本による自治体への投資は地方活性化に重要な役割を果たすと期待されていた。ソチ大会の施設建設のために設立された国営会社オリンプ建設は海外の建築会社が施設建設に興味を示すことを2008年から見込んでいた。思惑通りに2009年にオリンピック施設の建設入札に参加した外国会社は多かった。オーストリア、ブルガリア、トルコ等の12以上の会社がホッケー、フィギュアスケート、カーリング用の施設建設を受注するために競争していた。経済面でもロシア政府の期待通りにソチ市の属するクラスノダール地方に対し2012年にはフランス、アメリカ、オランダ等から7億5,000万ドル以上が投資された[26]。ソチ大会が一般大衆の国際交流につながるという期待も開催前に実現したといってよい。開会式、閉会式、スポーツ競技のチケット前売りの30％が海外客によって購入された。ボランティア活動に関わった人の一割が外国人だったため、その点でも交流が行われた。

　諸外国のトップはオリンピックに登場するかしないかということによって、開催国に対しさまざまな反応を示すことができる。オリンピック招致国の政治経済モデルの承認、その国への敬意やその国の重要度を示すことができるわけである。第2節で説明する理由で8ヵ国のトップ政治家がソチに来なかったことは2013年末まで見込まれていなかった。北京大会にアメリカやフランスの大統領が訪問したことを考えるとオリンピック開催に名乗りをあげた段階でプーチン政権は先進国のトップがソチに来ることを期待していたことは確かだ。このような、海外政治家によるオリンピック開催地への訪問は国内外でプロパガンダとして使われやすい。ロシアのマスコミにおいて開会式前にどの国のトップがオリンピックに来るのかについてほぼ毎日報道され、参加する国の数（ヨーロッパの20ヵ国以上を含めて）や国連事務総長潘基文の訪問が強調されていた。

（4）オリンピック開催にあたって目立った問題

　アメリカ、ドイツ等のトップが開会式に参加しないことがソチ大会開催前の唯一の問題ではなかった。興味深いことに、ロシア国内で指摘されていた問題と国際社会からの批判の理由になっていた問題はほぼ一致していた。しかも、その重要度もほとんど同じようにみられた。一致していた問題点を重要度の高いものから挙げると①オリンピックのインフラ準備における汚職、②人権問題、③テロへの不安、④建設に伴う環境問題だ。①と②の順序は海外の意見では逆転していた。そしてロシア国内特有の懸念はオリンピック後の経済状況だった。以下にそれぞれの問題点を紹介する。

　ロシアでは汚職―公職を私利のために利用すること―は歴史的に深く根付いている。400年近く前にピョートルⅠ世が汚職の排除に失敗したことはよく知られている。ソ連時代において贈収賄による犯罪は1950年代半ばから80年代半ばにかけて25倍に増加した。2012年以降ロシアの検事局は各々10億ルーブル単位の損害が疑われる事件を7件以上調べている。汚職が特に多いと思われる分野は税関、財務、自治体公務だ。関わっている公務員もサハリン州知事を含めて様々だ。これだけ広がっている汚職は一般市民の意識にも刷り込まれている。全ロシア世論調査センターによると、2006年から2014年にかけて汚職を重要問題として意識していた人数は2倍に増えた[27]。このことを背景にすれば、オリンピックの建設事業ほど巨大なプロジェクトが一般人の意識の中で汚職と結びついていたのは驚くべきことではないだろう。別の世論調査機関によると、オリンピック開幕直前、2014年1月に「ロシアの管理職がオリンピックを招いた理由」として「国家予算の一部を着服できるように」という回答が最も多かった（38％）。オリンピック準備費用が史上最も高かった理由も汚職が原因だと思った人は47％いた[28]。ロシアの有名シンガーソングライター、アレクサンドル・ローゼンバウムは2013年10月に国営テレビ局チャンネル1（ロシア）の番組で、ソチ大会の準備における汚職について歌の中で言及した。

　具体的な数字と分析を紹介したのは、反プーチン政権活動家ボリス・ネムツォ

フとレオニード・マルティニュクによる『亜熱帯における冬季オリンピック』[29]という 2013 年の発表だった。この発表によるとソチ大会建設費が 50 億ドルであるが、その内 50％から 60％は汚職によって消えた。建設に必要な経費の 90％はロシア国営の海外経済銀行（Vnesheconombank）が賄った。当初の計算では、この銀行の貸付は 70％のはずだった。国営会社オリンプ建設（Olympstroy）がオリンピック施設建設費の 20％を占めていて、経費は当初発表された金額より 2 倍に増えた。しかも、増加の理由や項目は説明されず、当初の約束と違って、与党「統一ロシア」の議員はこの会社の活動をロシア国家院で監督しないことに決めた。Olympstroy の社長は 5 年間で 4 人も次々と交替し、2010 年だけでも汚職に関する調査が 27 件あった。しかし 1 つも裁判まではいたらなかった。この発表の中では他にもプーチンの子ども時代の友達であったローテンベルグ兄弟や国有企業ロシア鉄道がソチ大会施設建設に関わって、違法に費用を着服したという情報がある。ソチ大会について海外のメディアは主にロシアの反政府活動家による情報を報じていた。独自に現地で取材してドキュメンタリー映画を作ったのはシモーネ・バウマンだった。『プーチンの大会』と日本語に訳された映画が英語では Putin's Games という題名であり、「大会」と「ズルイやり方」という言葉遊びになっている。

　ロシアの報道機関に見られるロシア人にとって二番目に大きな問題は人権だった。海外マスコミにおいてこの問題は汚職よりも大きな注目を集めていた。順位だけではなく、人権侵害を受けたグループもロシア国内と海外とで違っていた。ロシア国内では人権分野において主に 2 つのことが注目を集めていた。1 つはオリンピック会場建設に伴う国による土地の獲得である。2007 年にロシア国家院はオリンピック会場建設のために法人や個人の土地が獲得されることを所有者に対し半年前から知らせなければならないという法律を承認した。2009 年の法律でこの期間は 5 日前にまで短縮された。地方においてソ連崩壊後土地の所有権登録がちゃんと行われていなかったことを利用して、偽の所有者が現れたという犯罪もあった。それとは別に、国営建設会社が法律に従わないことも指摘されていた。国が法人や個人の敷地をオリンピック会場建設のために買

い取る際、等価の敷地を提供するかしかるべき金額を支払わなければならない。提供された敷地が等価でなかったり、敷地の価値が故意に低く見積もられたり、全額が支払われていなかったりしたことが早い時期から一部報道機関によって報じられていた[30]。

　もう1つの重要な問題が出稼ぎ労働者だった。ロシア大統領の代理は2013年5月にオリンピック会場建設のため25ヵ国から来ている7万人の外国人とロシア全国からきている6万人の労働者がいることを発表した。そのことが日常生活の混乱だけではなくて、民族間や宗教間の問題にもつながっていることを彼は認めた。大半は非正規雇用労働者であって、彼らの権利を守る法的基準は非常に緩い。そのことによって、出稼ぎの労働者が低い賃金でやとわれたり、給料の未払いに直面したりする。労働基準に定められている労働時間や生活条件も守られていないことが注目された。一方、海外のマスコミ報道でソチ大会と最もよく結びついていたのは同性愛者の人権だった。2013年6月に可決された「同性愛プロパガンダ禁止法」が先進国の政治家や活動家の批判を浴びて、オリンピックをボイコットする呼びかけにもつながった。それに対してプーチンは「誰にとっても、民族性、人類や性的志向に関係なく、快適なオリンピック」を複数回にわたって約束した。ただし、「子ども達を同性愛者は放っておいてほしい」と述べている。面白いことに、2014年ソチ大会のボランティアの制服は虹色だが、虹色の旗はLGBTのシンボルとして知られている。

　ロシアの国内外でもう1つの不安の原因はテロへの恐怖だった。ソチ市は北コーカサス地方に位置している。上述のように、北コーカサスはチェチェン共和国、ダゲスタン共和国、イングーシ共和国、北オセチア・アラニア共和国など、紛争が起きやすく、テロ組織が基地にしている地域が多い。2013年10月21日にはヴォルゴグラードのバスで自爆テロが起き、8名が死亡、37名が負傷した。同年12月15日にはカナダの新聞National Postにウマロフというチェチェン独立派の野戦指揮官がソチオリンピックでのテロ活動を宣言して海外ではパニックに近い反応を引き起こした[31]。2週間後12月29日に同じヴォルゴグラード市の鉄道駅で自爆テロ事件が起きて、18名が死亡、45名が負傷した。翌日、12

月30日には同じ町のトロリーバスで自爆テロ事件が起きて、16名が死亡、25名が負傷した。この町はソチ鉄道等交通機関においてソチにとっては重要な中継地点であったため、これらすべてのテロ事件はソチ大会を狙ったものだという意見が広がった。一方、オリンピック前から大会自体は厳重に警備されるから、ソチは安全だろうという知識人の分析が公表されていた。アメリカの報道機関のスコット・スチュアート解説員は 2014 年 1 月 23 日の Security Weekly で Re-examining the Threat to the Sochi Olympic Games という記事において大会自体は安全だと結論づける詳細な分析を公表した。ロシアが厳しい警備対策を独自にとることに加えて、上述したように国際的な協力も得たことが、中央報道機関においても、地方の報道機関においても強く主張されていた。

　オリンピック会場建設に伴う問題の 1 つは環境汚染と自然破壊だった。中央報道機関においては環境問題に関する自然保護法や「緑基準」採択についての情報が大半を占めていた。「緑基準」というのは、建設中の自然への悪影響を最低限にして、自然再生につながる措置をとることだ。現地の自然愛好家やグリーンピース、世界自然保護基金等の自然保護団体が地方のマスコミやロシア語で報道する海外の報道機関において環境問題について相次いで発表していた。主な問題は競技場やハイウェイ建設に伴うコーカサス自然保護区におけるアサマツゲ林の伐採やクラースナヤ・ポリャーナ駅や地区会場の建設に伴うムジムタ川の谷にある生態系の破壊である。そして、建設業の廃棄物処理や海の生態系への影響も問題にされていた。他にも、ソチ大会のインフラ建設を可能にするため、ロシアの自然保護法が改変されることが注目を浴びた。

　以上のように、オリンピックを招致することによって、プーチン政権は国内・国外にいくつかのメッセージを発信した。共通に伝えたかったと考えられることは国のイメージ改善、自治体レベルの経済活性化、テロや治安に対する安心感だ。ロシア国内においてもう 1 つ考えられる目標はプーチン自身の評判の上昇である。オリンピック開催前の段階でこのすべての狙いは達成されていたと言ってよい。オリンピックほど大きな国際大会を迎えることがロシア人の自国に対する誇りにつながっていたし、プーチン自身の支持率も上がっていた。国民の大半

がオリンピック招致を好評価していたし、ソチ周辺には働き場所の増加や資本の投資もみられた。海外に対しては、ロシア政府はIOCの不変のサポートを得て、テロ対策に関する協力も各国の軍事・警察機構から得ていた。

　一方、このような大きな国際大会を招致することによって、これまでも招致国は世界の注目を浴びるとともに、さまざまな問題が指摘されてきた。興味深いことに、ロシア国内でも海外でも同じことが問題にされた。それは主に4つあり、建設に伴う汚職、人権侵害、テロへの不安と環境問題があげられた。この4つがいずれの場でも同様に指摘された理由は、オリンピック準備に限らず、現代ロシア社会全体に当てはめることができるからではないかと考えられる。オリンピック準備に限って言うとすれば、ロシア国内で汚職は最大の問題とされて、第二の問題は人権侵害だったのに対して、海外の意見ではこの順番は逆だった。そして、もう1つの違いは人権侵害を受けたと思われるグループだった。ロシア国内において、それは移動が求められる現地の人々と出稼ぎ労働者だった。海外の注目を集めていた人権侵害は同性愛者を含むLGBTの人々に対するものだった。民主主義が根づいている国々と違って、ロシアにとっては当然なことで、中央報道機関はオリンピックの準備における成功や国際的な好評価を広く報道して、問題点に関しては少し触れる程度にとどまった。特に目立ったのは、LGBTの人権侵害についての記事がとても皮肉的であったことである。それに対して、問題点を詳細に取り上げていたのはロシア国内では現地のマスコミや政府批判志向で知られる読者の多くない新聞だった。そしてインターネットによってロシア語でサービスを提供する海外報道機関だった。

2　オリンピック開催後にみられる結果

　この節では、上述したロシア政府の期待が実現したかどうか、そしてオリンピックは社会的に見てどんな効果があったか分析する。それぞれの考察項目についてロシア政府の意見と反政府派の意見を比較する。

(1) ロシア経済への影響

　オリンピックはそもそも開催国の経済的な利益にはならないことがよく知られている。一方、今までの経験から開催地の多方面での発展に繋がることも言われている。ロシアにとってのオリンピックの利益について考える前に、ロシア政府と IOC の算定基準の違いを指摘する必要がある。ロシアの当局は競技場など大会に直接関係あるものの支出をオリンピック費用として数える。ハイウェイの建設、排水施設の改築など開催地域のインフラにかかった費用はオリンピックの準備費として認めないことにしている。国家会計監査機関によれば、インフラ設備建設費を除くオリンピック費用は 3,250 億ルーブルで、当時の為替レートで約 60 億ドルだった(32)。ソチ大会担当の副首相ドミトリー・コザクによれば、ソチ大会の開催にあたっての利益は出費を 15 億ルーブル上回った(33)。

　さらにいえば、オリンピックのため建設された競技場等は 1 年を通じてのリゾート、子どものスポーツ推進や国際スポーツ大会会場として利用されることが見込まれている。後者に関しては、2014 年 10 月にモータースポーツのフォーミュラ 1 がソチで行われた。オリンピックのために作られたクラースナヤ・ポリャーナは 2018 年の FIFA ワールドカップの会場になる計画もある。ただし、のちに触れるウクライナ危機の影響を考慮すると、これらの国際大会がどれくらいの利益を得るか、今の時点では判断しにくい。そして、上述したように、国家会計監査機関はこれらの競技場のメンテナンスに年間 50 億ルーブルかかると発表している。

　以上の公式的な報告に対して、反政府活動家セルゲイ・ナバリヌイはすべての費用を含めると、オリンピック建設の諸費用は 50 倍弱多く、1 兆 5,000 億ルーブルだったと分析している(34)。その半分ぐらいは汚職によって着服されたと結論付けている。同じことについてボリス・ネムツォフも言及して、側近らへの発注が建設費の増加につながっていると分析している(35)。興味深いことに、オリンピック建設における汚職に関する調査事件は 1 つも裁判に至らなかった。その一方で、欧米諸国や IOC はオリンピック準備費にインフラ等の設備費用も含

めているため、欧州復興開発銀行ではロシアの出費が 500 億ドルだと考えられている。この金額は国内総生産の 2.4%であって、ロシア経済に悪影響は与えないだろうと結論付けている。

　最も好影響を受けたのは開催地のクラスノダール地方だと言われている。ソチ国際空港の収容能力が 2.4 倍に増え、46 棟の新しいホテルが建設された。求人需要が供給を 45 倍上回って、失業率は全国で一番低く、0.17%になった。さらに、オリンピックの準備が新たに 69 万人の働き場所を作って、その内 4 万はオリンピック開催後も残っている[36]。欧米諸国の批判として、オリンピック施設の稼働率が低かった場合、開催が地域のさらなる経済発展に繋がらず、施設のメンテナンスが負担になるという意見が報道されている。それに対しロシアの報道機関はロシア政府も海外の知識人もソチ市とクラスノダール地方全体のインフラストラクチャーの急激な改善を高く評価していることを強調している。

　ロシア国民が開催前にソチ大会に対し熱狂的な感情を示していたことは開催中も変わらなかった。ロシア国内において、オリンピックの視聴率は 90%を超え、国内・国外含めてチケットの 81%が事前に完売した。約 140 万人がソチ大会を競技場で観戦した。一般市民のオリンピックへの態度を示すもう 1 つの要素はボランティアへの参加だ。ソチの場合、必要とされた 2 万 5,000 人に対して 20 万人が応募した[37]。ソチ市民は 4,000 人を占めていた。ボランティアの平均年齢は 23 歳で、5%の人が 50 歳以上だった。最年長の男性は 78 歳だった。モスクワ大会でもボランティアに参加した彼は「もう一回この雰囲気を味わいたい」と言った[38]。

(2) ロシア国内の社会生活への影響

　第 1 節で述べたように、ロシア政府はソチ大会が国民の意識において自国への誇りに繋がると期待していた。2014 年 2 月 21 日から 25 日にかけて世論調査レバァーダセンターの調査によると、その期待は完全に実現したといってよい。81%の回答者がオリンピックが愛国的な感情を喚起したと答え、ロシアで大会

を開催してよかったと答えた人も67%を占めていた[39]。プーチン大統領もこのことに言及して、ソチ大会はロシア人を団結し、自尊心を高めたと言っている。国のトップ政治家が国際大会に関して自国民の自尊心と関連付けて語っているという事実が問題の重要性を表している。プーチン自身の支持率増加も期待通りであった。

　同じ世論調査においてオリンピックの成功が大統領の個人的な努力によるものだと思う人は56%、この大会はロシア政府の威信を高めると思う人が71%だと発表されている。別の機関、全ロシア世論調査センターの調査結果もプーチンの支持率増加とソチ大会との関係を跡づけている。2014年1月にロシア大統領の支持率は60.6%だったが、3月には74.4%になった[40]。この理由は2つ考えられる。1つはプーチン政権において国の運営が法律や制度のおかげで成り立っているというよりも大統領"主導"で行われている印象が強い点にある。報道機関は度々大統領の直接的な関与によって問題解決に至ったというイメージを作っている。もう1つの原因として考えられるのは、プーチンがオリンピック成功の責任を自ら背負った点である。ちなみに、クリミア半島のロシアへの併合はこの世論調査に影響を与えていないと思われる。なぜなら、併合直後プーチンの支持率はさらに上昇し、82.3%になったからだ。

　ロシア政府が国内・国外に送った「ロシアは自分の安全を守ることができる」というメッセージも実現された。ソチ大会においては、その開催中、国の他の地域でもテロ事件は発生しなかった。その理由は主に2つ考えられる。1つは国際協力だ。ロシア保安局報道機関によると、アメリカ、イギリス、独立国家共同体、上海協力機構、国連の専門家がロシアの当局と緊密に連絡をとり合って働いていた。ロシア外務省反テロ次官シロモロトフ氏は2015年11月、ロシア連邦院会議において国名はあげられなかったものの4ヵ国が協力してオリンピック直前に飛行機爆破テロ事件を未然に防ぐことができたと発表した[41]。そして、ロシアの独自の警備態勢も前例のないものだったと報道されている。4万人の警察官や軍人と軍艦セリゲル号がオリンピック開催地の警備にあたった[42]。オリンピック関係の地域に1万1,000台の防犯カメラが設置されていて、動作不

良に関する報告はなかった。

　オリンピック施設の建設中に環境への配慮が話題になっていた。前述したように国家会計監査機関の報告内容は、利用された自然保護区の敷地の状態を中心としていた。4,400 ヘクタールを占めているソチ国立公園の 1,403 ヘクタールの敷地がオリンピック関係の建設等のために利用され、その内 405 ヘクタールの土地が開催後返却対象になった。その 405 ヘクタールの敷地の一部に建物が残っていること、木の伐採や地層の損害が問題点として指摘されている。しかし、詳細はまったく報告されなかった。報告の中では自然保護のための措置が強調されている。例としては、伐採された植物と同じ品種のものを 2 倍の量植えること、木の伐採ではなく可能な限りの植え替えを行うこと、動物を保護し類似の自然環境へ移動させること等がある。IOC の公式ホームページでもソチ大会で初めて採択された持続可能な開発法が賞賛されている[43]。

　ロシア環境協会の報告では森の伐採や川の汚染及びソチ市で行われた野良犬の処分が問題にされたが、具体的な数字や証拠などはあげられなかった。全般的に中央メディアの言説の特徴として、悪いのは中央政府やソチ大会実行委員会ではなくて、一部の役人や不誠実な請負会社だという強調が目立っている。一方、海外のグリーンピースのような環境保護団体や現地のマスコミはソチ大会を環境災害と呼んでいる[44]。特に現地報道機関の"Kavkazkii Uzel"は具体的に地域名と汚染の種類を報じている。さらに、このインターネット新聞は環境汚染反対活動を行っていた活動家やジャーナリストに対する自治体政府からの圧力についても報道していた[45]。

　ソチ大会閉幕後、環境問題と同様に人権問題も中央報道機関においてあまり言及されていなかった。ロシア国内において、地方報道機関や人権擁護団体は出稼ぎ労働者の給料未払い問題に関する請求活動を 2015 年においても行い続けていた。海外の団体ではソチ大会にともなう人権侵害について、人権擁護ヘルシンキ国際連盟(International Helsinki Federation for Human rights)がインターネット上で 17 頁の報告を公開している。その中には人権に関する問題が主に 6 つあげられている。オリンピックに直接関係しているのは以下の 5 つである：①

オリンピック開催に名乗りをあげるかどうかの世論調査が行われなかったこと、②オリンピック施設建設による住民の移動、③建設を理由とする住民に対する環境被害（騒音、埃、渋滞など）、④出稼ぎ労働者の給料の未払いや生活条件、⑤住民の人権を制限する警備措置。間接的に関係あるとされるのは、集会の自由を制限するとされる法律の採択である。もちろん、このような報告は中央報道機関において言及されていなかった。

（3）ロシアの国際的地位への影響

　第1節で述べたように、プーチン政権の国際社会に向けたメッセージの中で大変重要だったのは国際舞台におけるロシアのイメージ改善だった。ソチ大会自体に限っていえば、この試みは大成功したと認めざるを得ない。開催直前まで海外報道機関はとてもネガティブなイメージを植え付けていた。膨大な建設費と汚職等の経済的な問題、LGBTの人権侵害等の法的・倫理的な問題からホテルの不備への懸念など日常生活に関わることまで、詳細に取り上げられていた。一方、オリンピックの開会式から閉会式までの報道はとても好評であった。ロシアのマスコミはこの大会の実行を高く評価していたとともに、海外の報道機関の反応を幅広く伝えていた。イタルタス通信では、欧米諸国の報道機関がダイジェストでロシア人のユーモアやもてなし方、世界文化への貢献、オリンピックの大会全体の成功や視覚に訴えかけるショー的演出を報じていることが強調されて伝えられていた[46]。ビジネスメディアホールディングRBCもThe New York Timesを引用して、「ロシアが戻ってくる」という評価を伝えている[47]。全般的に海外メディアの評価は高くて、国のイメージ改善という目標は達成したと思われる。

　しかし、国際舞台においてソチ大会に向けられていた期待や役割はオリンピックとまったく関係のないことによって悪影響を被られた。2013年末からウクライナで反政府デモが始まって、翌年2月23日には新暫定政権が成立した。この政権は主に反ロシア・親ヨーロッパ派の政治家から成り立っていて、ロシアと歴

史的に深い関係がある地域において反対運動を引き起こした。ウクライナを地政学的に重要な国と見なしているロシアは反暫定政権の運動を支援して、ウクライナ国内法に反する形で行われた住民投票の結果について"尊重"する形でクリミア半島を編入した。今日までもロシアへの編入を求めているドネツクとルガンスク地方における紛争は終わっていない。クリミア半島の編入やドネツク・ルガンスク分離派への支援を原因としてG7を構成する先進国はロシアに対して制裁措置を宣言した。当時、住民投票前のクリミア半島へのロシア軍侵入について否定していたプーチンは後になってその侵入を認めた。ウクライナ危機におけるロシアの行動が国際社会にとってのロシアのイメージに莫大な悪影響を与えて、ソチ大会の効果を台なしにしたと言ってもよいと思う。さらに、先進国による制裁のために期待された国際ビジネスの活発化も不可能なものになった。ソチ大会の建設事業は海外の企業や投資家に対し約束を守るビジネス・パートナーとしてロシアをアピールするチャンスであったが、そのアピールは無駄な結果に至ってしまった。

おわりに

　上記にみてきたように、オリンピック招致は開催国家に様々な機会を与える。国家全体の利益にならないとしても、オリンピックは開催地の経済活動の活発化やインフラなどの改善につながる。そして、オリンピック開催にあたって、招致国の政府は、国民にも国際社会にもさまざまなメッセージを発信できる。2014年のソチ大会開催に名乗りをあげたロシア政府もオリンピックを成功させることで主に以下の3つのことを狙っていたと思われる。

　1つはロシアのイメージ改善である。ロシア国内においては国民に対し自国への誇りを取り戻すことである。ソ連崩壊にともなう社会的・経済的な混乱がロシア国民を深く傷つけた。一方、一般市民がモスクワ大会の時に味わった喜びはまだ記憶に残っていた。ソチ大会が同じような気持ちに繋がるという期待感が十分に出来上がっていた。プーチン大統領はオリンピック閉幕後その結果に

ついて述べたとき、ソチ大会のおかげで国民が団結し、自分の国に対する誇りに繋がったという主旨の発言をした。この言及が元来の狙いを明らかにしていると思われる。ロシア国民もオリンピック開催が愛国心に繋がったと感じていて、国の威信を高めたと確信を持っている。もう1つの効果は副次的かもしれないが、ソチ大会がプーチンの支持率を15％近くあげたことである。またさらに、国際社会に向けて、強くて魅力的なロシアを見せることも重要だった。大会の開催においてはこの目標も達成できたと言ってよい。海外のファンや報道機関はロシア人の明るい性格やもてなしの心、開会式・閉会式のすばらしさやオリンピックで体験したサービスについて高く評価している。その一方で、オリンピックと関係のない理由でこの好評なイメージはすぐに崩れてしまった。

　2つ目の狙いは経済活性化だったと思う。国内においてはそれがソチ市の位置するクラスノダール地方の発展や改良だった。同じくこの目標も達成された。ソチ市自体の水道などのインフラ、クラスノダール地方のハイウェイなどのインフラストラクチャーの急激な改善は国内・国外で認められている。そして、ソチ市とその周辺が一流のリゾート地になって、特に現在の国際情勢では利益をもたらすだろう。現在の国際情勢への言及を少し説明すると、ロシア人の中で最も人気のあるリゾート地はエジプトとトルコであった。2015年10月31日に217人のロシア人が乗っていた国際旅客チャーター便がシナイ半島北部においてテロによって墜落して以降、エジプトへのツアーは当面の間禁止されている。翌月24日にはトルコがロシア軍機を撃墜した。ロシア政府はトルコへのツアーを禁止していないが、ロシアのツアー会社の大半がトルコへの渡航を停止している。すなわち、ロシアにおける国内観光が結果的に増え、ソチ周辺のリゾートも需要が見込まれている。国際向けのアピールもメッセージの1つだった。オリンピック施設の大半はゼロから短期間で作られたものだったことは広く知られている。質の高い施設や建設及び交通が決められた期限を守って完成したことはビジネス相手としてのロシアの信頼性を高めるよう期待されていた。そして、最先端の施設を有するリゾートも投資や海外資本を呼び込むはずであったが、ウクライナ危機に伴ったロシアへの制裁がこの分野での協力を不可能なものにした。

3つ目の狙いはロシアが自国民や観光客をテロから守ることができるという宣言だっただろう。確かに開催前、数件のテロ事件があったにもかかわらず、オリンピック自体は何事もなく終わった。この事実にはロシア当局のプロとしてのレベルはもちろん、ロシアと他国の警察及び保安局との緊密な協力関係が関与している。
　一方、オリンピックのような大きな大会は開催する国が全世界の注目を浴びるため、問題点も前面に出てくる。ロシアに関して国内・国外を問わず4つの問題が指摘されている。もっともよくあげられたのは汚職であった。歴史的にも根は深いこの問題が最近になって中央政府の注目対象にもなっている。地方自治体のトップ政治家が辞任させられたり、刑事事件の調査対象になったりすることはこの数年ロシアの報道機関によりしばしば報じられている。しかし、オリンピック施設に関する汚職疑惑については1つも裁判に至ったことがない。その理由は汚職の疑いを持たれた人物はプーチンに近い人だからだと考えられる。
　次に真剣に受け取られた問題は人権侵害だ。帝国から絶対主義に移行したロシアでは人権がまともに尊重された時期はないといってもよい。世論調査で50％強の回答者は人権よりも国家や公安を優先させている。ソチ大会に関して、国内において人権侵害の意識は敷地所有者の移動と出稼ぎ労働者の給料未払い及び生活条件にとどまった。移動を余儀なくされた人の問題についてオリンピック以降情報は報道されていない。出稼ぎ労働者の未払い問題は2015年に解決したようだ。海外で注目を集めたのはLGBTの人々の人権だった。ロシア政府は「同性愛プロパガンダ禁止法」を廃止するように圧力をかけられていたが、この法律は今でも有効である。世界各国で同性婚などLGBTの人権が推進されている中、ロシアは「伝統的な価値観」を守っていると表明している。しかも、ロシア社会のなかにも反同性愛の思考が根強く、昔から「ロシアは独自の道を歩んでいる」という考えかたがあるため、当面の間状況は改善されないだろう。
　もう1つの問題はテロの恐れだった。チェチェン戦争もあって、コーカサスではイスラム原理主義者の地下活動家もいる。そして、ロシアは多民族国家であって、民族間の問題や紛争がある。幸いなことにソチ大会は無事に終わったが、

最近のテロ事件を考えるとこの問題の解決にはまだまだ努力が必要と思わざるをえない。

　最後に触れたいのは環境汚染の問題である。オリンピック関係の建設で自然保護区を扱う法律が変更されたり、廃棄物がしかるべき処理をされなかったり、土壌や水質の汚染が起きたりしたことがたびたび指摘された。それに対してロシア政府は持続可能な開発法の採択を強調している。

　ソチ大会において成功した点も、失敗した点もこれからオリンピックの招致を考えている国にとって大事な考察材料になると思う。良かった点をさらに生かして、隘路を避けるきっかけになるように期待をしている。

註：

(1) ESPN（スポーツ報道機関）
http://espn.go.com/olympics/story/_/id/13343832/2016-rio-olympic-water-poses-serious-health-risks-test-finds（2015.7.31 閲覧）

(2) 日本オリンピック委員会
http://www.joc.or.jp/olympism/charter/konpon_gensoku.html（2015.6.16 閲覧）

(3) 東京オリンピック・パラリンピック競技大会組織委員会：Tokyo 2020
https://tokyo2020.jp/jp/games/about/olympic/（2016.9.14 閲覧）

(4) RIA Novosi (2011.10.11)　連邦国営単一企業ロシア国際通信社「RIA ノーボスチ」
http://ria.ru/politics/20111017/462644720.html（2013.06.15 閲覧）

(5) Slon.ru (2010.04.13)（社会、政治、経済、ビジネスに関するニュースの報道機関）
http://slon.ru/russia/olimpiady_vygody_i_riski-354292.xhtml（2013.10.04 閲覧）

(6) European Bank for Reconstruction and Development, news（2014.02.05）（欧州復興開発銀行）
http://www.ebrd.com/news/2014/economic-impact-of-the-2014-sochi-winter-olympics.html（2014.05.30 閲覧）

(7) Министерство финансов Российской Федерации – официальный сайт（ロシア財務省：公式サイト）
http://info.minfin.ru/income_expense.php（2015.10.26 閲覧）

(8) ВЦИОМ: Фёдоров В., России нужен кураж – аналитическая статья（2013/12/04）（全ロシア世論調査センター長フョードロフ、「ロシアは空元気が必要」分析論）
http://wciom.ru/index.php?id=238&uid=114631（2015.04.01 閲覧）

(9) ВЦИОМ: Чем гордятся россияне?（2006.06.08）（全ロシア世論調査センターの世論調査結果発表「ロシア人は何を誇りとするか？」）
http://wciom.ru/index.php?id=236&uid=2711（2013.11.11 閲覧）

(10) Вепринцева Ю., Задача государства формировать у граждан чувство гордости за свою Родину, Совет Федерации, новости（2015.10.02）（ロシア連邦院：公式サイト、ニュース）
http://council.gov.ru/press-center/news/59434/（2015.10.26 閲覧）

(11) Newsruss.ru（ロシアニュースサイト）
http://newsruss.ru/doc/index.php（2015.11.01 閲覧）

(12) ВЦИОМ: Политические рейтинги декабря（200512.29）（全ロシア世論調査センターの世論調査結果発表「12 月の政治家の支持率」）
http://wciom.ru/index.php?id=236&uid=2177（2013.04.04 閲覧）

(13) ВЦИОМ: Любимый россиянин 2007（2008.01.15）（全ロシア世論調査センターの世論調査結果発表「好きなロシア人 2007」）
http://wciom.ru/index.php?id=236&uid=9478（2013.04.04 閲覧）

(14) Archive.kremlin.ru（クレムリンのアーカイブ）http://archive.kremlin.ru/appears/2007/02/10/1737_type63374type63376type63377type63381type82634_118097.shtml（2015.10.28 閲覧）

(15) Затраты на Олимпиаду Сочи-2014 рекордные за всю исто-рию Олимпийских игр（2012.08.15）За ответственную власть（「オリンピック史上もっとも費用のかかるソチオリンピック」「責任の

ある政治のために」運動の公式サイト))

http://igpr.ru/articles/zatraty_na_olimpiadu_v_sochi (2013.02.13 閲覧)

(16) ВЦИОМ: Большинство россиян оптимистично оценивают шансы Сочи принять Олимпиаду, REGNUM информационное агентство (2007.03.13)(「全ロシア世論調査センター：大半のロシア人の意見ではソチはオリンピック開催地になりうる」REGNUM 通信会社)

http://regnum.ru/news/795174.html (2015.02.15 閲覧)

(17) Ставка на эффективность, Коммерсант, (2010.11.30)(「ソチ：効率へのかけ」, Kommersant)

http://www.kommersant.ru/doc/1539657 (2013.06.15 閲覧)

(18) ドイチェ・ヴェレ

DW-Trend_RussiaOlympics_2' 2013 (2015.12.25 閲覧)

(19) http://www.levada.ru/old/05-02-2014/zimnie-olimpiiskie-igry-v-sochi-interes-nadezhdy-i-otsenka (2014.04.04 閲覧)

(20) Доклад об экономике России, Всемирный банк в России (весна 2013)(「ロシア経済状況報告」世界銀行、ロシア部　2013 年の春)

http://www.worldbank.org/content/dam/Worldbank/document/eca/RER29-RUS.pdf (2015.12.25 閲覧)

(21) Vladimir Putin: The Times International Person of the Year, The Times Europe (2013.12.30)(ヴラデイーミル・プーチン：パーソン・オブ・ザ・イヤー：国際部門、タイムズ)

http://www.thetimes.co.uk/tto/news/world/europe/article3960759.ece (2014.9.11 閲覧)

(22) ВЦИОМ: История, спорт, наука: чем гордятся россияне? (2013.07.29)(全ロシア世論調査センターの世論調査結果発表「歴史、スポーツ、科学：ロシア人は何を誇りとするか？」)

http://wciom.ru/index.php?id=236&uid=114310 (2014.2.2 閲覧)

(23) Стройка века не вызывает опасений, Спорт-регион (2011

№. 20）(「巨大な建築：心配ない」地方のスポーツ雑誌)

http://www.sport-tyumen.ru/index.php?pid=1181（2013.02.15 閲覧）

(24) Жан-Франко Каспер: С точки зрения инфраструктуры Игры в Сочи будут Великими Олимпийскими играми, RT (2014.01.28)（「ジャン・フランコ・カスパー：インフラストラクチャーの面でソチオリンピックは素晴らしい大会になるだろう」ロシア・トゥデイ）

https://russian.rt.com/article/21416（2015.10.26 閲覧）

(25) Уровни безопасности и риски при проведении Олимпиады 2014 в СОЧИ, Центр политической информации（2013.10）（「2014 年ソチオリンピック実施に伴う安全度とリスク」政治情報センター）

http://www.polit-info.ru/images/data/gallery/0_2618__BEZOPASNOSTI_OLIMPIADA-2014_SOCHI_2.0.pdf（2014.11.06 閲覧）

(26) В край иностранные ивестиции поступили из 36 стран мира, Кубань ТВ（「36 ヵ国が地方に投資した」クラスノダール地方報道局）

http://kubantv.ru/kuban/19672-v-krajj-inostrannye-investitsii-postupili-iz-36-stran-mira/（2015.12.27 閲覧）

(27) ВЦИОМ: Начало 2014: проблемный фон в России（2014.02.18）（全ロシア世論調査センターの世論調査結果発表「2014 年初頭：ロシアにおける諸問題の背景」）

http://wciom.ru/index.php?id=236&uid=114712（2015.12.15 閲覧）

(28) Левада-центр: Зимние Олимпийские игры: интерес, надежды и оценка（2014.02.05）（レバーダ世論調査センターの世論調査結果発表「冬季オリンピック：興味、希望、評価」）

http://www.levada.ru/old/05-02-2014/zimnie-olimpiiskie-igry-v-sochi-interes-nadezhdy-i-otsenka（2014.04.04 閲覧）

(29) Немцов Б., Мартынюк Л., Зимняя Олимпиада в субтропиках, Путин. Итоги（2013）（ネムツォフ、マルティニュク『亜熱帯における冬季オリンピック』プーチン. 実績）

http://www.putin-itogi.ru/zimnyaya-olimpiada-v-subtropikax/（2014.11.06 閲覧）

(30) Рейдер, олимпийский вид, Новая газета（2009.07.15）(「襲撃、オリンピック種」ノーヴァヤ・ガゼータ）
http://www.novayagazeta.ru/politics/44338.html（2015.11.01 閲覧）

(31) Notorious Russian Terrorist could target Westerners at 'satanic' Olympic Games: Canada intelligence document, National Post（2013.12.15）(「悪名高いロシアのテロリストが「魔王」のオリンピックで西洋人を狙う可能性がある：カナダ諜報機関の資料」、ナショナル・ポスト）
http://news.nationalpost.com/news/notorious-russian-terrorist-could-target-westerners-at-satanic-olympic-games-canadian-intelligence-document（2015.02.15 閲覧）

(32) Анализ мер по устранению нарушений при подготовке и проведении XXII Олимпийских зимних игр и XI Паралимпийских зимних игр 2014г. в Сочи, Счётная палата Российской Федерации（2015.04.10）(2014 年第 22 回冬季オリンピックと第 11 回パラリンピックの準備・開催中に発生した不正の排除措置の分析、ロシア連邦国家会計監査機関）
http://audit.gov.ru/press_center/news/2120?sphrase_id=757903（2015.06.30 閲覧）

(33) Козак оценил прибыль от Олимпиады в 1,5 млрд рублей, Forbes Россия（2014.03.24）(コザクはオリンピックの利益を 15 億ルーブルと判断している、フォーブス・ロシア）
http://www.forbes.ru/news/252789-kozak-otsenil-pribyl-ot-olimpiady-v-15-mlrd-rublei（2014.11.06 閲覧）

(34) Сколько стоила Олимпиада, Фонд борьбы с коррупцией,（オリンピックはいくらしたか？、反汚職闘争団体）
http://sochi.fbk.info/ru/price/（2015.02.15 閲覧）

（35）Немцов Б., Мартынюк М., Зимняя олимпиада в субтропиках, Путин. Итоги（2013）（ネムツォフ、マルティニュク『亜熱帯における冬季オリンピック』プーチン. 実績）
http://www.putin-itogi.ru/zimnyaya-olimpiada-v-subtropikax/（2014.11.06 閲覧）

（36）Олимпиада 2014 принесла 1,5 млрд руб. прибыли, Вести,（2014.04.07）（2014年オリンピックは15億ルーブルの利益をもたらした、Vesti 報道機関）
http://www.vestifinance.ru/articles/41480（2014.12.02 閲覧）

（37）Как работают волонтёры на Олимпиаде в Сочи, Вокруг света,（2014.02.17）（ソチオリンピックでのボランティアの働き、世界一周）
http://www.vokrugsveta.ru/article/196717/（2014.12.02 閲覧）

（38）«Дай "пятёру" волонтёру!», Чемпионат.com（2014.05.07）（ボランティアへハイファイブを!、Championat.com　ウェブ上のスポーツ報道機関）
http://www.championat.com/other/article-196391-volontjory-v-sochi-2014-kak-jeto-bylo.html（2015.03.06 閲覧）

（39）Левада-центр: Итоги Олимпийских игр в Сочи（2014.03.03）（レバーダ世論調査センターの世論調査結果発表「ソチオリンピックの実績」）
http://www.levada.ru/03-03-2014/itogi-olimpiiskikh-igr-v-sochi（2014.03.16 閲覧）

（40）ВЦИОМ: Рейтинг Путина: новая высота（2014.03.27）（全ロシア世論調査センターの世論調査結果発表「プーチンの支持率：新たな絶頂」）
http://wciom.ru/index.php?id=236&uid=114759（2014.04.04 閲覧）

（41）МИД РФ: перед Олимпиадой был предотвращён взрыв самолёта, «Expert Online», (2015.11.16)（ロシア外務省：オリンピックの前に飛行機爆発は阻止された、Expert Online）
http://expert.ru/2015/11/16/mid-rf-pered-olimpiadoj-v-sochi-byil-predotvraschen-vzryiv-samoleta/（2015.12.25 閲覧）

(42) Russia's Olympic wall of security, BBC, (2014.03.03)（ロシアのオリンピック警備の壁、英国放送協会）
http://www.bbc.com/news/world-europe-25985678 (2014.06.15 閲覧)

(43) Sustainability News, Olympic.org (2014.02.05)（資源利用持続のニュース、公式サイト）
http://www.olympic.org/news/sochi-2014-promoting-sustainable-development-in-russia/223083 (2014.05.22 閲覧)

(44) 4 Reasons the Sochi Olympics Are an Environmental Disaster, EcoWatch (2014.02.12)（ソチオリンピックが自然災害である4つの理由、エコ警戒）
http://ecowatch.com/2014/02/12/reasons-sochi-olympics-environmental-disaster/ (2014.05.12 閲覧)

(45) Олимпиада в Сочи нанесла непоправимый ущерб экологии, Кавказский Узел (2014.02.13)（ソチオリンピックは環境に取り返しのつかない損害を与えた、Kavkaz Knot 報道機関）
http://www.kavkaz-uzel.ru/articles/238069/ (2014.11.06 閲覧)

(46) Зарубежные СМИ о церемонии закрытия Олимпиады в Сочи, ИТАР-ТАСС, (2014.02.24)（海外メディアのソチオリンピック開会式評価、イタルタス）
http://tass.ru/sport/998310 (2014.09.11 閲覧)

(47) Зарубежные СМИ об открытии Олимпиады в Сочи, РБК（海外メディアによるソチオリンピック開会式、ロシアメディアホールディング）
http://www.rbc.ru/rbcfreenews/20140208083222.shtml (2016.01.06 閲覧)

第6章

女性アスリートにみるキャリア継続とライフコース選択

木村 華織

はじめに

　「私は、母親か、スポーツ選手かと分けて見るのではなく、どちらも自分の生活の一部として見るようにしています」(1)。そう述べたのは、1980年代に陸上競技の長距離種目で活躍したイングリット・クリスチャンセン（ノルウェー）であった。クリスチャンセンは、1983年に長男を出産し、翌年には5000 m、1985年にはフルマラソン、そして1986年には10000 mで世界最高記録を樹立した世界的ランナーである。現役活動中には3人の子ども出産し、「ママさんランナー」としても世界を賑わせた。海外の選手の中には、クリスチャンセンのように競技生活を引退せずに出産し、休養を経て選手として復帰する選手も少なくない。「子育ては競技の障害ではなく、パワーの源」と述べた陸上競技女子走幅跳のハイケ・ドレクスラー（ドイツ）や女子マラソン世界記録保持者のポーラ・ラドクリフ（イギリス）、同じくマラソンのキャサリン・ヌデレバ（ケニア）らもその一人である。

　日本ではどうだろうか…。2008年に開催された第29回北京夏季大会（以下、

北京大会と略)に谷亮子(柔道)や赤羽有紀子(陸上競技)をはじめとする数名のママさん選手が出場することが当時話題となっていた。そして今夏、第31回リオデジャネイロ夏季大会(2016年8月5日～21日)が開催され、子どもをもつ5名の女性選手が出場した。大会前の新聞記事には「闘うママに金メダルを」というキャプションで「リオ五輪に出場予定のママアスリート」が紹介されていた[2]。同紙面には文部科学省からの委託事業として2013年度にスタートした育児と競技の両立支援[3]の内容も報じられていた。こうした記事は、出産後もトップ・アスリートとしての競技生活を継続する選手が増えてきたことを伝える一方で、家庭における育児と競技生活の両立が当たり前ではないことを示している。

　スポーツ科学や医学の進歩により、競技種目によっては選手としての活動期間が長くなっている昨今の状況からすれば、選手であると同時に家庭をもつことや親になることがあっても不思議ではない。2000年以降には、結婚後も競技生活を継続する選手がみられるようになった一方で、女性における出産後の復帰や子育てと競技の両立については、今もなおハードルは高く、誰もが選ぶことのできるライフコースの選択肢にはなっていない。人生において、結婚する／しない、子どもをもつ／もたない、競技を継続する／しない、などの選択は個々人で決定すればよいことであるが、その際、現実的に選択可能な選択肢がどの程度準備されているのかが重要になる。

　近年、日本においても女性に活躍や育児と職業の両立支援については、社会全体として取り組むべき重要な課題となっている。子をもつことによって母という役割を取得することになる女性にとって、妊娠・出産後の職業キャリア継続が依然として困難な状況は、スポーツ選手もそうでない女性においても共通している。たとえば、選手としての活動が「職業」である選手たちにとって、トレーニング中や合宿中、遠征中に子どもを預けることのできる託児所・保育所があるかどうかは深刻な問題である。また、出産にともなって生じる母としての役割(以下、母役割とする)についても共通する。日本では女性が親になると、職業上の役割などの他の役割よりも家事・育児を中心とする母役割を優先することを当たり前とする雰囲気が残っており、社会も家族も本人も、その

壁を越えることが難しい。理想をいえば、人生においてパートナーをもつこと、結婚すること、出産すること、親になり子育てすることなど、人が生きていく上でのライフイベントは、職業や競技生活と相克し合うものではないであろう。しかし、現実はそうではない。

　そこで本稿では、キャリア継続という観点から、国際レベルで活躍する選手たちのライフコース選択や競技と育児を両立する選手のライフスタイルを取り上げ、選手というある意味では特殊な状況に置かれた人たちの人生の選択から、多様なライフスタイルを探ってみたい。また、限界はあるが、現在にいたるまでの先人たちの歩みや挑戦にも目を向け、年代による変化にも着目する。

　本稿では、はじめに女性のライフコース選択やそのパターンに関する現状を概観し、次に女性選手のライフコース選択について、オリンピアンたちの声を手がかりに論じる。そして最後に、両立を実践している女性選手の一様ではないライフスタイルの事例から、自己実現を可能にする個や家族に応じたライフスタイルについて考えてみたい。

1　女性のライフコース
　──「両立」の理想と現実

（1）ライフコース選択と性別による役割

　ライフコースとは「個人が時間の経過の中で演じる社会的に定義された出来事や役割の配列」[4]と定義され、「個人が一生の間にたどる人生の道筋」[5]と解釈される。個人は社会的に定義されたさまざまな出来事（ライフイベント）を経験する中で役割を取得し、また喪失しながら個々の人生の軌跡を描いていくという。この世に生まれ、子という家族上の役割を取得し、学齢期になれば生徒という学校上の役割、成人になり就業をもてば職業上の役割、そして結婚すれば妻や夫、子をもてば父や母という役割を取得する。このように、私たちは人生において常に複数の役割から構成される役割セットをもつことになる。ど

のような役割が含まれるかは個人の置かれた立場や状況、選択したライフコースによって異なるが、そこには性を基準にした役割が必ず含まれるのである[6]。

女性のキャリア継続は、結婚・出産・育児などのライフイベントに影響を受ける場合が多く、その中でも性によって規定される役割に縛られることが多い。目黒（1987）[7]によれば、性に基づく役割は、生物学的差異に基づく客観的基準による「性別役割（sex role）」と社会関係の中で支配する座位と支配される座位を占める男性と女性に付随した役割を指す「性役割（gender role）」に分類される。性役割には男役割と女役割があり、日本の場合には、結婚後の女性がもつ役割セットの中核を「主婦」役割が成し、他の役割は女性の役割を構成するうえでの二義的、周辺的な構成要素となる。また、岩上（2008）が指摘するように、妻や母になるという役割選択は、家族上の役割だけでなく、就職する、仕事を続ける、あるいは仕事を辞める、仕事を変わるといった、職業上の役割とも密接に関連している。要するに、1つの役割選択は、他の多くの役割選択と競合しあい、それら役割間の調整の下になされているのである[8]。女性の場合、結婚する、子どもをもつという選択によって、職業上の役割よりも妻や母という家族上の役割が上位に位置づくものへと変化するのがこの国の現状であり、社会通念として認識されてきた。この「当たり前」はスポーツ選手である女性たちにとっても当然のこととして認識されてきた[9][10]。本稿では、社会通念上、女性の家庭での役割と考えられてきた家事・育児を中心とする私的領域での役割を「主婦役割」と定義し論ずる。

（2）女性のライフコース・パターン

女性選手たちのライフコースをたどるにあたり、はじめに日本における性別役割分業意識の現状と女性のライフコース・パターンをみておこう。

「夫は外で働き、妻は家庭を守るべき」という性別役割分業意識に関する調査結果をみると、1979年には70%を超えていた「賛成」「どちらかといえば賛成」の割合が、2014年には45%程度に減少している[11]。固定的だった性別役

割分業意識が変化し、女性が職業キャリアを継続しやすい社会になりつつあるようにみえる。しかし、「職業に関するキャリア形成の展望」を問う調査では、「10年後、現在よりも高い職責にあったり、難しい仕事を行っていたりすると思うか」という問いに対し、男性20歳代の約53.1％が「はい」と答えているのに比べ、女性は17.7％にとどまり、逆に20歳代で37.4％、30歳代では47.8％が「いいえ」と答えている。固定的な性別役割分業意識については変化がみられるものの、それが女性の職業キャリア継続や将来展望には直接的に結びついているとはいえない。実際に、第1子出産前後の妻の就業変化（2005－2009年）では、43.9％が出産退職している[12]。

　他方で、「専業主婦」「両立」「再就職」「非婚就業」「DINKS（Double Income No Kids）」など、女性のライフコース・パターンは多様化している。岩上によれば、女性のライフコース・パターンの多様化は、職業役割と家族役割（妻役割・母親役割）の組合せによってもたらされている[13]。1970年代までは、結婚もしくは出産後はそれまで有していた職業役割から離れて家族役割だけに専念する、いわゆる「専業主婦」が理想とされてきたが、70年代後半から80年代においては子育てに一段落ついてから就業復帰する「再就職」が支持されるようになり、90年代には仕事を持ち続ける「両立」が顕著になりはじめた。さらに近年では、共働きで子どもを意識的に作らない「DINKS」や結婚せずに就業を優先する「非婚就業」が女性のライフコース・パターンに加わり始めた。

　理想と予定のライフコースを問う2010年の調査[14]では、「両立」を理想のライフコースとするのが30.6％なのに対し、現実を踏まえた予定のライフコースでは24.7％に減少する。また、「非婚就業」を理想とするのは4.9％なのに対し、予定のライフコースでは17.7％と3.6倍にもなる。家庭や子育てと仕事の両立を理想としつつも、現実的に職業キャリアを継続しようとした場合には「非婚就業」を選択せざるを得ない状況がある。一方、小倉（2014）が指摘するように、日本においてライフイベントと仕事の継続について男性自身の理想を訪ねた調査はなく、男性にとって結婚や子どもを持つというライフイベントと仕事との連動は想定されず、一貫して就業継続するものと捉えられている[15]。以

上のように、働き方は多様化しているものの、女性にとって理想はあくまで理想のままというのがデータから読み取れる日本の現状である。

2　トップ・アスリートの特殊性

　トップ・アスリートといわれる選手たちのライフスタイルは、毎朝決められた勤務先に通い、決められた時間就労することが多い通常の就業スタイルとは異なる場合が多い。選手たちはトレーニングスケジュールに合わせた環境で合宿を行い、世界各国で開催される試合に出場する。現在では、多くの競技でワールドグランプリ等のシリーズ戦が開催されており、競技種目によってはそこでの競技成績がポイントとして換算され、その積算ポイントによってオリンピックや世界選手権大会を含む国際大会への出場が決定する場合もある。そのため自宅を離れて競技生活を送っている期間が長く、女性に求められる主婦役割を選手が十分に果たすことは難しい。トップ・アスリートの活動を一般社会の就労に換言すれば、肉体的・精神的重労働に加え1年間の半分以上を出張しているようなものである。

　また、選手としての活動は身体を極限の状態まで追い込む営みの繰り返しであることから、競技特性による違いはあるものの、選手として活動できる期間は一般の就労ほど長くはない。それゆえにスポーツ選手にとって、一般社会で最も多い育児が一段落してからの「再就職」、スポーツでいえば「競技復帰」というライフコース選択は現実的には考えにくい。だからこそ多くの場合、その選択は競技生活を中断せずに継続するか、引退して子どもをもつか、という二者択一に迫られるのである。

3　女性選手のライフコース選択
　　──インタビューからみえた二者択一の現実

　ここでは、オリンピック出場経験のある女性選手に対して行ったインタ

ビュー調査をもとに、女性選手のライフコース選択とそこにある「競技か家庭か」という二者択一の現実について取り上げる。取り扱うデータは、1960年代から1990年代に選手として活躍した11名の女性選手たちのインタビュー記録である。本検討では、選手の結婚・出産・育児に関する意識に焦点を当て調査および分析を試みた。その理由は、これらのライフイベントが女性の人生においてかなりのウエイトを占めると考えられており、女性選手が結婚・出産・育児と競技生活を二者択一のものとして捉えている現状が存在しているからである。調査の詳細については、木村（2010）[16]を参照されたい。

（1）選手たちが歩んだ2つのライフコース・パターン

　本稿で対象とした女性オリンピアンのライフコースを表1に示す。表には、(1)初出場五輪大会年、(2)選手のたどったライフコース、(3)ライフコース・パターン、(4)競技の別、を示した。このうちライフコース・パターンについては次のように分類した。結婚・出産後は国際レベルでの競技は引退し、家庭での主婦役割に専念した：[専業主婦型]、結婚ではなく競技を続けることを優先した：[非婚継続型]、年齢が若すぎて現役中に結婚のことを考えたことがない：[早期引退型] である。なお、調査対象者Cさんについては、第一子出産後に競技復帰を模索し断念したという経緯があったため [早期引退型→専業主婦型] と示した。偶然にも [専業主婦型] は1960年代後半から70年代前半に活躍した選手たち5名（Cさんを含む）の選択であり、[非婚継続型] は1980年代前半から90年代に活躍した選手たち2名の選択だった。一方で [早期引退型] は世代も跨がっており、いずれも同じ競技（個人競技B）の選手であったことから、年代の違いよりも競技特性やその競技を取り巻く当時の風潮などが影響していたと考えられる。これに対し、個人競技Cについては、DさんとEさんは [専業主婦型]、FさんとGさんは [非婚継続型] という選択の違いがみられた。以降では、11名のインタビュー記録のうち、[専業主婦型] と [非婚継続型] を選択した7名を取り上げて検討を行う。

表1　調査対象者のライフコース

調査対象者	五輪初出場年	選手のライフコース	パターン	競技
A	1968	五輪→引退(25歳)→結婚(25歳)→出産	専業主婦	個人競技A
B	1968	五輪→引退(24歳)→結婚(24歳)→出産	専業主婦	個人競技A
C	1968	五輪→引退→復帰→五輪→引退(23歳)→結婚(26歳)→出産(27歳)	早期引退↓専業主婦	個人競技B
D	1972	五輪→結婚(24歳)→引退(25歳)→出産	専業主婦	個人競技C
E	1972	五輪→引退(26歳)→結婚(27歳)→出産	専業主婦	個人競技C
H	1972	五輪→引退(20歳)→結婚(24歳)→出産	早期引退	個人競技B
I	1976	五輪→引退(20歳)→結婚(27歳)→出産	早期引退	個人競技B
J	1976	五輪→引退(21歳)→結婚(23歳)	早期引退	個人競技B
K	1980	五輪→引退(21歳)→結婚(25歳)→出産	早期引退	個人競技B
F	1980	五輪→引退(31歳)→結婚(45歳)	非婚継続	個人競技C
G	1996	五輪→引退(32歳)	非婚継続	個人競技C

　7名の選手たちにみる2つのライフコース選択は、いずれも競技生活と結婚・出産・育児を含む家庭生活の二者択一を示すものであり、両立を目指す選択ではなかった。しかし興味深いことに、競技生活からの引退について問うた質問で「結婚するから引退する」と回答したのは1名であり、「結婚するから引退するという考えはない」と答えた選手の方が多かった。それよりも実質的な引退理由としてあげられていたのは「モチベーションの低下」であった。ところが、モチベーションの低下という引退理由の他に、彼女たちの選択の裏にある無意識的なものとして、主婦役割という意識が影響していたことがインタビュー記録からは読み取れる。つまり結婚は、引退を導く1つの要因にもなるが、それよりも直接的な引退要因は、モチベーションの低下と結婚後に予想される家事や育児という実務的な問題であることが示唆された。

　一方で、「競技生活を継続する」という選択をした2名の選手は、結婚することによって女性が主婦役割を纏うことになると認識した上で、国際レベルで

の競技生活を継続するという選択をしていた。いずれの選択も、結婚・出産にともなってもたらされる主婦役割を女性である自分に降りかかる当然のこととして受容した上での選択だったといえよう。

他方で、7名の選手にみるライフコース・パターンは、自己実現という観点からみた場合、前者は「家庭の中に自己実現の場を求めた選択」であり、後者は「家庭以外の場に自己実現を求めた選択」であったとみることができる。それでは実際の選手の語りをみていくことにしよう。

（2）家庭生活の中に自己実現を求めた「二者択一」

結婚し、子どもを産み育てることが女性の役割であるという意識を内在化させていたのであれば、これらのライフイベントは競技キャリア継続の阻害要因としては捉えられないが、果たして選手たちはどのような思いで当時の自分自身の状況を捉えていたのだろうか。以下は、結婚・育児という家庭生活と競技生活の両立について問うた質問に対する返答である。

> Bさん
> 　自然の流れで、子どもが生まれてどうして現役するの？　子ども育てなきゃいけないじゃない。
> 　自分も欲とかはあるんですよ、審判も子どもが小さいときに国際審判を受けようって…、何で小さい子どもがいるときに、何にいかせるの…そうだね…やめよ。＜中略＞よく考えればそうだよね。おんぶして抱っこして、審判しないし、出来ないし、依頼も来ないわ、いきてこないじゃないですか。
> Dさん
> 　本当はね、次のオリンピックも出たいというか、主人も出て欲しいというのがあって、私が競技を続けることは賛成だったの。でも私の方が、やっぱりその負担がね。自分が好きなことというか、周りに負担をかけることでしょ、子どもにも主人にも迷惑掛けるし、誰かにその、自分だけで解決

> できることじゃないですか、自分のそのしたいこと、続けたいことの比重と、家族を守るというか子どもを守るかというか、そういう環境とどちらを選択するかというと、自分がやりたいことに他の家族を犠牲にすることはできない、自分も両方を両立させる自信がない、そう思ったときに…。やっぱりこれは、主人はともかく子育て、子どもを、この時期っていうのは毎年ないわけじゃないですか、元に戻らないでしょ。後で子どもに迷惑掛けたとかそういう寂しい思いをさせたくない。自分で親としての責任があるから、子どもを犠牲にしてまで自分のやりたいことを、続けることは、やっぱり私は自信がないと思った。

　Bさん、Dさんともに、自分に課された主婦役割を認識し、育児によって競技生活やこれまでのキャリアを生かした活動を断念することを、女性である自分にとっては「自然」あるいは「当然のこと」として捉えている。しかしその一方で、Bさんの「おんぶして抱っこして、審判しないし、出来ないし、依頼も来ないわ…」という語りからは、今振り返ってもなお「子どもをおんぶして抱っこして審判する」あるいは「子どもがいる自分に依頼がある」ということを脳裏に描くことができ、かつ、そのことを悔しいとか、残念だとかいう気持ちを抱えながら、「子どもがいるなら仕方ない」と自分自身を説得しているかのようにも読める。

　またDさんの語りは、競技生活と家庭との両立に対し家族からの理解が得られないという問題ではなく、理解が得られているにもかかわらず、自らの気持ちに折り合いをつけることができないようにみえる。女性であるがゆえの主婦役割に縛られ、またそれを自分にとっての第一義的な役割として受け入れた結果、自らを縛り、競技継続を断念した事例である。そして「親としての責任があるから、子どもを犠牲にしてまで…」という語りは、親としての責任が、子どもに寂しい思いをさせないようにそばにいて世話をするという実務的な価値に留まっていることをうかがわせるのである。

　両者の語りからは、女性である自分が行う競技活動は、たとえオリンピックに出場するレベルであったとしても私的領域を出るものではなく、男性選手の

活動とは異なるものとして認識されていることがわかる。最後に出産後に競技
への復帰を考えたが、結果として断念したCさんの語りを紹介しよう。

> **Cさん**
> 　結婚した自分がそれをしていいのか…それはできないと思った〈略〉。でも自分の中でこういう風に生きたいって思って選択しているところがあるから、その方向に行く。私、競技辞めても子ども抱きたいと思ったもの。うん、だからそのように進んで行くんだよね。

　この3人に共通していることは、母としての役割が、子どものそばにいて愛情を注ぎ、子に尽くすというという解釈にとどまっていることであろう。さらに、競技生活と育児が決して両立可能なものとしては捉えられておらず、分断されたものとして認識されていることが読み取れるのである。
　以上のように、本調査にみる1960年代後半から70年代の選手のライフコース選択とそれに対するコメントからは、主婦役割を自分のなすべき当然のこととして受け入れ、自己実現の場を競技生活やそれに関わる場以外の家庭に求めた事例だといえよう。

(3) 家庭生活以外の場に自己実現を求めた「二者択一」

　次に紹介するのは、結婚適齢期といわれるある程度の年齢になったときに、結婚というライフイベントを考えつつも、競技生活を継続するという選択をした2名の選手の事例である。Fさんは31歳、Gさんは32歳まで競技生活を継続していた。
　2人は競技生活からの引退について「自分のパフォーマンスに納得して競技から引退した」と語った。オリンピックに出場した女性選手の出場平均年齢[17]と女性の平均初婚年齢[18]を図1に示す。現在ではスポーツ科学や医学、練習環境を含むスポーツ環境の進歩により、選手として活動できる期間が長期化し

ている傾向にあるが、オリンピックに出場する女性選手の平均年齢が20歳代前半である1980年代から90年代に、30歳を超える年齢までトップ・レベルでの競技生活を継続している選手は、スポーツ界からみても稀な存在であったといえる。これほど長いあいだトップ・レベルでの競技生活を継続した背景にはどのような選択があったのだろうか。

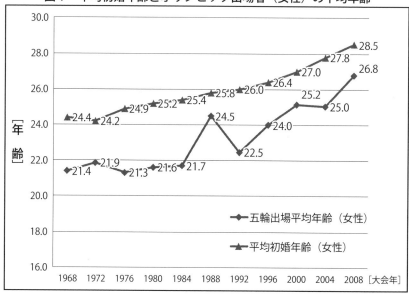

図1　平均初婚年齢とオリンピック出場者（女性）の平均年齢

（財）日本体育協会／日本オリンピック委員会大会報告書及び国立社会保障・人口問題研究所資料集等より作成（木村、2012）

> **Fさん**
> 　私なんかは現役のときにできればね、年齢が31まで競技を続けたんですけど、ある程度いい年頃になってくると、できれば結婚をして、それで競技を続けて、子どもができたとしたら出産して、それでもできる力があれば＜競技生活を継続＞したい思ったことはありますよ。そういうものの

> 捉え方はしたことありますけど、なかなか縁がなく、それとあとは並行して、やっぱり、結婚して、迷惑色々な人に掛けるんじゃないかなとか、家庭の仕事がきちんとできないんじゃないかとか、そういうのもやっぱり思いましたよね。

　前項でみた5人の選択が競技を引退して家庭に入るという選択だったのに対し、Fさんの選択は、女性としての家庭での役割が遂行できないという理由から、結婚は一時的に「保留」して「競技をする」という選択であった。結婚をする／しないは、タイミングやパートナー、価値観の問題などさまざまな要因が関係するが、Fさんは31歳まで競技生活を続ける中で、自分が歩むライフコースやそこでのイベントについて葛藤していた。そこでは、結婚や出産後に求められる主婦役割と競技生活が両立可能であるかどうかの思考がなされ、結果としてFさんは「競技生活を継続する」という選択をした。Fさんの選択は、結婚すること、すなわち結婚後に付与される主婦役割を受容することを「保留」するという選択であった。そして、あくまで結婚後の自分にとっては、選手役割よりも主婦役割が第一義的な役割を成すという認識のもとでの選択であることが読み取れる。

　他方、「非婚就業」を選択したもう1人のGさんの語りからは、「競技生活をする」という選択以前に、女性であることに対する社会的・精神的抑圧を「受容しない」という選択がなされている様子がうかがえる。

> **Gさん**
> 　早く結婚しなきゃどうのこうのとか…。それにいちいち耳傾けていたら心配でやってらんないんだよね。それでね、誰々と付き合っているだとか、そういうことっていうのはみんなすごく言いたがるし、広げたがるし、でも怖かったね、そういうことが…。

> （質問者：選手を続けることの価値を理解してくれることは？）
>
> 　なかなか分かってくれないよね、だから、その辺のことを覚悟して、それでもやるか、みたいな、やることを選んだのが、あれじゃないかな…すべてのものをかなぐり捨てて、行ったみたいな、そういうところが、ちょっと壊れちゃったようなところが、やっぱりね。そうなんだよ、普通に常識的に考えて、そういう道はなかなか選ばないと思うな。

　Gさんの語りからは、女性がある年齢を超えて選手キャリアを継続することに対する外的な精神的抑圧が存在するという実態が示され、女性である自分に振りかかる抑圧は、選手である現在の自分には必要のないものとして認識されていたことがうかがえる。換言すれば、それらに耳を傾けることによって競技生活が継続できなくなってしまうということである。Gさんの選択は、「結婚をしない」という選択でも「競技生活を継続する」という選択でもなく、むしろ、女性であることによって付与される役割を「受容しない」という選択であったようにみえる。それは、選手としての自らを抑圧する性役割を一時的に「排除する」という選択ともいえよう。女性の場合、社会的活動において必要な特性と、性役割における期待は相対立するものと考えられてきた[19]。このことからすると、競技スポーツという一般的にいわれる「男性的特性」を強力に打ち出して活躍する女性選手は、「らしくない女性」というレッテルを貼られることになる。たとえそうであったとしても、継続したいという思いが、性役割を「受容しない」という選択を可能としたとも考えられよう。

　1980年代から90年代にみられた2人の事例の重要な意味は、女性に対し無条件に付随し、受け入ることが当然と考えられてきた社会的な規範としての性役割は、「受け入れなくてもいいもの」であるという性役割の特性それ自体が変質可能であることを示した点にある。こうした選択は、女性選手のライフコース選択において新たな選択肢をもたらすための一事例であったといえよう。2

名の事例は、家庭か競技かという二者択一ではあったが、1970年代までにみられた選択とは異なる選択であり、家庭以外の場に自らの自己実現を求め、それを優先するという選択をした事例であった。

4 両立から二者択一へ、そして再び両立を目指して

本節では、前節でみた選手たちの選択とは異なり、家庭生活と競技生活の両立というライフコースを選択した選手たちのライフスタイルについて、新聞記事を中心にみていくこととする。2000年代以降に両立を実践した選手たちのチャレンジとそこでの家族のあり方から、個や家族に応じた多様なライフスタイルを展望する。

(1) 日本初のママさん選手「選手も家事も子育ても」

日本で初めてのママさん選手は、体操の池田敬子と小野清子である。2人は1960年第17回ローマ夏季大会後に2人のお子さんを出産し、1964年第18回東京夏季大会に出場した。ここでは池田敬子について紹介する。

◆池田敬子（1956年メルボルン、1960年ローマ、1964年東京オリンピック出場）

1958年に結婚し、1960年第17回ローマ夏季大会（以下、ローマ大会と略）に出場した翌年（1961年）に長男、1963年に次男を出産し、出産から約1年半後の1964年第18回東京夏季大会（以下、東京大会と略）に出場している。1962年にはプ

（『朝日新聞』、1964年6月29日、朝刊）

163

ラハで行われた世界選手権の平均台・女子団体で銅メダルを獲得するなど、1969年36歳の引退を迎えるまで現役で活躍していた。

「子供が生まれても競技は続けていきたいですね」[20]と述べていたのは1960年のローマ大会の前年のことであった。1961年に長男を出産し、さすがに1963年に2人目を出産するときには日本体操協会からひどく叱られたという。池田はその時の様子を次のように語っている。「『翌年に東京五輪があるのに出産とは何事か』と協会に怒鳴られ、私も『産みます。五輪でも勝ちます』と返すと『そんなことができるわけがない』と大げんか。『こいつ、いまに見てろよ』と見返してやる気持ちでいっぱいでした」[21]。とはいえ、家庭の雑用は選手である池田の悩みでもあった。「子供が病気になると二日でも三日でも練習ができない。だから、できるときにと、一日六時間以上もぶっつづけにやることがある」と述べていた[22]。時には合宿に2人の子どもを連れて行き、合宿所の近くの旅館に息子たちを預けて練習し、朝早く起きてオムツを洗濯したり、おんぶして走ったりもしていたそうだ。

池田の場合、夫の睦彦さんが体操関係者ということもあり、家族からの協力も得やすかったという面もあるが、日本体育大学で教鞭と取りながら選手をこなし、家事や育児も基本的には自分で行っていた。協会と喧嘩してまででも両立するという自分の生き方を通し、「競技も家事も子育ても」を実践した選手である。

同時期に池田、小野という2人のママさん選手が誕生していたことからすれば、その後もこの2人をモデルにママさん選手が出てきてもおかしくなかったが、その後、2人を追う選手はなかなか出てこなかった。特に女子体操界では、東京大会後の体操クラブの普及による選手の低年齢化や技術の高度化が進んだことも影響し、現在に至るまで出てきていない。

(2) 再び両立を目指して──2000年代にみる選手たちの挑戦

池田敬子、小野清子という2人のママさん選手誕生以降、ママさん選手とい

う言葉をほとんど耳にしなくなった。再びこの言葉がメディアを騒がせるようになったのは2000年以降のことであろう。その先駆けとなったのが、サッカーの宮本ともみである。日本サッカー協会は、2006年から代表選手の合宿や遠征にベビーシッターを同行させる費用を負担する制度を導入した。この制度を利用し、宮本は日本代表に復帰した。その後、2008年の北京大会では、柔道の谷亮子、陸上競技・長距離の赤羽有紀子、ビーチバレーの佐伯美香、クレー射撃の中山由起枝らが、そして冬季大会では2014年第22回ソチ冬季大会に挑戦したスピードスケートの岡崎朋美、出場を果たしたカーリングの小笠原歩、舟山弓枝らが、ママさん選手として話題になった。文部科学省からの委託事業として日本スポーツ振興センターが本格的な女性選手の両立、育児支援に乗り出したのは2013年からである。したがって、2013年以前にママさん選手と呼ばれた選手たちは、国からのサポートがない中で自ら両立という道にチャレンジした選手といえる。

　一見すると、池田や小野が実践していた1960年代に比べ、託児所や保育所の増加によって両立に対するクリアすべき課題は減っているようにみえるが、そうはなっていない。スポーツ技術の高度化や国際試合の増加、またグランプリシリーズ等による競技成績の累積ポイント化など、両立するためにクリアしなければならない課題はむしろ増えている。そんな中で家庭生活と競技生活の両立にチャレンジする選手たちは、どのようなライフスタイルと役割意識の中で競技生活を継続しているのであろうか。そこには、家族や所属チーム、制度も含めた周囲の協力や一様ではない家族のかたちがあった。以降では、両立を実践した数名の選手を取り上げ、競技生活を継続するためのライフスタイルについてみる。そして、選手たちの姿から、母役割についても考えてみたい。

◆**宮本ともみ（サッカー：2005年・2007年女子ワールドカップ日本代表）**
「日本サッカー協会の制度を利用したベビーシッターの同行」

　2014年のアテネ大会終了後に結婚し、2005年5月（27歳）に長男を出産した。その後、2006年に導入された日本サッカー協会の制度を利用し、同年のアジア

大会から代表復帰し、2007年女子ワールドカップに日本代表として出場している。

宮本は「育児を誰かに任せてまで競技はできないと思った」[23]と述べており、「子どもを置いて合宿や遠征には行きたくない」と協会に主張した。それに対し日本サッカー協会は、海外遠征に帯同する母親の費用を負担し、国内の合宿と試合ではベビーシッターを協会が雇う制度を導入した[24]。宮本の普段の生活は、朝子どもを預けて午前中は仕事をし、午後の練習後に迎えに行く。遠征の際は近くの託児所や実家や自宅などで預かってもらうこともあるという。基本的には遠征先に子どもを帯同させ、主婦役割は自らこなし両立を実践するスタイルである。

◆赤羽有紀子（陸上競技・長距離：2008年北京オリンピック日本代表）
「脱・性別役割規範」

2005年に結婚し、2006年に長女を出産、2007年11月に行われた国際千葉駅伝の日本代表に選出され、翌年の北京大会では陸上競技5000mと10000mの日本代表となった。

赤羽の両立のスタイルは、これまでの両立の事例にはみられない新しいスタイルといってもいいだろう。洗濯以外の家事・育児は、基本的にコーチである夫が担当する。朝6時からの練習に備え睡眠時間を確保するために、産後1ヵ月した後はオフの日以外は娘を夫に託し、寝室も分けた。娘と同じ時間に起きても練習があるからほとんど一緒に朝食をとったことがなかったという[25]。年に合計半年ほどある合宿は、娘が幼稚園にあがるまで親子3人で参加し、常に家族3人でいることを重要視した。一方で、家庭生活における主婦役割については、夫がその大半を担うことによって両立を実践していた。このスタイルは、女性のキャリア継続において大きな問題となってきた主婦役割を男性が行うことや固定的であった性役割の流動化、変質の可能性などを示してくれている。

◆佐伯美香（ビーチバレー：1996年アトランタ、2000年シドニー、2008年北京オリンピック日本代表）
「脱・性別役割規範」

1996年第26回アトランタ夏季大会後にバレーボールからビーチバレーに転向し、2000年第27回シドニー夏季大会で4位入賞を果たした。その後、2001年の結婚を機に引退した。2002年に長男を出産した後、2003年に選手に復帰し、2008年北京大会の日本代表となった。復帰を後押ししたのは「健太に格好いいママを見せてやれ」という夫の言葉だったという[26]。

佐伯の両立スタイルもまた特殊である。国際レベルで活躍するビーチバレー選手の場合、海外で行われる試合を転戦するため年間のほとんどを海外で過ごすことになる。佐伯は1年間のうち約9ヵ月間は不在になる。そのあいだは、夫の公彦さんと長男の健太くん2人での生活になるという。佐伯が留守のあいだは、夫が息子の幼稚園の送り迎えから弁当づくりまでする[27]。佐伯のスタイルは赤羽と同様に、パートナーである夫が主婦役割を担うかたちで両立を実現していた。9ヵ月もの期間、家族のもとを離れて活動する佐伯とその家族のライフスタイルは、親という役割が男女を基準とした性役割（母役割・父役割）という枠組では捉えきれないことを教えてくれる。

◆岡崎朋美（1994年リレハメル～2010年バンクーバーオリンピックまで5大会日本代表）
「競技も育児もチームで」

岡崎は1994年から2010年まで5大会連続でオリンピックに出場している。2010年第21回バンクーバー冬季大会後、復帰を前提に妊娠・出産し、2014年第22回ソチ冬季大会まで2年8ヵ月で再スタートした。

岡崎のスタイルもまた、これまでにみてきた3人とは異なる。東京で仕事をする夫は1人で生活し、本人は富士急スケート部の拠点がある山梨県富士宮市で、コーチ、マネージャー、娘の杏珠（あんじゅ）ちゃんの4人チームで行動している。練習の間も転戦する遠征先のホテルでもいつも一緒で食事にお風呂、

寝かしつけもすべて自分でやる。氷上トレーニングの間はマネージャーが面倒をみている。また、合宿場所によっては実母や義母がホテルに泊まり込んで子育てのサポートをするという[28]。主婦役割は徹底して自分でこなすが、それをフォローするのはこれまでも競技生活を共にしてきた所属チームのメンバーである。子育ても岡崎の競技生活の一部として捉え、チームでの両立を実践するのが岡崎スタイルである。この事例は家族だけでなく、所属チームのあり方を提示する事例といえよう。

　4名の選手のライフスタイルをみたが、競技生活を継続するためのスタイルや母としてのあり方は個人や家族によって三者三様である。主婦役割を第一義的に考える選手もいれば、競技システム上の問題から物理的に主婦役割を引き受けられない選手や家族にとって何が最適かを考え固定的な性役割を代替する選手もいる。合宿や試合で遠征を繰り返すトップ・アスリートだからこそ、現実問題として世間の「当たり前」を変えなければ競技生活が継続できない場合がある。しかし、そうした選手たちの事例は「当たり前」にとらわれない家族のかたちやライフスタイルを提供してくれる。
　本節の最後に、赤羽、佐伯の記事を紹介しておきたい。そこには、選手であるがゆえに一般的にいわれる母役割を全うできないことへの葛藤とともに、子どものそばにいて愛情を注ぎ、子に尽くすというという解釈に留まらない母としての役割を見出している様子がうかがえる。

（赤羽選手）
　「産後1ヶ月で練習を再開。睡眠時間を確保するため娘を夫に託し、寝室も分けた。夜泣きをしても、授乳すら満足にしてやれないのが切なかった。昨夏から合宿にも連れて行き始めた。不思議とタイムが伸びた。『抱っこー』とむずかる娘をあやすため練習が中断することもある。それでも、『我が子の成長を見ながら走れる私は幸せ者』という喜びは揺るがない。」(『読売新聞』夕刊、2008.08.01)[29]

(佐伯選手)
「今年は北京五輪に向けた海外遠征や試合が続き、家にいたのは2ヶ月足らず。留守の間は、夫が5歳の息子の幼稚園の送り迎えから弁当作りまでしてくれる。＜中略＞以前は、一緒にいてあげられないわが子への罪悪感に苦しんだ。今は自分が夢を持てば、子どもに夢を持つことの大切さを教えることにつながるのだと思えるようになった」(『朝日新聞』朝刊、2007.10.20)[30]

おわりに
──主体的な選択から生まれる自己実現

　これまでみてきた選手たちのライフコース選択、そして競技生活を継続するためのライフスタイルは、個人によってその選択も異なれば、「両立」という選択であっても両立のためのライフスタイルや家族のかたちはさまざまであった。本稿においては、いくつかの事例をピックアップして紹介していることや研究方法が一貫していないという研究方法上の限界はあるが、本稿でみた選手たちの事例を参考までに時間軸の中で俯瞰してみると、年代ごとの変化と現在に繋がる連続性がみえてくる。大きな括りではあるがまとめてみたい。
　「選手も家事も子育ても」を実践した1960年代前半、競技ではなく家庭生活の中に自己実現を求めた1960年代後半から1970年代、家庭生活ではなく競技の場に自己実現を求めた1980年代から90年代、そして両立という理想を実現するためのライフスタイルや家族のかたちを模索し始めた2000年代である。一般化はできないにしても、時代の流れの中で少しずつ選択肢が増えていることは読み取れる。
　特に本稿で取り上げた2000年代以降の両立をめざす女性選手たちのチャレンジは、前例の少ないスポーツ界において多くのモデルを提示した。主婦役割を遂行しながら競技生活を継続するスタイルを求めた宮本や岡崎、主婦役割をパートナーが担うことで両立を実現した赤羽や佐伯、そこにはそれぞれの選択があった。いずれの実践も、誰もが実践可能なレベルまで一般化されるにはも

う少し時間がかかるかもしれない。しかし、育児と競技の両立支援などの取り組みが国レベルで実施されるようになった現状からすれば、間違いなく前進している。特に赤羽や佐伯にみる「脱規範化」の事例は、スポーツ界だけでなく女性の職業キャリア継続の大きな問題となっていた主婦役割、すなわち「家族的責任の遂行」[31]に対し、一様ではないあり方の可能性を投じている。さらに、両立を実践した選手たちの姿は、規範化されてきた母役割についても考えさせてくれる。

　大日向は、母性強調によってもたらされた「三歳児神話」などの社会的通念が、女性の自己実現を阻害してきたことに言及し、子どもを預けて働く母親たちに罪悪感や後ろめたさを抱かせたり、就労を断念させたりという結果を導いたと指摘している[32]。一方で、女性選手たちにみる母としての役割は、実務としての育児やそばにいて愛情を注ぐということに留まらなかった。「挑戦した人がいないからこそ、チャレンジしたいし、その価値がある」「限界は自分が作る」[33]といい、やり始めたらやり通すことを地でいく岡崎の姿や「自分が夢を持てば、子どもに夢を持つことの大切さを教えることにつながるのだと思えるようになった」[34]と競技に向き合う佐伯の姿から子どもたちが学ぶことは多い。こうした選手たちの姿は、子どもたちが生きていく上で大切なことを自らの競技活動を通して伝えていることに他ならない。このように、子をもつ選手の姿は、性別によって規範化されてきた従来のような役割分業や公的・私的領域における有償・無償労働という枠組みでは決して捉えきれないのである。

　最後に、なぜ選手たちが母になってもなお競技キャリアを続けようとするか、という問いについて考えてみたい。単純に考えれば、独り身のまま競技を続けている方がすべての時間を競技生活に当てられるという点で選手としては気楽である。しかし両立を希望する選手や実際に両立を遂行する女性選手は増えている。冒頭に紹介したクリスチャンセンは「私は、子のいることが選手としての障害になるとは思っていません。子どもを育てることは、スポーツに負けず、胸のわくわくするようなことが多いんですよ」[35]という。また、陸上競技の赤羽は「子どもが生まれて私は強くなれた」[36]と述べており、

いずれも子どもをもったことが競技生活にマイナスになるとは捉えていない。むしろ競技への活力にしているようにみえる。それは、競技と家庭を両立するための生活時間のやりくりやトレーニング内容の工夫、思考の転換など、課題を解決するための日々の営みが人としての成長の機会になっているからではないだろうか。クリスチャンセンの言葉を借りれば、競技も家庭も含めて自分の生活なのだろう。

本稿でみた女性アスリートの事例は、やりたいことを形にしようとするチャレンジが、段階的にではあるが社会の「当たり前」を変える力となり、個々の生き方に応じたライフコース選択やライフスタイルを実現可能なレベルに押し上げていくことを教えてくれている。「主体的に生きるとは、自分自身のことを自分自身で決めていく、自己決定権を誰にも侵害されないということである」[37]という吉田の指摘に基づけば、誰にも侵害されない主体的な選択（自己決定）の連続が自己実現に繋がる道を拓き、個人や家族に応じた生き方を創造していくのであろう。

註：
(1) イングリッド・クリスチャンセン「母親も、スポーツ選手も、どちらも自分の生活の一部」『女性のひろば』No.184、1994年、10-14頁、日本共産党中央委員会発行。
(2) 『朝日新聞』、2016年7月5日、朝刊、35頁。
(3) 日本スポーツ振興センターでは、2013年度より文部科学省委託事業女性アスリートの育成・支援プロジェクト「女性特有の課題に対応した支援プログラム」を受託し実施している。その一環としてナショナル・トレーニングセンターに託児所を設置し、遠征や合宿先に胎動するベビーシッター代や、その渡航費の補助制度を創設した。ちなみに2016年度は、女性アスリート支援に、スポーツ庁が3億8千万の予算を計上している。
(4) グレン・H・エルダー、ジャネット・Z・ジール編著、正岡寛司、藤見純子訳『ライフコース研究の方法』明石書店、2003年、70頁。

(5) 安藤由美『現代社会におけるライフコース』放送大学教育振興会、2003年、21頁。

(6) 目黒依子『個人化する家族』勁草書房、1987年、26頁。

(7) 目黒依子『女役割 性支配の分析』垣内出版、1980年。

(8) 岩上真珠『ライフコースとジェンダーで読む家族』有斐閣、2008年、35-36頁。

(9) 沢田和明「女子エリートスポーツ競技選手の結婚・引退」『学校体育』第14巻11号、1987年、41-47頁。

(10) 土肥伊都子「女性アスリートの社会的環境―自立と支援のために―」『ヒューマンサイエンス』第11巻2号、1999年、9-13頁。

(11) 内閣府男女共同参画局世論調査、内閣府大臣官房政府広報室データ（平成4～26年）および男女共同参画統計データブック（2012）より木村作成。

(12) 国立社会保障・人口問題研究所「第14回出生動向基本調査(夫婦調査)」5.子育ての状況(1) 妻の就業と出生、2010年。

(13) 前掲(8)、52頁。

(14) 国立社会保障・人口問題研究所「第14回出生動向基本調査（独身者調査）」5.希望の結婚像(2) 希望するライフコース、2010年。

(15) 小倉祥子「第4章職業キャリア」吉田あけみ編著『ライフスタイルからみたキャリアデザイン』ミネルヴァ書房、2014年、64頁。

(16) 木村華織「女性トップ・アスリートの競技継続のための社会的条件に関する研究」スポーツとジェンダー研究、第8巻、2009年、48-62頁。拙稿の調査は、2009年7月～10月に実施し、男性13名、女性11名の計24名のオリンピアンにインタビュー調査を行った。女性11名のうち4名は競技活動時の年齢が若く、現役中に結婚について考えたことはないと答えたため、本稿ではこの4名を除く7名の女性選手を対象に取り上げている。

(17) 図1に示したオリンピックに出場した女性選手の平均年齢は、財団法人日本体育協会／日本オリンピック委員会大会報告書（第19回メキシコ大会から第23回ロサンゼルス大会）、ベースボール・マガジン社発行「第24回オリンピック競技大会・ソウル1988」、「第25回オリンピック競技大会バルセロナ1992」、中日

新聞社発行「第 28 回アテネ・オリンピック大会／ 2004」、「第 29 回北京オリンピック／ 2008」に記載されている日本選手団名簿及び、日本オリンピック委員会のホームページに掲載されている「第 27 回オリンピック競技大会、2000 ／シドニー」の日本代表選手プロフィールより作成した。
(18) 図 1 に示した女性の平均初婚年齢は、国立社会保障、人口問題研究所「人口統計資料集 2011 年版」の「表 6 － 12. 全婚姻および初婚の平均婚姻年齢」のデータを用いて作成した。
(19) 目黒依子『主婦ブルース 女役割とは何か』ちくまぶっくす、1980 年、93-94 頁。
(20) 『朝日新聞』1959 年 11 月 26 日、朝刊、10 頁。
(21) 『中国新聞』2011 年 3 月 8 日、Web ページ。
　　http://web.archive.org/web/20130602181810/http://www.chugoku-np.co.jp/kikaku/ikite/ik110308.html
(22) 『朝日新聞』1964 年 6 月 29 日、朝刊、15 頁。
(23) 『朝日新聞』2007 年 2 月 10 日、夕刊、14 頁。
(24) 『朝日新聞』2007 年 3 月 20 日、朝刊、19 頁。
(25) 『朝日新聞』2014 年 1 月 27 日、朝刊、37 頁。
(26) 『朝日新聞』2008 年 7 月 22 日、夕刊、15 頁。
(27) 『朝日新聞』2007 年 10 月 20 日、朝刊、37 頁。
(28) 『毎日新聞』2012 年 12 月 9 日、朝刊、4 頁。
(29) 『読売新聞』「ママでも五輪、子に活躍誓う　赤羽・佐伯・中山選手ら…競技と両立「幸せ者」、2008 年 8 月 1 日、夕刊、13 頁。
(30) 前掲 (27) に同じ。
(31) 乙部由子『女性のキャリア継続』勁草書房、2012 年、6 頁。
(32) 大日向雅美『母性か／父性』から『育児性』へ」原ひろこ・舘かおる編著『母性から次世代育成力へ―産み育てる社会のために』新曜社、1991 年、215 頁。
(33) 前掲 (28) に同じ。
(34) 前掲 (27) に同じ。
(35) 前掲 (1) に同じ。

(36)『朝日新聞』2014年9月13日、夕刊、10頁。
(37) 吉田あけみ「第1章人生キャリアとは何か」吉田あけみ編著『ライフスタイルからみたキャリアデザイン』ミネルヴァ書房、2014年、13頁。

未来を求めて　展

第7章

オリンピック・アジェンダ2020を読む
―東京大会には何が求められているのか―

來田 享子

はじめに

オリンピックとは、誰のためのものなのだろうか。

本章では、2014年にIOCが決定した改革案に基づき、この問いについて考えたい。

オリンピック大会の開催に莫大な費用と人手がかかることは、すでに1930年代からIOC内部でも問題になっていた。1980年代以降、スポーツの大会はビジネスとの結びつきを強め、スポンサーが莫大な資金を投じることによって、大会は華やかなイベントになっていった。同時に、開催地の公的資金を投じる額も大きくなっている。

こうした傾向は、オリンピックがより多くの人にとって望ましい影響を与えるものであることの必要性を高めてきた。公的資金を投じることに伴う、大会の「公益性」が問われるのは必然ともいえる。近年のオリンピックでは、IOCによって、この公益性を高めることに結びつくような方針転換が示されている。

オリンピックは、創始者クーベルタンによる構想を礎にしながら、時代と国

際社会の状況に適合すべく変容している。オリンピックを 120 年という長い期間にわたって維持するために、IOC は理念（オリンピズム）や大会のあり方や組織の改革を幾度も繰り返してきた。直近の改革をめざす動きは、2020 年東京での第 32 回夏季大会（以下、東京大会と略）開催決定から 1 年 3 ヵ月後となる 2014 年 12 月 IOC 臨時総会で示された。この総会で IOC は改革案「オリンピック・アジェンダ 2020（以下、アジェンダと略）」を採択した。アジェンダのキーワードの 1 つは「多様性（Diversity）」である[1]。オリンピックがより多くの人のものとなるためにアジェンダではどのような変化がめざされているのだろうか、それはオリンピックの目的からみてどのような意味をもつのだろうか。ここでは、オリンピックの歴史を手がかりとしながら、アジェンダのいくつかの項目を読み解いてみたい。

　アジェンダの名称に記された「2020」という数字は、そこに記された 20+20、すなわち 40 の項目から成る目標と、これを達成するための目安として設定された年という 2 重の意味を持つ。同時に、この数字は約 50 年ぶりに東京で大会が開催される年を示している。数字の一致は、オリンピックにおける改革が、大会の準備期間を含めて実行に移され、その 1 つのモデルとなる大会が実現することへの期待を感じさせる。

　アジェンダが採択された時期は、日本国内で新国立競技場の建築費が当初試算の倍以上となることが社会問題化し、建設計画白紙撤回の決定が発表された時期と重なっていた。それにもかかわらず、アジェンダに示された方向性を日本の社会なりに熟慮し、この社会問題の解決に向けた議論に結びつける場面はほとんど見られなかった。この背景には、国内報道が新国立競技場問題を取り上げる一方で、アジェンダのいくつかの核心にはほとんど触れなかったことの影響もあるのではないか。アジェンダに関し国内メディアが大きく取り扱ったのは、2020 年東京大会に向け組織委員会が選定する追加種目問題のことばかりであり、「オリンピックのあるべき姿」を市民が考える契機を与えるための情報はほとんど提供されなかった[2]。2016 年 5 月の時点で、国内外で大きく取り上げられることになった事件、すなわち大会招致をめぐり支払われたコンサルタント

料の賄賂性をめぐる問題が発生した[3]ことを考えれば、アジェンダに関する市民への情報提供が浅薄であったことがますます悔やまれる。

　こうした国内情勢を背景にしながら、今一度、「オリンピックは誰のものか」という問いをたて、その回答を未来に向けて問い続けるための契機を提供することが本章の狙いである。

　多様性をめざす文脈でのオリンピックに関する議論は、実は、目新しいものではない。IOCや研究者は、1970年代以降、類似するキーワードを重視してきた[4]。しかし考えてみれば、オリンピックが多様性の容認をめざすことには、ある種の矛盾があるともいえる。その理由は、オリンピックがそのムーブメントの柱をスポーツに置いており、スポーツは競争を避けがたい要素としてもつことと関係する。競争は、勝者と敗者を生み出す。それは優れた身体と劣った身体に人間を腑分けすることによって生じる不平等を容認し、敗者や弱者となった「誰か」を排除することにつながる危険性を常に内包している。したがって、オリンピックが多様性を主張することには、限界ないしは矛盾があるのではないか。これまでに主張されてきた数々のオリンピック批判からすれば、オリンピックが多様性を目標に掲げることは、あらゆるものを競争へと駆り立て、弱者が片隅へと追いやられ、さらには搾取される対象となっている現実社会を容認するための、ある種の偽装行為のようなものではないのか。そうであるならば、オリンピックは無用なのではないか。

　多様性をキーワードとしてアジェンダを読み解くことは、このようなスポーツをめぐる本質的な問いにも向き合うことになるだろう。

　以下では、不平等や差別に関するオリンピックの歴史を手がかりに、オリンピックにおける多様性の問題を考えることからはじめてみよう。不平等や差別と戦うことは、多様性を容認し、実現するための大前提となるからである。

　なお本章では、クーベルタンが提唱した理念（オリンピズム）とそれを実現するための社会的な運動の総体を「オリンピック」という語で示し、その一部を構成するスポーツの競技会を単独で指す語として「オリンピック大会」を用いることとする。

1 クーベルタンは社会における不平等をどのように捉えていたか

　1906年にクーベルタンが執筆した三部作からなる『20世紀の青年教育』の第3部「徳育／相互敬愛」には「諸条件の尊重」と題された項がある。クーベルタンは、この項を「人間には社会的な違いがあるが、しかし人間には人格的な意味での不平等はない」と前置きしながら、人間がどのように不平等を作り出していくか、それがなぜなくならないのかについて、次のように述べている。

> 　地球上のいたるところで、人々は互いを級別化する。これによって個人には社会的地位に対応する慣習的な視点、すなわち時代や社会で慣わしとされてきた見方にもとづく評価が与えられる。この評価は慣習的なものであるから時代や社会によって変化する。しかし、人間は、人間を動物の頂点に押し上げたことの代償のようなものだといえる、特有の野心、闘争心、競争心を持っている。そのために、級別化をすること、さらには互いを評価し、それにもとづき敵対視するという行為自体は、何世紀もの間、変わることがなかった。民主主義によって人々は平等を確立しようとしてはいるが、ひとつの不平等が解消されれば、また次の不平等がたちあらわれる[5]。

　このようなクーベルタンの考えは、オリンピック大会の開催とは矛盾するようにみえる。なぜなら、大会は人々の競争心や国と国の対抗心を煽り、多様な人々が勝利を至上の価値として争い、敗者と弱者を排除するという、地球上の「差別の現場」になり得ることが容易にイメージできるからである。
　だが、永遠に続くかに見える不平等に対する手立てについて、クーベルタンは次のようにも述べている。

> 　道徳的所与がこうした宿命の苦々しい確証を改めてくれないかぎりは、

> そう（筆者注：不平等はなくならない）なのである。そして、この道徳的所与とは、われわれが先に善行と呼んだものの介入である。 …略… 善行とは《相互援助の自発的形態》であり、わたしはあえて言うが、近代民主主義の中でこれだけが安定と進歩の確たる条件なのだ[(6)]。

　クーベルタンは、この著作の別の箇所で「相互援助の自発的形態」について説明している。その説明によれば、「相互援助の自発的形態」には物質面と人格面という2つの側面がある。このうち、物質面に関する自発的形態には「与えるために寄付者が何かを我慢するという側面や、受ける者が受けた善行から最大限の利益を引きだすことができるよう、寄付者が努力しなければならない」ことが含まれる。また、人格の尊重（moral）に関する自発的形態においては「助けを求めている者に手を差し伸べ、互いが共に恵まれない対等な人間であると理解しあえるような証拠が与えられなければならない」とされる。

　さらに重要な点は、クーベルタンが物質面、人格面のいずれの自発的な相互援助も、何らかの努力を必要とすると述べていることである。つまり、不平等を解消するためには、誰かが自発的に援助することが必要であると同時に、援助する側が何らかの犠牲を払う必要がある、そうでなければその援助はたんなる偽善だというのである。クーベルタンが犠牲や我慢というよりも「努力」と表現したことは心にとめておく必要があるだろう。

　結局のところ、クーベルタンは不平等をなくすことそれ自体は困難であるととらえ、多様な人々が避けがたい不平等な状況において共生するためには、規則にはなり得ない、信条と呼べるような考え方を確立し、それを集積していくことが必要だ[(7)]と考えたのだ。こうした考えからイメージできるのは、不平等に対し永遠に人々がそれと向き合い、思考停止をしない社会である。

　では、不平等を導く源泉となるかもしれない競争へと人々を駆り立てるスポーツについて、クーベルタンはどのように理解していたのだろうか。彼は上述とは別の著書で、アスレティシズム（競技礼賛）に欠かすことができないのは、「相互援助の観念」と「努力を愛するが故の努力と努力の対決、誠実な、しかし激

しい闘いの観念＝競合の観念」だと指摘している。先にみた「相互援助」に加え、現代的にいうフェアプレイをともなってはじめて、人間は競争心が過剰に発揮される場において自らの競争心を統制し、そのことによって本来的な意味での「自由」を手にする、というのである[8]。このような理解は、彼の教育に関する考え方とあいまって、スポーツにおける経験が「競争を最大に、あるいは過剰に発揮する中にあって、これを制御する術を身につけることを可能にする」という教育的な意味をもつ活動へと転換されることになる。

2　オリンピックは不平等や差別とどのように向き合ってきたか

　現実には、クーベルタンの意図に反し、人間は競争心を制御する術を学ぶどころか、ドーピング等の不正行為、賭けと八百長、選手への支援という名の選手の商品化によって、競争心を煽り続けている。相互援助の観念に基づく自発的形態や現実社会における過剰な競争心の制御によって、不平等の中での共生を果たそうとするクーベルタンの夢は破れたかのように見える[9]。
　しかしオリンピックは、実際には不平等や差別と向き合ってきたはずである。より皮肉な言い方をするなら、それがクーベルタンのいう「偽善」であった可能性が否定できないとしても、不平等や差別の解消に一定程度の成果をもたらしたはずである。なぜなら、その成果なしには、現在のような世界規模でのオリンピックの拡大などあり得なかったからである。ではそれは、どのような向き合い方だったのだろうか。

(1) 多様化は不平等や差別の可視化と解消に影響したか

　オリンピックにおいて不平等（排除）や差別が問題になった出来事には表1のようなものがある。これらの事例のうち、たとえば人種差別に関していえば、問題が目に見えるものとなった背景には、加盟国の多様化という現象がある。

表1 オリンピックにおける不平等や差別の事例

開催年	開催地等	事項
1936	ベルリン	ナチスによるユダヤ人迫害が国際世論の反発を受け、大会のボイコット運動が展開された。IOCはいかなる人種差別も行わない等のオリンピック憲章の遵守をヒトラーに確約させ、大会開催中は反ユダヤの立て看板がはずされ、ユダヤ人は一時的にドイツチームの一員に加えられた
1964	東京	南アフリカ共和国を人種差別国としてオリンピックから除外するよう求めたアフリカ・スポーツ最高会議の要請を受けて、IOCは同国の招待取消
1968	メキシコシティ	アメリカの200Mメダリスト、トミー・スミスとジョン・カルロスが黒手袋をつけ、靴を脱いで黒いストッキングを見せる格好で表彰台に上がった。アメリカ国内の人種差別に抗議するために彼らは星条旗が掲揚されている間中、ブラックパワー・サリュート(Black Power salute)という拳を高く掲げるブラックパワーを誇示するパフォーマンスを行った。2名は選手資格を停止され、オリンピック村から追放された。同競技の銀メダリストでオーストラリアの白人ピーター・ノーマンも2人の抗議行動を支援、彼もまた表彰台で人権を求めるオリンピック・プロジェクト(Olympic Project for Human Rights 略称:OPHR)のバッチを着用するなどしたが、大会後は社会的抑圧や排除を受けた
1976	モントリオール	アフリカ諸国が南アフリカ共和国にラグビーチームを派遣したニュージーランドの追放を要求。ラグビーがオリンピック競技ではないことからIOCは取り合わず、アフリカ諸国はこの大会をボイコット
1985		スポーツにおける反アパルトヘイト国際条約(オリンピック原則の遵守を明記)
1991		IOCが南アフリカ共和国のNOCを復権させる
1993	テヘラン	第1回イスラム女子競技大会(ムスリム女子競技大会)
1996	ローザンヌ	第1回IOC世界女性スポーツ会議
2000	シドニー	2000年大会招致の段階で、北京の天安門事件をクローズアップした中国の人権問題がマイナス要因となり、シドニー招致が決定したとされる。シドニー大会は、先住民族アボリジニとの融和・女性の参加100年記念をテーマとする開会式を開催。ルールとしての性別確認検査の廃止
2004	アテネ	一定の条件下での性別変更選手の承認
2008	北京	「人権問題の改善」が暗黙の条件とされた異例の北京五輪招致が成功。開催前から、ジャーナリストや人権問題活動家への圧力がたびたび問題とされ、聖火リレーの採火式以降、北京五輪を機に「チベット問題」を打開しようとする動きが活発化。IOC、欧州選手などもこの問題にさまざまな反応を示す
2012	ロンドン	新体操とシンクロを除き、全26競技で男女の競技が実施。男性しか参加させていなかったサウジアラビア・カタール・ブルネイが女性選手を派遣。すべての国・地域から女性選手が参加(史上初)。柔道でヒジャブの着用問題
2012	ロンドン	イギリス外務省で「人権とオリンピック・パラリンピック―イギリス、ロシア、ブラジル、韓国共同声明―」(8/29)公表
2013	東京	オリンピック招致中の東京都知事によるイスラム諸国に関する発言
2014	ソチ	ロシアにおける同性愛者差別が問題となる
2014		2020年冬季大会の招致に関し、オリンピック憲章根本原則6にもとづき差別の禁止を新たに招致条件に加えることが公表(9/29)
2014	モナコ	IOC臨時総会でアジェンダ2020採択(両性の平等促進、性的指向にもとづく差別を禁止)

図1に夏季オリンピック大会に参加したNOCの数の変化を示した。戦後から1980年代にかけて、急激に増加し、1980年第22回モスクワ夏季大会、1984年第23回ロサンゼルス夏季大会（以下、ロサンゼルス大会と略）では、東西冷戦構造の中でのボイコット問題があったために減少するものの、1988年代以降には再び増加している。図2には、大会への参加数ではなく、IOCに加盟するNOCを地域別に示した。この2つのグラフから、加盟国の増加を多様化の基準とするならば、IOCにおける多様化は、1980年頃までとその後で異なる理解をする必要がある。

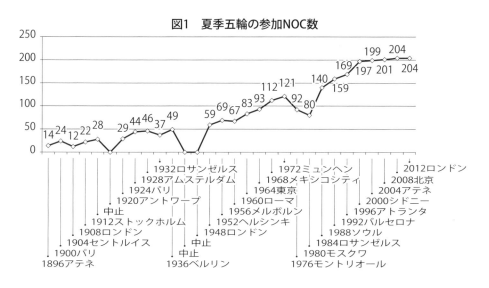

図1　夏季五輪の参加NOC数

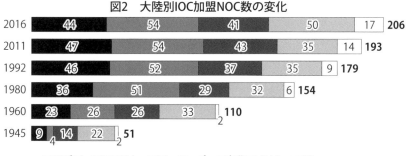

図2　大陸別IOC加盟NOC数の変化

1980年頃までのNOC加盟状況についてみると、アフリカ諸国の加盟が倍増している。この状況下で、南アフリカ共和国のアパルトヘイトを最初に問題視したのは、東西冷戦構造の中での旧ソ連出身のIOC委員による主張であった。一方、1980年代以降の加盟国の増加には、こうした偏りがみられない。よく知られているとおり、オリンピック大会は1984年ロサンゼルス大会でのいわゆるユベロス商法[10]をきっかけに商業主義化した。グラフに示された中でも、特に1990年代以降の変化は、オリンピックとグローバリゼーション、あるいは経済的新自由主義とが密接に結びついている、との批判的見解を支持する。この変化は、排除や差別のもとになる不平等に、質的な変化をもたらしたと考えられる。すなわち、地域社会の歴史的・文化的背景によって存在する差別や排除の形態が、経済的な格差と結びつきながら、多層的で複雑な不平等を生じさせる懸念をオリンピックの歴史にもたらした。

　一方、オリンピックで問題となってきた代表的な不平等や差別の1つに、女性に対するものがある。女性に対する不平等や差別は、人間のうちおよそ半分にあたる人々に対するものである。それはあらゆるタイプの不平等や差別を受けている集団内部に、さらなる不平等や差別をもたらしてきた。たとえば、人種的な差別を受けている集団内部では、女性たちは人種による不平等や差別と同時に、女性であるということによる二重の不平等や差別の影響を受けることになる。しかし女性に対する差別は、一般に、とりわけスポーツにおいては、女性と男性には身体的な違いがあることを理由に正当化されやすく、解消が難しい。

　女性に対する不平等な扱いに抵抗し、オリンピック大会への女性の参加やオリンピックへの参画を要望する動きは、1921年に世界初の女性のスポーツ組織である国際女子スポーツ連盟（Fédération sportive féminine internationale, 以下、FSFIと略）が設立されたことによって、顕在化した。この組織は、女子陸上競技をオリンピックの正式種目に加えることを主張し、1928年にこれを実現させた。FSFIは意思決定機関、役員、審判などに女性が加わること、すなわち参画についても同時に求めていたが、その実現は、現在なお途上にあるといってよい[11]。女性IOC委員がはじめて誕生したのは1981年であり、FSFIの設立から実

に60年が経過していた。女性選手の参加が目に見えて増加するのは、1980年代後半になってからである（図3）。

1920年代にすでに主張がありながら、このように女性の参加の増加や女性IOC委員の誕生が遅れたのはなぜだろうか。

原因のひとつには、女性がスポーツをすることに対する否定や批判、あるいは特定の女性競技に対する偏見が存在したことがある。こうした批判や偏見は、オリンピックへの女性の関わり方を制限し、女性選手の増加に歯止めをかけた。これに加え、女性の参加が増加しなかった背景には、オリンピックそのものが財的・人的問題により、大会の規模を縮小しなければならないという、差し迫った課題を抱えていたことがあった。この現実的な課題は、すでに1936年頃からIOCを悩ませており、加盟国の増加や競技の多様化・競技人口の増加は、問題をより深刻にしていた。この課題を解決に導いたのが、ユベロス商法によってオリンピックにもたらされた商業主義化であった[12]。

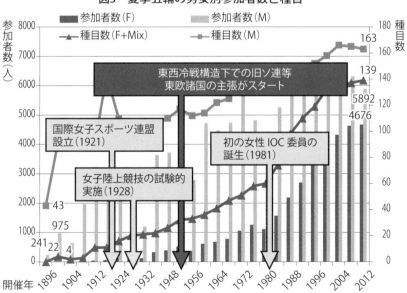

図3　夏季五輪の男女別参加者数と種目

先ほどの図1でみた1980年前後での加盟国の増加の質的な違いを図3にあわせて考えると、次の2点に気づく。第一に、女性に対する不平等や差別の解消に向けた変化、言いかえれば女性の権利の拡大は、アフリカ諸国の急激な増加に象徴されるような男性の多様化よりは遅れて開始したことである。第二に、1980年代以降の変化はオリンピックの商業主義化や国際社会の新自由主義化と関連しながら果たされていったとみることができる。女性のIOC委員を誕生させようとする議論は1967年に端緒がみられ、1981年に実現するまでに14年を要した。この議論のきっかけもまた、上述した人種問題の場合と同様、戦後になってIOCに加盟した旧ソ連を中心とする東側諸国の主張によるものであり、ここにも戦後のIOC加盟国の多様化の影響がみられる。オリンピックにおける女性に対する不平等や差別は、オリンピックに関わる男性の多様化と、大会がビジネスの手段となることに後押しされて、少しずつ解消に向かっていったのである。言いかえれば、そこには、オリンピック大会とそこで活躍する選手をある種の商品化していくことと引き替えに、人権の拡大が達成されるという皮肉な現実があった。

　では、こうした現実への対応を通して、オリンピック自体の改革はどのように進められたのであろうか。オリンピックにおける改革の提案は、その影響が大きいものほど、オリンピック憲章に反映されやすい。直近の改革であるアジェンダの採択後にも、示された改革案に適合するようなオリンピック憲章の条文の改正がみられる。そこで、以下ではオリンピック憲章（以下、憲章と略）の変化を見ることにするが、ここでは①「根本原則（Fundamental Principle）」における差別を禁止する規定、②およそ半数にあたる人々に対する不平等や差別に関係する「女性の参加に関する規定」に焦点をあててみよう。

(2) 根本原則の「差別を容認しない」記述の変遷

　憲章は、オリンピック・ムーブメントおよびその象徴的存在である大会を規定するものであり、そこにはムーブメントの理念と共に、関係する組織や大会の現実が示される。憲章のうち、オリンピックの理念を最も反映し、これを総

合する記述として位置づけられているのは、根本原則である。この根本原則上に「オリンピック大会においては差別を容認しない」とする記述が初めて盛り込まれたのは、1949年版であった。

　この記述は、1991年版への改定で大きく変化する。変化の要点は次の2つであった。

　第一は、差別の形態に関する記述の変化である。1990年までの条文に記された差別の形態は、肌の色（colour）、宗教、政治の3つであった。1991年版では「あらゆる形態の差別」として総称する方法がとられた。ただし1991年版では、他の条文に「性（sex）にもとづく差別はオリンピック・ムーブメントには相容れない」とする記述が加えられた。

　第二は、差別を容認しないことを規定した「場」の記述の変化である。1949年版までは大会に関する条文内に記載されていたものが、1991年版以降はムーブメント全体の目的を示す条文内での記載に変更された。これとの関わりから、1991年版以降の憲章では、差別の解消に積極的に取り組むことも記された。

　この改定から20年後の2011年には、差別を容認しないことを定めた1つの条文が根本原則内に定められた。これはIOCが差別や排除の問題性をより強く認識したことを示す、重要な変化だと見ることができる。また、この新しい条文においては、差別の形態として、人種、宗教、政治、ジェンダー、その他という5つの枠組みが記された。

　アジェンダ採択と同時に改定された2014年版では、2011年の条文が練り直され、より広い影響を与え得るものになっている。後述するとおり、アジェンダでは「性的指向」を差別の形態に加えることが提案されているが、実際の条文にはオリンピック史上最も多くの差別の形態となる11の枠組み（人種、肌の色、性、性的指向、言語、宗教、政治その他の思想、国や社会的出身、財産、出生、その他）が明記されている。この改定に至ってようやく、オリンピック憲章の記述は、世界の人権に関し最も基本的な意義を有するとされる「世界人権宣言」とほぼ同じになり、またこれより一歩進んで「性的指向」を差別の形態として明記したことになる。

　図4に、根本原則の文言が実際にどのように変化したかを示した。またこれらの変化とそれが議論されたIOCの関連会議、および差別を禁止する国際条約

の採択年を図5に示した。この図から、根本原則の変化は、オリンピック・コングレスという、NOCや国際競技団体の代表など、より多くの組織や個人が構成する会議での議論、すなわち多様な人々の議論を経て達成されたことが分かる。一方、根本原則の変化は、ほとんどの場合、国際条約の採択にかなり遅れたことも分かる。

図4　オリンピック憲章根本原則における「差別を容認しない（禁止）」記述の変遷

1949年版　初出　　　　　　　1946年版以前関連記述なし

> 1. **The Olympic Games** are held every four years and assemble amateurs of all nations **in fair and equal** competition under conditions which are to be as perfect as possible.
> No discrimination is allowed against any country or person **on grounds of colour, religion or politics.**
> 　　　　　　　　　　　　　　　　　　　　　　　　colour→ 1958年版race

politics → 1958年版political affiliation → 1971年版politics

▼

1973年版根本原則1, 2（オリンピック・ムーブメントの目的、オリンピック大会の定義）が追加され3に（文言変わらず）

▼

1991年版根本原則がオリンピズム、オリンピック・ムーブメントに関する内容に変更

> 6. **The goal of the Olympic Movement** is to contribute to building a peaceful and better world by educating youth through sportpractised(マ) **without discrimination of any kind** and in the Olympic spirit, which requires mutual understanding with a spirit of friendship, solidarity and fair-play.

▼

2011年版全面的に表現を見直し、オリンピック・ムーブメントにおいて差別を容認しないとする内容を一条文に　（genderが追記）

> 6. **Any form of discrimination** with regard to **a country or a person on grounds of race, religion, politics, gender or otherwise** is incompatible with belonging to **the Olympic Movement.**

▼

2014年版全面的に表現を見直し、憲章がうたう権利と自由の享受において差別を容認しないとする内容を一条文に

> 6. The enjoyment of the rights and freedoms set forth in this Olympic Charter shall be secured **without discrimination of any kind, such as race, colour, sex, sexual orientation, language, religion, political or other opinion, national or social origin, property, birth or other status.**

＜関連するその他の変更＞
1950年版：選手村における差別の禁止
1955年版：選手を派遣する際のNOCにおける差別の禁止
1962年版：アマチュア規定にも差別の禁止を記述
1979年版：各NOCが作成するための規程のモデルに明示
1991年版：IOCの役割に差別と戦うことを明示

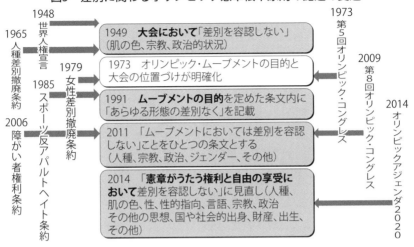

図5 差別に関わるオリンピック憲章根本原則の記述の変遷

　この遅れの期間には表1でみたようなオリンピックでの出来事とそれに対応するための変化が生じている。このような現象は、次のように解釈することができる。オリンピックでは、大会というイベントが国際社会の目にさらされる。大会は、不平等や差別を受けている人々の参加や参画の実現それ自体とともに、参加や参画ができればもはや差別を受けることはないのかという問いかけへの答えとなる社会の現実が反映され、人々の目にさらされて評価される場でもある。ネガティブな、あるいはマイナスの評価を受けないようにすることは、オリンピックの継続、発展にとって重要である。したがって、オリンピックにとっては、問題が「目に見えて」解決される状態を確保するために、対話や改善策の提示がなされた上で、確かな実行が保証される必要がある。この観点からすれば、オリンピックは、社会的な評価にさらされるが故に、一定程度の達成の後に、理念を変更するという現実路線をとらざるを得なかったとも考えられる。別の見方をすれば、理念の変更にまで至ったオリンピックにおける事例は、改善策の提示から実現までのプロセスを経験した事例ということになり、国際レベルで現実の社会に還元が可能なモデルと見なすことができる。

(3) 憲章の「女性の参加規定」の変遷

　前項でみたとおり、1991年には根本原則に「あらゆる形態の差別」を容認しないことが記された。これによって、女性に対する不平等や差別はいわばルールに則って解消をめざすことが可能になった[13]。この変化は、1989年まで存続した女性にのみ参加規定を設けた条文が削除され、その上で生じたものであった。

　オリンピック大会に女性の参加が承認されることを明示した最初の憲章は、1924年版であった。女性は1900年に初めて大会に参加したが、第一次世界大戦後になってようやく、憲章が現実を反映したものになったといえる。この時期は、憲章それ自体が体系を整える途上にあった。これに加え、FSFIが1921年頃からIOCへの女子陸上競技導入の要請を行っていた歴史を勘案すれば、女性の参加に関する何らかの枠組みを設けざるを得なくなったのが1920年代であったとみることができる。

　この1920年代以降の女性の参加規定は、大会への女性の参加を保障した一方で、女性の参加を制限することも可能にした。たとえば1933年版の「IOCの目的と組織」を規定する条文では「女性は排除されないが、IFからの要請があればIOCは女性が参加する種目を決定する」として、女性の参加に関する決定権はIOCにあることが示されている。1938年および1946年版では「何らかの種目(certain events)」に女性は参加を認められ、事前にその種目が決定されるとの記述に修正される。したがって、規定上、女性の参加は非常に不安定なものであった。

　このような参加規定の記述の仕方は、1949年版の改定では、具体的な競技名が列記されたものになる。すなわち「女性は陸上競技・フェンシング・体操・水泳・カヌー・フィギュアスケート・スキー・ヨット・芸術エキシビションに参加が認められる」という文言へと変化する。

　この変化は女性の参加にどのような影響を与えたのであろうか。手続き上、憲章にすでに記載された競技に新しい種目を追加する場合には、すでに憲章で認められた競技の枠組みには変更が及ばないことから、議論は簡略化され、追加は容易になった。一方、この改定以降には、憲章上に新たな競技を加えることの是非を問う議論が頻繁に行われることになっていった。

この競技列記型の記述は1978年版で「女性は該当競技を統括するIFのルールにもとづき、IOCにおける承認がなされた後に競技することが認められる」と改定されることになった。これにより、IOCに加盟するIFの競技を大会プログラムに加えることが認められれば、どのような女性種目を加えるかはある程度IFの裁量で決定できることになった。とはいえ、大会プログラムの最終承認権限はIOCが保持していたことから、IFの決定どおりにいかない事例が生じる余地は残されたままであった。

　このような変遷は、ただ一人の女性IOC委員もおらず、IFの意思決定機関の女性比率も10%をはるかに下回る状況下で生じていった。つまり、これらすべてが「男性たちが決めていったこと」だったのである。女性の参加規定そのものが憲章から削除されるには、さらに10年近くを待たなければならなかった。

　以上のような憲章上の女性の参加に関する規定の変遷を女性の参加者数や種

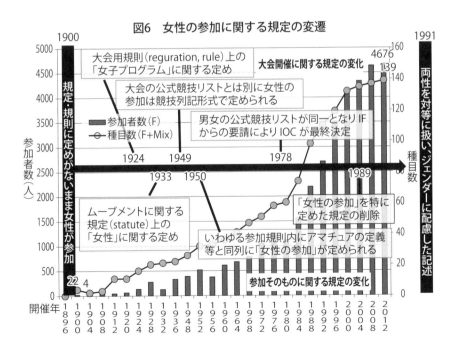

図6　女性の参加に関する規定の変遷

目数の変化と重ね合わせ、図6に示した。この図から、全体として右上がりのグラフの中で、規定の変更はそれまでの増加を一段階ずつ押し上げるステップの役割を果たしたことが分かる。

　以上、3項にわたって検討してきたが、この全体像からはオリンピックがどのように不平等や差別と向き合ってきたといえるのであろうか。オリンピックは、スポーツ大会である以上に、理念を持ったムーブメント（社会運動）であることを標榜してきた。1980年代までのオリンピックは、社会運動の普及のために加盟組織の拡大を図ったが、そのことは大会規模を無限に拡大することはできないという現実とのジレンマにIOCを陥らせた。この途上で、ムーブメントは中流階級以上のヨーロッパ圏の白人男性だけでなく、非ヨーロッパ、非白人の男性たちを担い手として巻き込むようになった。これにより現実社会における不平等や差別が大会に持ち込まれ、大会は不平等や差別を可視化する場として機能することになった。IOCはこれへの対応として、現実の大会において可視化されることとなった「不幸な」出来事が再度発生しないための具体的な手立てをとり、解消の道筋が見えたのちに、憲章に表示される理念を変更する、という手堅い路線を歩んできた。すなわち、人種・政治・思想・宗教等にもとづく差別は、男性の多様化が引き金となって、意図されたか否かは別にして、解消に向かっていったといえる。

　ところが、人間の半数にあたる女性に関する不平等や差別は、これら「男性の差異」とは異なる扱いがなされていた。平たくいえば、オリンピックに財的余裕がない時期には問題は後回しにされ、時折、IFやNOCやIOCとの権力争いの道具として用いられる程度にしか認識されてこなかった。しかし、1980年代以降は、女性に対する参加規定上の「特別扱い」が解消され、女性に対する不平等や差別を容認しない姿勢が顕著に示されるようになっていった。この変化は、オリンピックがビジネスとして成立可能であるとの証明がなされたことによってもたらされた。

　オリンピックというビジネスに関わる人々を拡大し多様化させることと、ムーブメントの担い手を拡大し多様させることは、本来は異なる問題のはずであっ

た。しかし、現実の社会では、この異なるコンセプトが表裏一体となって達成されるという構造が確立していったのである。

　このような歴史は、アジェンダを読む者に何を示唆するであろうか。端的にいえば、次のようになるのではないか。すなわち、オリンピックにとって重要な文書には、常に二面性ないし両義性があるということである。現代社会に適応するために変化してきたオリンピックにおいては、憲章もいかなる改革案も、ある者にとっては理念や理想であり、他の者にとっては理念や理想の姿を借りた偽装工作になり得ることをオリンピックの歴史は示している。ビジネスとしてのオリンピックがそこに関わる人間を消費の対象とすることは、時には力のある者がない者から搾取する構造を生み出す。この構造は、より多くの人の人権が保障されることとは、対立する。ただし、憲章等における変化や改革は、単なるお題目に終わるというわけでもない。そこには一定の成果が期待できることも、ここで見てきた歴史は示している。この点は、多様性の容認という人権に関わる問題関心を持つ本章にとっては、1つの希望であるだろう。

3　オリンピック・アジェンダ2020とキーワード「多様性」

　前項までの検討によって、アジェンダの文言がもつ二面性／両義性を認識する必要があることが明らかになった。これを念頭におきながら、実際のアジェンダを見てみよう。

　冒頭でも述べたとおり、2014年12月、IOCはモナコで第127次IOC総会を開催し、アジェンダを採択した。このアジェンダは、2020年に向けたIOCの改革として「20+20」、すなわち40項目の提言が記されたものである。IOCが公表した原本[14]の和訳はJOCのサイトで見ることができる[15]。

　原本の冒頭には、トーマス・バッハ会長が総会での採択にあたって述べたスピーチが掲載されている。このスピーチには、しばしば多様性という語が登場する。たとえば、バッハ会長は、オリンピック大会がもつ「魔法の力」の1つ

が「多様性」に関わるものであるとし、大会は世界のすべてを映し出すと述べる。その上で、文化・社会・環境・身体活動に関する社会の状況などの観点から、オリンピックは、これまで以上の柔軟性を確保した運営をめざすことによって、異なる文化の対話を促す場でなければならないとする[16]。ある特定の地域での基準が世界のそれになるはずがないのだから、大会の開催にあたってはその開催都市の特性を反映することができるようにするべきだ、というのである。スピーチは、彼が会長選の際に提出したマニフェスト[17]のタイトルでもある "Unity in Diversity（多様なるものの結束）" という言葉で締めくくられている[18]ことからも、「多様性」はアジェンダのキーワードの1つと考えることができる。

表2に40項目のうち「多様性」の実現をめざした改革案を構成すると考えられる項目を抜き出した。これらの改革案から、多様化のターゲットは3つあることが読みとれる。

表2　アジェンダにおける「多様性」に関わる項目

項目番号	提　言	具体的な内容
6	他のスポーツイベント主催者との緊密な協力 （Cooperate closely with other sports event organisers）	他のスポーツイベント主催者と緊密に連携する。 1. IOCと国際ワールドゲームズ協会は、競技プログラムの構成とその評価に関して緊密に協力する。 2. IOCと国際マスターズゲームズ協会は、オリンピック大会の開催都市がオリンピック大会後数年以内にマスターズゲームズを開催するとの選択肢が有益かどうかを検討する 3. IOCは若者のスポーツへの参加と開催都市の利益になるよう、オリンピック大会やユースオリンピック大会の一部として「スポーツラボ（非オリンピック競技の参加体験コーナー）」やスポーツ入門プログラムを導入することを検討する。
10	競技に基づくプログラムから種目に基づくプログラムへの移行 （Move from a sport-based to an event-based programme）	従来の競技にもとづくプログラムではなく種目に基づくプログラム（※1）へと移行し、 1. 参加者数、役員数、種目数を提言9の条件に適合させるとともに、定期的に見直す。 2. 新しい競技（競技団体）の承認はIOC総会で行う。 3. 大会組織委員会による若干数の種目の追加提案を認める。

項目番号	提言	具体的な内容
11	男女平等の推進 (Foster gender equality)	男女平等を推進する。 1. IOCは国際競技連盟と協力し、オリンピック大会への女性の参加率50%を実現し、オリンピック大会への参加機会を拡大することにより、スポーツへの女性の参加と参画を促進する。
14	オリンピズムの根本原則第6項の強化 (Strengthen the 6th Fundamental Principle of Olympism)	オリンピズムの根本原則第6項に「性的指向による差別の禁止」を追加する。
20	戦略的パートナーシップの締結 (Enter into strategic partnership)	IOCの計画の実効性を高めるため、国際的に知名度の高い優れた組織やNGOと協力関係を結ぶ
26	スポーツと文化のさらなる融合 (Further blend sport and culture)	1. 大会開催時 ● オリンピズム（文化、教育、開発と平和）への顕著な貢献に対し、オリンピック月桂冠賞を創設し表彰式を大会セレモニーの一部とする。賞の受賞者は、中立的な立場にある社会的信頼の高い人物を含めた審査団によってノミネートされる。 ● 一般市民がオリンピック・ムーブメントとの対話に参加することを歓迎するため、オリンピック・ハウスの造成を検討する。 ● 聖火リレー、ライブサイト、文化オリンピアードとともに、市民にオリンピック文化を紹介するための「移動型オリンピック博物館」という考えを検討する。 ● 芸術家を招聘するプログラムを開発する。 2. 大会と大会の中間期間 ● 世界的な文化人と安定した確かな交流活動を築くために、委任アーティストによるインパクトあるプログラムを開発する方法を検討し、動的なレガシーを創出する。 ● 各NOCにオリンピック文化「アタッシェ（専門分野職員）」を指名するよう奨励する。
38	ターゲットを絞った人材登用プロセスの実行 (Implement a targeted recruitment processs)	IOC委員の登用プロセスを従来の申込みによる方法から、ターゲットを絞った人材登用プロセスに変更する。 1. 指名委員会は、IOCの使命を最大限に果たすため、欠員を補充するための適切な候補者を特定する上で、これまで以上に積極的な役割を果たす。 2. 一連の基準を満たした候補者のプロフィールは、指名委員会を通じ、IOC理事会に提出され承認を得る。とくに以下の基準を満たす必要がある。 ● スキルや知識でのIOCのニーズ（医学、社会学、文化、政治、ビジネス、法律、スポーツの運営管理に関する専門知識など） ● 地理的なバランスおよび同一国からの代表者の最大数 ● ジェンダーバランス

項目番号	提言	具体的な内容
38	ターゲットを絞った人材登用プロセスの実行(Implement a targeted recruitment processs)	● IF または NOC の代表については、当該団体にアスリート委員会が存在すること 3. IOC 総会は、国籍の基準について、個人資格の委員に関しては最大 5 件の例外を認めることができる。
39	社会との対話及びオリンピック・ムーブメント内の対話促進(Foster dialogue with society and within the Olympic Movement)	社会との対話およびオリンピック・ムーブメント内部での対話を促進する。 1. IOC は、4 年に一度社会の動向をつかむため、「Olympism in Action」コングレスの創設を検討する。 ● オリンピック・ムーブメントの代表者、関係者、市民社会の代表者が一堂に会する。
39	社会との対話及びオリンピック・ムーブメント内の対話促進(Foster dialogue with society and within the Olympic Movement)	● 様々な出自や社会的背景をもつあらゆる領域からの代表者に、社会におけるスポーツの役割と価値に関する対話に参加してもらう。 ● 教育、結束、開発などの分野におけるオリンピック・ムーブメントの社会への貢献について議論する。2. IOC は、重要な戦略上のテーマについて外部のゲスト講演者の意見にも耳を傾けながら、IOC 委員間でての双方向の議論がなされるよう、総会の変革を行う。

※1競技は水泳、陸上競技、バドミントンなどの枠組みを指し、種目は 100m自由形、1500m平泳ぎ、100m走、砲丸投、男女混合ダブルス、シングルスなどの枠組みを指す

JOC による和訳を参照しながら訳を改変、來田(2016)

(1) スポーツの多様化

　第一は、オリンピックに関係するスポーツそれ事態をターゲットとするものである。アジェンダからは、「老舗」の競技が 120 年間かけて守ってきた大会プログラムの覇権に変化をもたらし、そのことが IF の権力バランスにも影響する可能性があることが読み取れる。たとえば、項目 10 の「競技に基づくプログラムからイベントに基づくプログラムへの移行」がこれにあたる。

　開催都市の過剰な負担を避けるため、現代においてもオリンピックは肥大化を避けなければならない状況にある。この状況は、都市計画に適合した長期的な招致ビジョンを求めるとともに、招致や開催にかかる費用の削減をめざすとしたアジェンダの項目（1〜3）によく示されている。このような直接的な言及にとどまらず、オリンピック史上初めて提唱されたのが第 10 項であり、ここには大会規模をコントロールする意図が示されている。

ひとつの競技に複数の形態の種目がある競技では、できるだけ多くの種目をプログラムに導入することによって、より大きな力を得たいと考える。その願いは、一方では競技や種目に携わる者にとっての競技や種目への愛着から発生するが、もう一方でビジネスとしての成功にも結びついている。オリンピックで実施されることを望む多くの競技団体が、大会を通じてその競技が普及すると同時に、スポンサーを得て自立的に活動するための機会を手に入れたいと考えている。オリンピックの歴史を見る限り、これまで IOC は定位置を獲得してきた競技には、肥大化の抑制を理由に IF の権限を制限することはなかった。大会プログラムに関する最終決定は IOC 総会で行うという切り札は確保しつつ、競技団体の意志をある程度尊重してきた。そのような中で IF がとってきたのは、種目を削除するのではなく、大会期間中に競技を行う選手やチーム数を減らすという対応であり、可能であれば、このような対応をすることによって種目を増加させようとしてきた。今回のアジェンダは、この慣例にメスを入れることを可能にする[19]。

　この提案がなされた背景には、スポーツの楽しみ方が多様化している現代社会の状況がある。いわゆる老舗の競技だけでは、スポーツの楽しみ方の多様化に対応することはできず、若者のスポーツ離れに歯止めをかけることができないという現実があるのだ。オリンピックが"昔ながらのスポーツ"を愛好する者だけが楽しむものとみなされることは、近い将来、ムーブメントを立ちゆかなくすることへの懸念をもたらす。

　こうした懸念への対応が、アジェンダの第 10 項である。この移行は、より多くの競技団体が大会に関与できる隙間を生み出そうとする試みだといえる。

　これと同じ文脈で理解することができるのが、第 6 項のワールドゲームズ（World Games）との連携強化である。ワールドゲームズは、民族的スポーツ等を採り入れながら、世界の身体文化の豊かさを主張し、欧米出自の近代スポーツに価値が一元化される状況に一石を投じてきた大会である。このような反オリンピック・非オリンピックとして存在意義を保持してきた大会との連携強化からは、オリンピック大会だけではカバーしきれない多様な身体文化を通じ、オ

リンピックの理念の普及を推進しようとする意図がうかがえる。一方のワールドゲームズ側は、国際社会が着目する大会となることを拒むとは考えにくい。

　欧米主流で発達してきた近代スポーツのみに偏重した身体文化に再び豊かさを取り戻すという意味では、注目すべき変化が促されることが期待できる。しかし、ここでもまた過去のオリンピック大会同様、人気を獲得することと大会や選手の商品化との同時進行は避けがたいであろう。

(2) オリンピックに関わる人の多様化

　オリンピックに関わるスポーツの多様化は、それ自体、大会に関わる人の多様化を促す要素となる。また、ワールドゲームズと同様に第6項で提唱されたマスターズゲームズ（World Masters Games, 以下マスターズと略）との連携は、この「人の多様化」に与える影響が大きいと考えられる。

　この大会は、デンマークのコペンハーゲンに拠点を置く国際マスターズゲームズ協会（International Masters Games Association, 以下IMGAと略）が主催し、30歳以上のスポーツ愛好者であれば誰もが参加できる点に特徴がある。実施競技は、オリンピック大会に含まれるものもあれば、ワールドゲームズに含まれるものもある。一定の組織化がなされた競技で、高い年齢の選手に対応することができている競技であれば、開催地の大会運営の状況に合わせて実施されることになる。

　このようなマスターズゲームズとの連携は、明らかに高齢化社会に対応する改革である。この連携による影響は、オリンピックに高齢者を巻き込むことができるということに留まらない。現代社会においてオリンピズムの高潔性を失わせることになっている重要な課題の1つは、勝利至上主義である。勝利至上主義は、ドーピングや賭け・八百長といった、スポーツに対するアン・フェアな態度を許容するという弊害をもたらしてきた。さらには、メディアが大会をメダル至上主義的にのみ報じることによって、本来のオリンピックの理念が背景に押しやられる現象は、日本でも顕著に示されている。このような状況下で、マスターズゲー

ムズとの連携によって、スポーツの価値が他者との競争の結果得られる勝利にあるのではなく、「他者との競争を手段として自己を追求する（オリンピズムの価値でいう卓越性）ひとつの方法になりえること」にあるとの主張をより強く打ち出すことに寄与する。

　この他、オリンピックに関わる人々の多様化という観点では、男女平等の推進が十分には進んでいないことを踏まえ、これを第 11 項にあげている。また、先にもみたとおり、オリンピックにおける人権の擁護をめざし、根本原則の改定を提唱した（第 14 項）。さらに、スポーツ組織内部の多様性を高めるための人材登用プロセスに関する提言を第 38 項で行ったことや、国際的な他の組織との連携を提言した第 20 項も、より多くの人がオリンピックに関わることをめざすという文脈上に位置づけることができる。

（3）非スポーツ的な活動との融合・社会との対話

　アジェンダに提唱された 3 つめの「多様化」は、必ずしもスポーツを愛好しない人々による活動、スポーツには関心を持たない人々との関わりを構築するという意味での多様化である。考え方によっては、オリンピックに批判的な考えを持つ人々との対話を含めることも可能であろう。

　オリンピックは、スポーツと文化の融合を謳い、環境問題に対応することによって、理念への賛同者を増やそうとしてきた経験を持つ。たとえば環境問題に関しては、1970 年代以降の国際社会の動向にやや遅れをとりながらも、この問題をオリンピック・ムーブメントの柱と位置づけ、活動を継続してきた。2012 年第 30 回ロンドン夏季大会をめざし、組織委員会は 2009 年に" Food vision for the London 2012 Olympic Games"[20] を提示した。このビジョンでは、選手村だけでなく、競技会場等における食品提供に際しては、食品の安全性だけでなく、その食品が作られるプロセスの持続可能性に着目し、基準を適用した。このような社会的影響力を持つレガシーの創造は、スポーツ界内部の連携だけでは成立しない。むしろ、スポーツ領域ではないさまざまな領域とのつながりがオリ

ンピックの新しい可能性を生み出すと考えられる。

　アジェンダでは、特に文化との融合をこれまで以上に促進することが提案されている（第26項）。さらに、第39項では環境問題という1つのテーマに特化せず、教育や開発、排除される人々がない社会をめざす動きなど、より幅広く社会とつながりを持つための試みが示されている。従来のようにスポーツ関係者のみでオリンピック・ムーブメントを考えるのではなく、一般市民、さまざまな文化的・芸術活動を行う人々、研究者との対話を通じ、「社会の動向」にスポーツが適合しているかどうかについて定期的検証を行うことは、これまで強調されてこなかった方針である。

　このような方針が強く意識されていることは、アジェンダ採択時のバッハ会長のスピーチにも見ることができる。それは「社会はこれまで以上の速さで変化している。スポーツの変化を待ってくれはしない。もし私たちが卓越性（excellence）、尊重（respect）、相互敬愛（friendship）、対話（dialogue）、多様性（diversity）、差別を認めないこと（non-discrimination）、寛容（tolerance）、フェアプレイ（fair-play）、連帯（solidarity）、開発と平和（development and peace）といった、オリンピズムの価値を追求するのであれば、もし私たちがこれらの価値を社会にとって適切なものとして残すことを望むのであれば、今こそが変革の時である[21]」という言葉に最もよく示されている。

　多様性に関わる項目について以上のように見てくると、アジェンダはオリンピックの生き残りをかけた戦略であり、従来にはなかった幅広い視点に立って提案されたものであることが理解できる。ただし、過去の例にみたとおり、より多くの人が関わり、より多くの分野がオリンピックに関わろうとする時には、同時に大会を取り巻くビジネスの対象が広がり、大会と選手を商品化する力が生み出されることも忘れてはならない。結局のところ、この力をいかにコントロールし、理念の拡大により力点を置いた歩みへと結びつけることができるかの鍵は、冒頭のクーベルタンの指摘に示されているように思われる。

おわりに

　2016年リオデジャネイロ（以下、リオ）で開催されるオリンピック・パラリンピック夏季大会が終わると、「次の大会は2020年の東京」と表現されることが多い。だが正しくは、リオ大会の閉会式で五輪旗が東京都知事に手渡された瞬間に、東京都が担うオリンピアード（4年間）がスタートする。IOCやオリンピック・ムーブメントに賛同する立場からみれば、東京はオリンピックの推進を代表する都市としての責務を負うことになる。その責務のクライマックスに位置づけられるのが大会の開催である。勝利至上主義や汚職や商業主義にまみれながらも、IOCは「オリンピックは理想的な人間とその人間がつくる理想的な社会をめざす社会的な運動」としてのスタンスを手放してこなかった[22]。それはオリンピックの存在意義に関わる問題だからである。したがって、IOCからすれば、大会を招致した以上、オリンピズムに基づくアジェンダの理解を社会の未来に繋げることは、「東京」に象徴される日本とそこに住む人々にとって避けては通れない課題である。本来的には、大会を招致する都市やスポンサーになろうとする企業は、これを理解していることになっている。というよりも、これを理解せずに大会を開催したり、スポンサーとして支援することはありえない。

　ところが、日本では開催都市は大会の誘致を都市整備の一環と考え、メディアは大会をメダル合戦としてのみ捉えるなど、現実が理念から遊離する危険性を高めるとらえ方をする傾向がある。この傾向は、スポーツ科学研究ではしばしば指摘されてきた。

　大会開催には、東京都民の税だけでなく、国民の税が投じられることになる。すでにかなりの額の税は投じられ、悪くすれば巨額の借金が次世代に残される可能性もある。国内に限定した身近な目線からも、大会を開催する意義を問い続け、社会にとって負の影響を上回るような意味を見出す努力がなされる必要があるだろう。

　本章では、オリンピックにおける最新の改革案であるアジェンダを多様性の

観点から読み解いてみた。そこには、オリンピックへのより多くの人の関わりを求める戦略が示されていた。最後に、ここでの検討をふまえながら、東京大会の開催に際し求めるべきことは何かについて、考えてみたい。

　オリンピックに限らずスポーツのイベントは、人々が集まり、楽しむという祝祭性を持っている。そのため、異なる人々が異なる意見を持ち寄った場合にも、合意形成が比較的容易である。さらにはスポーツを対象とする活動であるために、合意形成の障壁となるかもしれない政治性とも距離を置くことが可能である。一方、現実の社会で人々が抱える課題の解決策を模索するプロセスでは、人々の利害関係が対立し、異なる意見が持ち寄られても、合意形成は容易ではない。それは誰もが日々、実感することであろう。

　したがって、オリンピックを招致しようとした時点から大会後に何を残すかに至るまでのすべての出来事は、社会的背景や社会の未来に対するイメージが異なる人々が、相互理解を深め妥協点を模索するという経験になり得る。東京大会開催に関しては、未だこうした重要な経験となるべき機会が十分に活かされているとは言い難い。大会の招致から現時点までの動きには、スポーツ界の意思よりも政治的、経済的意思のほうが強く働く傾向があることもその原因であろう。オリンピック大会に対する意識の持ち方次第で、大会を多様な人々が共感し、共に生きるための社会を形成する「仮想的な社会実践の場」にすることが可能である、ということを今一度、考えてみてはどうだろうか。その結果として、仮に大会を開催しないという選択がなされたとしても、十分な意義が発生するのではないだろうか。

　ただし、このように大会開催の意義を考えたとしても、現代社会においては大会が巨大なビジネスの場となることによって、さまざまな不平等が生じる温床が形成されることも、おそらくは避けがたい。人権概念の拡大によって社会の多様性が確保される可能性とビジネスとしての大会は、オリンピックの独自性を維持・継続させるための両輪として、どちらも欠かせなくなっている。アジェンダとは、両者が妥協点を見いだし、あるいは葛藤する様相の記録だと言うことができるかもしれない。こうした見方の延長線上には、オリンピックにより多

くの人が平等に関わることは、不平等を被る立場にいる人々を利することができるのか[23]、という問いにもつながるであろう。そのような問いも含めて、クーベルタンのいう「相互援助の自発的形態」を問い続けていかなければならない。

註：
(1) 東京大会の開催が決定したのと同じ第125次IOC総会では、会長選挙が実施され、トーマス・バッハ氏が会長に選出された。この会長選に立候補するにあたりバッハ氏が公示したマニフェストのタイトルは"Unity in Diversity"であった。Bach, T（2013）Unity in Diversity.
http://www.olympic.org/Documents/IOC_President/Manifesto_Thomas_Bach-eng.pdf
(2) 筆者は、どの競技が新たに採用されると考えられるか、という新聞やテレビからの取材を複数受け、その度に本章のテーマとしたアジェンダにおける「多様性」やその他の価値とリンクさせる必要性や、アジェンダを結束点にしながら新国立競技場問題ともあわせて報じる必要性を主張したが、この主張はほとんど採用されなかった。
(3) JOCの調査チームによる2016年9月1日の報告によれば、日仏いずれの国における法的問題も、IOCの定める倫理規定にも抵触しないとされた。ただし、招致活動のためにコンサルタント契約を結んだ「ブラックタイディングス社」への報酬は高額であったとされ、また契約締結までの手続きの透明性確保のための改善が必要であることも指摘された。
(4) 來田享子「オリンピック・パラダイムの変容：異文化理解・国際理解から多様性の容認へ」『スポーツ健康科学研究』第37号、2015年、1-12頁。
(5) Pierre de Coubertin（1906）L'éducation des adolescents au 20e siècle, 3ème partie. Education moral: Le Respect des Conditions（ピエール・ド・クーベルタン「20世紀の青年教育 第3部 徳育」相互敬愛：諸条件の尊重）。清水重勇訳（http://www.shgshmz.gn.to/shgmax/public_html/coubertin/20adult_ed/ed20_3_jp.html#conditions）を参照し、筆者が必要箇所を意訳。

(6) 前掲 5.
(7) 著書の冒頭では「相互敬愛は、決して規則にはなり得ないものであるから、この本に書かれているのは、読者の信条を生み出し強化する思考や意見の集積」である、ことも述べられている。
(8) Pierre de Coubertin, Les assises philosophiques de L'OLYMPISME MODERNE (Message radiodiffusé de Berlin le 4 août 1935, par le baron Pierre de Coubertin.), Bulletin du Comité International Olympique (Revue Olympique), Janvier 1949, No 13, p.1. なお本稿では、以下のサイトから閲覧できる清水重勇による訳文も参照した。http://www.shgshmz.gn.to/shgmax/public_html/coubertin/philosophie_olymp_jp.html
(9) ここにはクーベルタン自身が白人男性やヨーロッパにおける基準を世界に適用できると考えていた可能性、すなわち時代的限界があることを視野にいれる必要がある。
(10) 1984 年ロサンゼルス大会は、大会組織委員会を「民間企業」として設立し、オリンピックの必要経費を民間資本で賄う方法をとった。組織委員長に選任されたピーター・ユベロスは、テレビ放映権料、スポンサーの協賛金、入場料、記念グッズ（コイン）の販売により、赤字収支が常態化していた大会で利益を得ることに成功した。
(11) IOC は自らが主催する第 2 回世界女性スポーツ会議（2000 年）の決議文において、意思決定機関における女性割合の数値目標を示すに至った（井谷惠子・田原淳子・來田享子『目でみる女性スポーツ白書』大修館書店、2001 年、321-322 頁）。この数値目標は、IF、NOC、NF 等のスポーツ関連組織の意思決定機関における女性の割合を 2000 年末までに少なくとも 10%、2005 年には 20% とするものであった。しかし、2013 年のデータでも目標には到達していない（來田享子「日本のスポーツにおける女性の参画の現状」『季刊家計経済研究』2014 Summer, No.103, 31-41 頁）。2016 年現在の JOC の評議員は 55 名中 2 名（3.6%）、役員（監事含む）は 32 名中 3 名（9%）であり、世界的に見ても女性の参画状況は非常に低い。

（12）來田享子「1960-1979 年の IOC におけるオリンピック競技大会への女性の参加問題をめぐる議論―IOC 総会議事録の検討を中心に―」『スポーツとジェンダー研究』Vol.12, 47-67 頁。

（13）現実には、慣習や社会的な規範のために何が女性にとっての差別にあたるのかについては、現在もなお議論が続けられている。

（14）IOC（2014）Olympic Agenda 2020: 20+20 Recommendations. http://www.olympic.org/Documents/Olympic_Agenda_2020/Olympic_Agenda_2020-20-20_Recommendations-ENG.pdf

（15）http://www.joc.or.jp/olympism/agenda2020/

（16）前掲 14、pp.3-4.

（17）Bach, T（2013）Unity in Diversity. http://www.olympic.org/Documents/IOC_President/Manifesto_Thomas_ Bach-eng.pdf

（18）前掲 14、p.6.

（19）第 10 項では日本のメディアが最も注目した「大会組織委員会による若干数の種目の追加提案の承認」がなされた。これを含め大会に採用する競技・種目の問題等が「IF の利権を適切に扱っていない」として、スポーツアコード（General Association of International Sports Federations, AGFIS）の会長であったマリウス・ビゼールは 2015 年 3 月の総会で IOC を批判した。この批判はスポーツアコードの加盟団体の賛同は得られず、5 月にはビゼールは会長を辞任することとなった。なお、スポーツアコードは、1967 年に設立された IOC 承認団体で、夏季競技では 3 大陸 40 ヵ国以上、冬季競技では 2 大陸 25 ヵ国以上に組織が存在する国際スポーツ競技団体の他、パラリンピック、ワールドゲームズ、ワールドマスターズゲームズ、ユニバーシアード、スペシャルオリンピックス等を主催する 16 の国際スポーツ関係団体が加盟する世界最大のスポーツ組織。

（20）London2012.com（2009）Food vision for the London 2012 Olympic Games "For Starters", December 2009. http://www.sustainweb.org/resources/files/reports/London_2012_Food_Vision.pdf#page=1&zoom=auto,-47,105

(21) 前掲14、p.3.

(22) 2016年リオ・デ・ジャネイロ大会直前の7月18日、世界アンチ・ドーピング機構（World Anti-Doping Agency、以下、WADA）の調査チームは「マクラーレン報告書」を公表した。この報告書は、ロシアが国家主導でドーピング隠しを行っていたことを明らかにしたものであった。報告書公表に伴い、WADAはロシアの全選手をリオで開催されるオリンピック・パラリンピック大会には参加させないことを提言した。これに対しIOCは過去に違反歴のない選手に対してはその出場資格の判断をIFに委ね、IPCはロシア・パラリンピック委員会の資格停止処分としロシア選手団の出場を禁じた。IOCとIPCによる国家主導のドーピング隠しに対する対照的な判断は、「オリンピックよりクリーンな大会」を主張する選手やコーチたちの動きを喚起した（2016年8月12日付 GoldCoast Bulletin, http://www.goldcoastbulletin.com.au/sport/the-sport-of-swimming-on-the-verge-ofnew-era-after-drugs-controversy-starts-revolution/newsstory/c424883f409debcda693330393b1c73b, 2016年9月3日接続確認）。この問題に関するIOCの判断は、オリンピズムの観点から検証されるべき課題になると考えられる。

(23) Lenskyj, H. (2014) Gender Politics and the Olympic Industry., Palgrave Pivot. なお、著者であるLenskyjはこの問いに対し「そうは考えない」とする否定的な立場からこの本を執筆している。

第8章

変容するパラリンピック

大友 昌子

1 「パラリンピック」の性格

(1) 課題の設定

　この章では「パラリンピック」を取り上げ、その実際と課題、社会的性格について考察しよう。考察をはじめるにあたり、まず筆者の本論考に取り組むにあたっての問題意識について述べておきたい。

　パラリンピック・アスリートにとって、自己記録を伸ばし、仲間とともに全力で取り組む「パラリンピック」のスポーツ競技は、かけがえのない充実した自己実現の舞台であることはいうまでもない。一方で、アスリートの頭をかすめるのは、「オリンピック」と切り離された「パラリンピック」で競技することは、障がい者差別の助長に加担することになるのではないかという危惧である。このことは、「パラリンピック」と障がい者差別との関係をめぐり、筆者も長い間保留にしてきた課題である。その課題とは、

> 「パラリンピック」とは、障がいを有する人々への偏見や誤解、差別を除去することにつながる有益なイベントなのか？ それとも、障がいを有する人々の排除や差別を助長するイベントであるのか？

パラリンピックに参加するアスリート達は、スポーツ競技をとおして自己実現の喜びや生きがいを獲得する一方で、こうした問題意識に悩むアスリートも少なくない。そこで、ここではこの課題に対する筆者の結論をはじめに述べておこう。すなわち、

> <u>「パラリンピック」とは、障がいのある人々の区別や差別にあたるスポーツ・イベントであり、同時に、人々の差別や誤解を除去する啓発効果を有するという二面性をもっている。「パラリンピック」と「オリンピック」が一体となったとき、障がい故の差別は解消され、人間存在の多様性と平等に基礎をおく世界のスポーツ競技が成立する。</u>

このように、「パラリンピック」は、社会的な区別と差別の枠組みを前提としていると同時に、社会的な区別や差別を解消する働きも有するという相矛盾する二面性を抱えている。今日の「パラリンピック」は、「オリンピック」と「パラリンピック」の両者が一体化する以前の歴史的過程の一段階であると筆者は考えており、障がいを有する人々の差別の解消や平等を志向する現代社会において克服されるべき事態であると捉えている。

「パラリンピック」は「オリンピック」とは「区分」された「差別」を前提とした世界的スポーツ・イベントではあるものの、そうした状況の中で障がいスポーツの平等性や公平性を追求しておくことは、歴史的にも社会的にも充分な意義と意味があり、「多様性と平等性」に基礎をおく未来の競技スポーツの実現に、大いに貢献することは間違いない。

(2)「パラリンピック」が有する二面性

　それでは、なぜこのように考えるのか、その背景について次に述べていこう。
　国連は2006年に「障害者権利条約」を採択した。日本もこの条約を批准し、2016年4月1日より、この条約に則った「障害者差別解消法」を実施している。国連はその「障害者権利条約」第2条において、「『障害を理由とする差別』とは、障害を理由とするあらゆる区別、排除又は制限であって…」と規定する。この条約に従えば、スポーツにおいて「障がい者」と「健常者」を「パラリンピック」と「オリンピック」に「区別」することは、「障害を理由とした差別である」ことは明らかであると言えよう。すなわち、「パラリンピック」は法的には、障がい者を差別する社会的区分であると言える。
　また、障害者権利条約の第2条は「障害を理由とする差別」について次のように規定する。これを3項に整理してみると、

① 「障害を理由とする差別」とは（中略）、政治的、経済的、社会的、文化的、市民的その他のあらゆる分野において、他の者と平等にすべての人権及び基本的自由を認識し、享有し、又は行使することを害し、又は妨げる目的又は効果を有するものをいう。
② 障害を理由とする差別には、あらゆる形態の差別（合理的配慮の否定を含む。）を含む。
③ 「合理的配慮」とは、障害者が他の者と平等にすべての人権及び基本的自由を享有し、又は行使することを確保するための必要かつ適当な変更及び調整であって、特定の場合において必要とされるものであり、かつ、均衡を失した又は過度の負担を課さないものをいう。

　「パラリンピック」は、スポーツ競技における「障がい者」と「健常者」の「区別」を前提としているので、この第1項、第2項の「差別」にあたる。「合理的配慮」を否定することは差別となるが、現時点では「合理的配慮」は「パラリ

ンピック」競技内で実施されていると考えられる。「パラリンピック」競技内での独自のルールの設定や障がいの部位や程度による競技のクラス分けが、この「合理的配慮」にあたると考えることができる。

このように、「パラリンピック」と「オリンピック」が「区分」されていることが、「差別」にあたるのだが、それでも「パラリンピック」の存在と活動は、歴史的社会的にその意義が高く評価できる理由がある。それは、なんであろうか。次のこの点について、考えてみよう。

(3)「パラリンピック」をめぐる社会構造

「偏見」や「差別」は人々の心の内に生じる問題であるが、なにゆえ「偏見」「差別」が生じるのかについては、人間の認識のメカニズムを理解するところからはじめる必要がある。

われわれの物事の認識方法は、歴史的、社会的、政治的そして文化的に強い影響を受けている。それは、われわれが所与の社会に誕生し、与えられた言語や生活様式、諸文化を身につけながら人間になっていくからである。所与の社会には、長い歴史の中で形づくられてきた思考や感性の様式があり、そこには「偏見」や「差別」も含まれる。「パラリンピック」は、この長い時間の中で生成されてきた「偏見・差別」が世界的なスポーツ・イベントとしての形態をとったものである。しかし、「偏見・差別」は一気に解消に向けて転換することは難しく、さまざまな科学的認識の積み重ねや平等を目指す「理念」の実践によって克服にむかうことができる。

ここまで述べてきたように、「偏見」や「差別」を克服するための第一段階は、社会や自らの中にある「偏見・差別」の意識を認知し、これを取り出して「偏見・差別」の生じる原因を吟味することからはじまる。そして「偏見」や「差別」が、この現代社会において、どのように社会制度化しているのか、システムとして機能しているのかにわれわれは着目し、その解体と変容を促す努力を推し進めなければならない。

障がいがある・なしに関わらず、アスリートの「多様性と平等」の認識に基づく、世界的スポーツ・イベントの実現に向けた試行の踏み台として、われわれは「パラリンピック」を注意深く見守っていくべきであろう。

2　パラリンピックの歴史

　パラリンピックは、1948年、イギリス軍の病院ストーク・マンデビルで、ドイツから亡命したユダヤ系医師のルートヴィヒ・グットマンという人の提唱により、わずか26名の参加者からはじまった。この競技会は、脊髄損傷のリハビリテーションを目的に開始され、1952年にはオランダからの弓術チームが参加して、国際競技会に発展し、1956年には18ヵ国から約300名、そして1960年のローマ大会には21ヵ国から約400名の男女アスリートが参加するに至った。そして、2012パラリンピックロンドン大会の参加アスリートは4280名となり、参加者数では10倍を超えるまでに増大した。この間、パラリンピック大会の歩みはアスリートとさまざまな関係者の努力によって進展を重ねてきた。そのプロセスの要点について述べていこう。

　中森邦男氏は、パラリンピックの歴史を、次の4つの時期に分けてまとめている。

① リハビリスポーツとしての始まり（1945年―）
② リハビリスポーツから競技スポーツへ（1976年―）
③ 競技スポーツとして発展（1992年―）
④ オリンピック同様のエリートスポーツへ（2006年―）

　このような変遷をたどったパラリンピックは、今日、エリートスポーツとしての段階に入り、最先端のスポーツ科学や国を挙げての選手強化が行われるようになりつつある[1]。

　表1は、1960年から2014年までの夏季・冬季パラリンピックの開催状況を

一覧にしたものである。

表1　夏季・冬季パラリンピック1960—2014

開催年	開催都市	参加国	競技者数	開催年	開催都市	参加国	競技者数
1960	ローマ	23	400	—	—	—	—
1964	東京	22	390	—	—	—	—
1968	テルアビブ	29	750	—	—	—	—
1972	ハイデルベルク	44	1000	—	—	—	—
1976	トロント	42	1600	1976	エーンシェルドスビーク（スウェーデン）	14	250+
1980	アーヘン（オランダ）	42	2500	1980	ヤイロ（ノルウェー）	18	350+
1984	ストークマンデビル&ニューヨーク	42	4080	1198.4	インスブルック	22	350+
1988	ソウル	61	3053	1988	インスブルック	22	397
1992	バルセロナ	82	3020	1992	ティーニュ&アルベールヴィル（フランス）	24	475
1996	アトランタ	103	3195	1199.4	リレハンメル	31	1000+
2000	シドニー	123	3843	1199.8	長野	32	571
2004	アテネ	141	4000	2002	ソルトレイク・シティ	36	416
2008	北京	148	3951	2006	トリノ	39	486
2012	ロンドン	164	4280	2010	バンクーバー	44	507
2016	リオデジャネイロ			2014	ソチ	45	550+

出典：Official Website of the Paralympic Movement・IPC2016／3／7閲覧、ジム・バリー＋ヴァシル・ギルギノフ著／舛本直文訳『オリンピックのすべて』大修館書店、2008年、357頁をもとに筆者加筆。

3　「アスリート」という呼び名が定着
——2012パラリンピックロンドン大会

　2012年開催の第30回ロンドン夏季オリンピック・パラリンピック大会は、オ

リンピックよりパラリンピックが成功したと評価されている。確かに、ロンドン2012夏季パラリンピック大会（以下、ロンドンパラリンピックと略）は、これまでのイメージを大きく転換する内容をもつ大会であった。オリンピックが従来の枠組みと内容に大きな変化がなかったのに対して、パラリンピックは新たな概念やイメージ、知識をもたらすとともに、人々の関心を引き起こし、華やかなイベントへと大きな変貌を遂げた。この変革はパラリンピックやパラ・スポーツ内に止まることなく、徐々に世界の障がい者観や障がい観に作用して、障がいをめぐる社会的価値や制度の変容にむすびつく契機となるであろうことは想像に難くない。

　国際パラリンピック委員会（International Paralympic Committee，以下IPCと略）の会長、フィリップ・クラヴェンは、『アニュアル・レポート2012』の冒頭で、次のように述べている。

> 　2012年はパラリンピック・ムーブメントにとって、新たな多くの観客層を取りこむことができた年、そして「アスリート」という呼び名を、パラリンピックに定着させることができた、これまでにない素晴らしい年となりました。われわれはもはや後戻りはできません。2012年9月9日のパラリンピック最終日にわたしは皆さんに「これまでにない最高のゲームだった！！」と述べました[2]。

　世界的なビッグイベント「オリンピック」に続いて開催される「パラリンピック」が、社会や人々に与える影響は大きい。「パラリンピック」が反実仮想の世界であっても、人々はそこに夢や理想を託し、自らの価値と自己実現をかける。たしかに、ロンドンパラリンピックは障がい者観や障がい観を変容させる働きを持ったスポーツ・イベントであった。しかしそこには前進と同時に大きな課題も明らかになった。ロンドンパラリンピックは次のような社会的動向を写し出した。

　①　2012ロンドンパラリンピックの成功は、多数の観戦者を獲得したこと、

その背景にテレビやソーシャル・メディアの発展と放映時間の質量の増大が大きく作用したこと。
② パラリンピックに対する世界の大企業の関与、すなわち、オリンピックと同様にパラリンピックもまた商業化ベースにのったこと。
③ アスリートの質的量的な高度化がはじまったこと。しかしこの結果、参加164ヵ国の中でもアスリートの高度化を示しているのは10カ国に集中しており、世界的には大きなアンバランスが浮上してきたこと。

パラリンピックがエリート・スポーツへと転換したのは、トリノ2006冬季パラリンピックからである、と指摘するのは中森邦男氏である。その背景には、アルペンスキーおよびノルディックスキーの機能的クラス分けの統合による競技性の高まりがあり、メダル種目を立位、座位、視覚の3区分（カテゴリー制）として、メダル獲得をより厳しい状況に転換させて、競技性を高めたこと。また北京2008夏季パラリンピック大会では、オリンピック同様の国を挙げての選手強化策を実施した国が大きくその成績を向上させ、パラリンピックでメダルを獲得するには、オリンピック同様の最先端のスポーツ科学が要求されるようになったことの2つをあげている[3]。

そして、2012年ロンドンパラリンピックでは、さらに競技性を高めて、華やかな「スーパー・ヒューマンズ」のキャッチフレーズが、かつてない観客数や視聴者数を獲得し、出場選手は「アスリート」というイメージと位置づけを獲得した。これにはメディアの活躍がこれまでになく大きかったことが貢献している。

パラリンピックもまた、オリンピックがかつて歩んだ道をたどろうとしているのだろうか。そして、パラリンピックとオリンピックの間にある壁は、いつの日か取り払われるのであろうか。

4 障がい者スポーツとパラリンピック

(1) 障がい者の国際スポーツ競技大会

　障がい者の国際競技大会には、表2のようにパラリンピック以外に、障がいの種類別にデフリンピック、スペシャル・オリンピックス、臓器移植者大会などが開催されている。それぞれ回を重ね、独自の歩みを進めてきた。競技大会の中でもパラリンピックは、視覚障がい、肢体不自由、知的障がいを含む大会で、最も規模も大きく、競技大会としてルールの構築や競技性を競う世界的スポーツ・イベントに発展してきた。

表2　障がい領域の国際大会×障がい別

国際大会	障害1	障害2
パラリンピック	視覚障害	
	肢体不自由	機能障害・頚髄損傷・脊髄損傷・切断・脳性マヒ
	知的障害	
デフリンピック	聴覚障害	
グローバル大会 スペシャルオリンピックス	知的障害	
臓器移植者大会	臓器移植者	

注1：内部障がい、精神障がいの国際競技大会はない。
注2：中森邦男『ノーマライゼーション障害者の福祉』2011年8月号参照、
www.dinf.ne.jp2016年3月15日閲覧。筆者作成

　精神障がい領域での国際競技大会はまだ実現していないが、ここでは、この領域のスポーツ大会の現状を例に、障がい者スポーツ競技大会は、障がいのある人々にとって、どのような意味があるのか、国際競技大会開催を目指して国内で活動する精神障がい者のスポーツ公益社団法人日本精神福祉保健連盟の声を聴いてみよう。

> 　障害者スポーツといえば、身体障害者を中心としたパラリンピックや知的障害者を中心としたスペシャル・オリンピックスが有名ですが、精神障害者スポーツの国際大会は存在しません。国内においても、2001年より身体障害者・知的障害者合同での全国障害者スポーツ大会が開催されるようになりましたが、そこでも精神障害者の参加はありません。
> 　そのため、同年に第1回全国精神障害者バレーボール大会が開催されました。(中略)2008年に大分県で開催された全国障害者スポーツ大会から精神障害者バレーボールが正式競技となり、三障害合同での全国大会が実現されたわけです[4]。

　障がいスポーツ領域のなかで、これから本格的な取り組みにすすみたいと準備する精神障がい領域だが、なぜ国際スポーツ競技大会を目指すのか、そこには、障がい者スポーツが国際競技大会を志向する理由、原点が示されている。精神障がい者スポーツ推進委員会委員長大西守は次のように述べる。

> 　精神障害者スポーツの振興が当事者のQOLを向上させるとともに、精神障害・精神障害者への偏見・誤解を除去する啓発効果があるのは間違いありません。娯楽性重視の立場から、障害に見合ったルールの簡略化を求める声がある一方で、競技性重視の立場から競技の厳格運用こそが真のノーマライゼーションにつながるという意見もあります。どちらも大切ですが、精神障害者スポーツの中に競技性や専門性を重視する視点が導入された意義は大きいでしょう。また、精神障害者のプライバシー確保や権利擁護に関してですが、全国障害者スポーツ大会の参加に際しては参加者名簿の提出が原則で、氏名などが明示され、積極的にマスコミなどに取り上げてもらいます。参加選手の声を聞くと、個人情報の公開化に関しての抵抗感は少ない反面、家族や関係者が旧態然としたプライバシー保護に固執する姿勢が認められるなど、その意識改革が求められています。
> 　私たちは日本発の精神障害者国際スポーツ大会の実現をはかるなど、多く

の夢をもっています。皆様からのさらなるご理解・ご協力を願うところです[5]。

これをまとめると次のようなことが言える。

① 精神障がい者スポーツの振興は当事者の生活の質（QOL）を向上させる。
② 精神障がい・精神障がい者への偏見・誤解を除去する啓発効果がある。
③ 精神障がい者スポーツのなかで、障がいに見合ったルールの簡略化を主張する声もある一方、競技性や専門性を重視する視点が導入される意義は大きい。
④ 精神障がいがある人のプライバシー確保や権利擁護では、参加選手の氏名公開への抵抗感は少ないが、家族や関係者によるプライバシー保護への固執がみられる。

　身体障がい領域がかつて歩んだ道を、精神障がい領域も進もうとしているといえるであろう。障がい領域のなかで、日本で最も社会的な誤解が強い精神障がい領域のスポーツ活動が、日本発の国際競技大会として実現する日を待ち望みたい。その実現が、新たな障がい観や障がい者観を切り開く契機となることは確かである。

(2)「障がい」と「健常」

　障がいスポーツが、このように障がい別に独自の歩みと歴史を持つ背景として、ここで考えなければいけないのは、カテゴリー形成の妥当性と障がい実態の多様性である。この問題は2つのレベルに分けられる、1つめは、「障がい」と「健常」というカテゴリー化のよって立つ認識基盤について、2つめは、「障がい」分類の細分化と統合の進展である。
　1つめの課題の「障がい」と「健常」であるが、この論考では「障がい」と「者」を意識的に切り離して使用している。「健常」もまた「者」と切り離している。

ここで意図しているのは、「障がい」や「健常」は日常生活の活動状態を示す概念と用語であって、「ヒト」ではない。「障がい者」「健常者」と呼ぶことで、われわれがよく誤ってしまうのは、障がいを有する「ヒト」を、丸ごと区分することで、この認識が「区別」と「差別」につながってしまうという事態である。「障がい」とは、たまたま日常生活の中での活動や行動に支障を抱える状態をいい、「健常」とは、たまたま、障害や疾患で、日常生活の中での活動や行動に支障を抱えていない「一時的健常」という意味である。人々の日常生活の活動や行動には、それぞれ「差異」がある。この「差異」を認め合い、尊重し合うという考え方が、本論考のスタンスである。英語では "Able bodied" "Disabled bodied" と表現されていることも参考にしたい。

　さらに、「障がい」と「健常」という振り分け方は、二分法を土台とするわれわれの認知・認識の特質を示す分類方法であることに意識的でありたい。現実のヒトの心身状態はこのような二分法では認識できず、実際には、「女性」と「男性」とが二分法では分けられないように、「障がい」と「健常」の間には、さまざまに細かな「差異」を示すグラデーション状態があり、なにが「障がい」でどこから「健常」なのか、その線引きは極めて難しい。こうしたヒトが有する認知・認識の特質と限界を踏まえたうえで、「障がい」「健常」という用語と概念を使用すべきことを理解しておきたい。

　２つめの課題は、「障がい」分類の細分化と統合の課題である。今日、科学と医療の発展によって、障がいを生じせしめる要因や病因が特定されて名前がつけられ「障がい」がきめ細かく分類されていく。一方、これまで「障がい」カテゴリーには含まれなかった「精神障がい」や「発達障がい」、また身体内部に活動、行動に支障をもたらす要因のある「内部障がい」も時間の経過とともに「障がい」の一部として認知され、法制度や社会的制度に包含されるというプロセスがある。

　「障がい」と「健常」という用語と概念の使用を、否定する意見もままあるが、相互の「差異」を認知し合い、互いに尊重することが「多様性と平等」の双方の価値の実現を目指す世界的なスポーツ・イベント「オリンピック・パラリンピッ

ク」にとって、重要であることを、ここで確認しておきたい。

5　パラリンピックの競技種目とクラス分け

　ここからは「パラリンピック」競技内で、競技を成り立たせるための「合理的配慮」がどのように行われているのかに着目しながら、考察をすすめていこう。「合理的配慮」とは、国連が採択し、各国が批准をすすめてきた「障害者権利条約」に定められた法的効力に基づく用語と考え方である。

(1) パラリンピックの競技種目

　パラリンピックの競技種目は、急速に拡大してきた。1960年のローマ夏季パラリンピック大会の競技種目は8競技、2012年のロンドンパラリンピックは20競技503種目、2020年の第32回東京夏季パラリンピック大会では、バドミントンとテコンドーを入れて、22競技となることが決定している。2012年の第30回ロンドン夏季オリンピック競技大会は、26競技302種目であったから、これに比較して同じくロンドンパラリンピックは、競技種目で6競技少なく、種目数で200種目多いことになる。すなわち、競技内においてオリンピックよりきめ細かな種目分けが行われているのである。

1960　ローマ夏季パラリンピック大会競技			
●アーチェリー	●陸上競技	●車椅子バスケットボール	●車椅子フェンシング
●水泳	●卓球	●スヌーカー	●ダーチェリー　　　8競技

↓

2012　ロンドン夏季パラリンピック大会競技			
●アーチェリー	●陸上競技	●ボッチャ	●自転車
●馬術	●5人制サッカー	●7人制サッカー	●ゴールボール
●柔道	●パワーリフティング	●ボート	●セーリング
●射撃	●水泳	●卓球	●シッティングバレーボール
●車椅子バスケットボール	●車椅子フェンシング		
●ウィルチェアーラグビー	●車椅子テニス		20競技

パラリンピックの競技には、パラリンピックのみで行われる競技、競技はオリンピックと共通だがルールにパラリンピック・アスリートの機能と程度に合わせた改変を行うもの、また、オリンピック競技と全く同じルールで行う競技の3種類がある。また、パラリンピック競技は障がいの機能別、程度別にクラス分けされるが、競技別のなかで最もクラス分けの多いのが陸上競技で170種目、次いで競泳で148種目である。金メダルは種目別ごとに用意されるので、陸上競技では170個、競泳では148個の金メダルとなる。オリンピックロンドン大会では、陸上競技47種目（男子24・女子23）、水泳競技46種目（男子22・女子24）であるから、パラリンピックにおける金メダル数はオリンピックの3倍を優に超えることになる。
　このクラス分けを減らし、金メダルの数を少なくして、統合すればするほどに金メダルの獲得が難しくなり、パラリンピックの競技性が増してくる。一方で、アスリートの機能別、程度別の公平性の維持が難しくなるというジレンマが生じる。いかなるクラス分けがパラリンピックにとって最適解であるのか、答えはないが、さまざまな試行錯誤が行われているのが現在の状況である。
　そこで、次にクラス分けがどのように行われているのか、最多種目を展開する陸上競技を例にみていこう。

(2) 競技のクラス分け
——差異化と公平性を組み合わせた「合理的配慮」

　障がいにはさまざまな種類と程度があり、それはヒトの数ほどあって、個人差が大きい。この多様な身体状態を、競技を成立させるために分類するのだが、分類が競技結果に影響しないよう同程度の障がいで競技グループを形成することを「クラス分け」と呼ぶ。
　ここでは日本パラリンピック陸上競技連盟のクラス分け委員会による「分かりやすいクラス分け」に従ってその概要をみていこう[6]。
　クラス分けは2つの目的に対する合理的配慮に従って行われる。1つめは、障がいの確認をする、2つめは、公平に競い合うためのグループを作る。1つ

めの障がいの確認では、参加が認められている障がい種類か？　参加が認められている障がい程度か？　障がいが永続的か？　の3点を確認する。2つめの公平性をはかるために、いかなる基準でクラス分けを行うかについては、以下に述べるような、試行錯誤がこれまでに行われてきた。

このクラス分け基準の1992年改定と2007年の改訂は、世界保健機構（World Health Organization, 以下WHOと略）が制定した障がいの構造を理解するための基準に基づいて行われている。

医学的クラス分け（1948）	疾患名を基準とするクラス分け
▼	
機能的クラス分け（1992）	選手の残存する身体機能を基準とするクラス分け
▼	
競技特異的クラス分け（2007）	各競技特有の身体運動やスキルに対するパフォーマンス遂行程度を基準とするクラス分け

WHOは1980年に最初の分類「機能障害、能力障害、社会的不利の国際分類」を制定し、その後2001年に改訂版として「国際生活機能分類（国際障害分類改訂）」を制定した。こうした障がいの分類は何故行われるのかというと、障がいに関する世界共通基準を設けて、科学的アプローチを行い、障がいの評価やサービス計画、その結果評価を可能とするからである。この結果、障がいの国際比較や統計処理ができるようになった。このWHOの障がい分類に従った考え方と分類基準が、パラリンピックでも採用されている。1980年版の基準と2001年版の基準の相違は、タイトルに読み取れるように、1980年版では「機能障害」「能力障害」「社会的不利」の3つがその柱であったが、2001年版は「生活機能」という用語に置きかわっている。「生活機能」とは心身の状態による分類ではなく、同じ障がいの種別でも、生活動作、行動や活動動作は一人ひとり異なることから、その「動作」に着目する分類である。この結果、スポーツにおいても種目ごとに必要とされる身体機能や技術が異なることから、クラス分けの規則

も競技種目ごとに異なることとなった。

（3）クラス分けの手順——陸上競技の場合

　クラス分けは、①身体機能評価、②技術評価、③競技観察の3つのプロセスを経て行われる。クラス分けは資格を有する「クラシファイアー／Classifier」があたる。障がい者の陸上競技の場合、パラリンピックなどの国際大会では、障がいの種類ごとに出場できる「最小障がい基準」が定められている。日本国内で行われるスポーツ競技の場合は、「身体障害者手帳」や「療育手帳」をもっていれば出場可能である。次に、実際に陸上競技に出場している障がいの種類について、明らかにしておこう。

表3　パラリンピック出場選手の障がい例

障がいの種類	障がいの概要	主な疾患例
筋緊張亢進	運動麻痺の一つ。筋肉に常に力が入っていて、コントロールが難しい状態。力を抜くことが非常に困難	脳性麻痺、脳卒中、後天性脳損傷、多発性硬化症
運動失調	運動麻痺の一つ。運動の協調が難しく、動作を円滑に行うことが困難となる状態	脳性麻痺、脳損傷から生じる運動失調症、フリードライヒ運動失調症、多発性硬化症、脊髄小脳失調
アテトーゼ	運動麻痺の一つ。筋肉のコントロールが困難で、本人の意思とは無関係に常に体の一部が動いてしまう状態	脳性麻痺、脳卒中、脳外傷
四肢欠損	生まれつき、または事故や病気によって手足の一部または全てを失った状態	外傷もしくは先天性四肢欠損（奇形）による切断
他動関節可動域制限	関節の動きが制限され、正常に曲げ伸ばしができない状態	関節拘縮、強直、火傷後関節拘縮
筋力低下	手足や腹筋背筋などの筋力が低下した状態	脊髄損傷、筋ジストロフィー、腕神経叢損傷、エルブ麻痺、ポリオ、二分脊椎症、ギランバレー症候群
脚長差	左右の足の長さが異なっている状態	先天的もしくは外傷による片下肢における骨短縮
低身長	疾病などにより身長の発育に制限があり、身長が低い状態	軟骨異形成、軟骨発育不全症、軟骨異形成症、発育機能障害

注：日本パラ陸上競技連盟クラス分け委員会HPより引用。http://www.jaafd.org/　2016年3月15日閲覧。

(4) アスリートと「義足」

　パラリンピックがオリンピックと同様に、エリートスポーツへと変遷してきたことは、パラリンピックの歴史の中で述べた。今日、パラリンピック・アスリートへのスポーツ科学からのアプローチが本格化しているが、その中で身体の使い方とともに注目を集めているのが、「義足」や高性能の車椅子、スキー競技に使用する補助具などである。

　アスリートにとって「義足」とはどのような存在なのか、ここでは、中京大学に所属する、陸上競技のアスリートである佐藤圭太氏のインタビュー等に基づいて述べていこう。

　佐藤氏はサッカー少年であったが、中学3年生の時、「ユーイング肉腫」という病気にかかり、右足のひざから下を切断した。しかし、義足になってもスポーツをやめるつもりは全くなかった。「どんなスポーツをするにしてもまずは走ることが基本だ」と考え、高校入学と同時に陸上競技を始めた。多くの人が「義歯」を食物の咀嚼等の目的に使うように、「義足」は目的達成のために使用する「道具」である。

写真1
スポーツ競技用の義足

写真2
日常生活用の義足

筆者撮影

　アスリートは、日常生活用の義足とスポーツ競技用義足を使い分ける。そして、いま、「義足」の技術革新が大きくすすんでいる。写真1の義足はスポーツ競技用で、「J」字形をした板ばね部分はカーボンファイバー（繊維）、足との装着部分は硬いプラスチックでできている。カーボンファイバーは軽くて丈夫であり、しなって元に戻ろうとする反発力が強いので短距離走向けの義足に適している。佐藤氏は「義足をどう使うか、足の使い方を意識して、最適解を訓練している」と述べている。「義足」は身体の訓練と連動し、使いこなし方次第でその力を発揮する「道具」であることが理解できる。

223

次に、オリンピックに初出場した「義足」のアスリート、オスカー・ピストリウス選手の場合を例に、「義足」という「道具」を使用するスポーツ競技とオリンピックとの関係について検討しておこう。

　両脚が義足のオスカー・ピストリウス選手（南アフリカ連邦）は、2012年の第30回ロンドン夏季オリンピック大会で陸上男子400mおよび陸上男子400mリレーに初出場、同時にパラリンピックにも出場した。成績は振るわなかったが、ロンドン大会は「義足」を使うアスリートが、オリンピックに出場した歴史的な大会となった。カーボンファイバー製の義足で走るピストリウス選手は「ブレードランナー」の異名をとった。

　その4年前の2008年の第29回北京夏季オリンピック大会で、ピストリウス選手はオリンピックへの出場を求めたが、「義足は助力」と判断されて出場はかなわなかった。ピストリウス選手はこれをIOCのスポーツ仲裁裁判所(Court of Arbitration for Sport，以下CASと略)に提訴。提訴を受けて、同裁判所は「義足を使いこなすには太ももの筋肉や上半身のトレーニングが必要で鍛え抜かれたアスリートでなければできない」「義足が有利との十分な根拠はない」と訴えを認めてオリンピック出場が実現した。その後、ピストリウス選手はドーピング疑惑や2014年に刑事事件の有罪判決を受けており、現在はアスリートとして表舞台に出ていない。

　しかし、ピストリウス選手が「義足」でオリンピック競技に出場したことは、大きな議論を巻きおこした。国際連合が定めた「障害者権利条約」の具体化やオリンピックが目指す理念「多様性と平等性」を達成するためには、今後、オリンピックの競技大会の中に「義足」使用を位置づけられるかどうかが、重要な課題となってくるであろう。

6　パラリンピックとメディア

　スポーツ競技の世界はプロもアマチュアも、「競技者」、「マスコミ」、「一般関心層」の三者によって構成される、と言われる。パラリンピックもまた、この三者の動向がその成否を左右する世界的スポーツ・イベントである。2012年ロンドンパラリン

ピックが成功した要因の中でも、テレビやソーシャル・メディアがパラリンピックをこれまでになく質量ともに優れた方法で取り上げたことがあげられる。

　とくに、地元民放局「チャンネル4」がイギリス国営放送局「BBC」以外で初めてパラリンピックの放映権を獲得し、放送と配信ネットワークを活用して、合計500時間以上の放送、配信を行い、4,000万人以上がテレビを視聴したというこれまでにない放送体制が実現した[7]。インターネット上の特設サイトでは、ライブによるオンデマンド配信に加え、参加全選手のプロフィールや競技のルール等も配信した。

　これにより、パラリンピックとオリンピックが、その枠組みを超えた同格のスポーツ・イベントというイメージを創り出したことは、未来を先取りする優れた社会的効果をもたらしたと言えよう。

　一方、ロンドンパランピックの折の日本のメディアの放映時間が、毎日1時間のハイライトのみで、ロシアとともに最も少なかった国の1つであったことは、この国の障がいおよび障がい者をとりまく環境レベルの未熟さを示すものであった。また米国でもパラリンピックの放映権を獲得した「NBC」局は生中継をせず、放送は4回のハイライト番組と90分の総集編のみだったという[8]。

　メディアの放映時間の長さとともに、ロンドンパラリンピックで注目したいのが、その洗練された映像技術と芸術性である。この映像技術と芸術性がアスリートを、ロンドンパラリンピックのキャッチフレーズ "MEET THE SUPERHUMANS" を名実ともに高める力を発揮した。パラリンピック開催前にテレビやソーシャル・メディアに登場したパラリンピックのデモンストレーション映像は、美しさと真摯さにあふれた格調の高い作品であった。

　このように、メディアの取り組み姿勢が「一般関心層」の拡大に大きな影響を及ぼすことから、今後のパラリンピック大会でのメディアの役割、ことに放送局の社会的責任の重要性が増していることは言うまでもない。

7 まとめ
――「パラリンピック」と「オリンピック」が1つになる近未来をめざして

　「パラリンピック」とは世界の障がい者をとりまく区別と差別の構造を、そのまま反映した国際スポーツ・イベントであることは、本論考の最初に述べたとおりである。その向かうべき方向もすでに、多くの人々にとって明らかになっている。
　「障がい」と「障がい者」をめぐる状況を改善し、障がいのある人の生活の質的向上をはかるために、オリンピック・パラリンピックが志向する多くの理念、中でも「多様性と平等性」を実現していくことが今後の重要課題である。ヒトと社会が、差別や偏見から脱却するためには、知のエネルギーや科学の力を必要とする。「パラリンピック」を俎上に載せて論考することも、こうした取り組みの1つである。「パラリンピック競技大会」の中に、この「多様性と平等性」の道筋が敷かれていることを信じ、引き続き「パラリンピック」を注視し、新たな段階に向けて取り組みたい。

註：
(1) 中森邦男『ノーマライゼーション　障害者の福祉』日本財団パラリンピック研究会、2011年8月号。www.dinf.ne.jp（2016/3/15 閲覧）。
(2) 『Annual Report 2012』International Paralympic Committee P. 5. www.paralympic.org/（2016年3月15日閲覧）。
(3) 中森邦男前掲。www.dinf.ne.jp（2016/3/15 閲覧）。
(4) 公益社団法人日本精神福祉保健連盟 HP。www.f-renmei.or.jp/（2016年3月13日閲覧）。
(5) 同上公益社団法人日本精神福祉保健連盟 HP。www.f-renmei.or.jp/（2016年3月13日閲覧）。
(6) 2014年1月、国際パラリンピック委員会 IPC 発刊　Athletics　Classification

Rules and　Regulations　2014
（一部改訂版）日本パラ陸上競技連盟の翻訳文による「分かりやすいクラス分け」参照。http://www.jaafd.org/（2016年3月15日閲覧）。
（7）野村総合研究所『過去の五輪大会における映像配信の取り組み』www.soumu.go.jp/main　2016/3/20　2014年12月10日閲覧。
（8）日経トレンディーネット「日本とは大違い？！英国でパラリンピックが大盛況の理由」文／名取 由恵　2012年9月13日、trendy.nikkeibp.co.jp（2016年3月20日閲覧）。

参考文献
　　ジム・バリー、ヴァシル・ギルギノフ／舛本直文訳『オリンピックのすべて―古代の理想から現代の諸問題まで』大修館書店、2008年。

第 9 章

異文化としてのオリンピック：
第 3 回セントルイス・オリンピック大会「人類学の日」から

渋谷 努

> わたしはオリンピアードは開催都市の性格に左右されるだろうとの予感を持っていた。ここで独特のものはといえば、そのプログラムがひとつの、実はやや苦々しい計画を持っていたことである。奇妙なことだが、"人類学の日" anthropology days が 2 日あって、この日ニグロ、インド人、フィリピン人、アイヌ人の競技が準備されていたのである。これらの人種の中でトルコ人やシリア人も加えようとされていた。省ればこれが 26 年前の事実であった…。さて人類はそれ以降前進し、そしてスポーツ思想も発展したということができるだろうか？[1]

1　はじめに

　本章では、オリンピックのありうるもう一つの可能性について、1904 年にアメリカ、セントルイスで行われた第 3 回大会（以下、セントルイス大会と略）から考える。この大会はセントルイス万国博覧会の一部として開催された。こ

のように、オリンピックが万国博覧会と同時に開催されたのは前回の第2回パリ大会に続いてである。

　本章の最初に引いたクーベルタンの言葉から分かるように、オリンピックは、開催国のスポーツの捉え方やアカデミックな場面での政治状況などの影響によって運営が左右される。そういう意味で、セントルイス大会は「アメリカ的」なオリンピックだったと言え、万国博覧会の体育部門の長であり、オリンピック委員会の長でもあった James Sullivan はこのオリンピックを「特別な」オリンピックだったと評した。本章では、これまで「人類学の日」に関して論じてきた文化人類学的な研究を通して、この競技の目的、結果、そこから見て取れる「特別さ」を析出する。この「特別さ」に注目することで今私たちが当然と思っているオリンピックのあり方を相対化し、オリンピックやスポーツの今後のあり方を考える。そして引用した文章でクーベルタンが最後に言及しているように、スポーツにかかわる思想がどのように変化し発展しているのかどうかを振り返る1つの起点になる。

2　人種主義とスポーツ

　本節では、セントルイス大会の背景となっている19世紀から20世紀初頭に強い影響力を持っていた社会進化論とそれがスポーツ競技に与えた影響を概観する。アメリカの社会進化論の中では、文化人類学者のモルガンの影響が大きかった。モルガン[2] は発明と発見による知力の発達、政府、家族、財産の分野に注目して、野蛮時代から未開時代を経て文明時代に至る人類の「進化」の道程について論じた[3]。

　そのような進化の図式は知的・精神的な面だけではなく、身体的な面にもあると論じられている。たとえば19世紀に活躍したフランスの小説家であり人種主義者としても有名なゴビノーは、人類が単一起源であることは認めていたが、人種間での不平等さを主張していた。「人類には、美しさの点で格差がある。この不平等は理論的に明らかで、永続的で消し去ることができない」。さらにゴビ

ノーは人種による筋力の格差も明白だと述べている。アメリカの先住民、ヒンズー教徒、オーストラリアの先住民は、筋力の上で、我々「白人」よりも非常に劣っている。また黒人の筋力も、「白人」よりも劣っていると考えていた[4]。

アメリカに目を向けるとジムクロー体制によって、社会秩序と生活空間での人種分離は法律により正当化された。人種的に分離された秩序と空間を満たす意識と価値観の中で、「白人の優越」と「黒人の劣等」は確固たるものとされた。才能、能力、性格など人間を形成するあらゆる精神的、肉体的性質における二元論が成立し、運動能力もその例にもれなかった。知的能力だけでなく運動能力も、白人は「優」であり、黒人は「劣」であるとみなされた[5]。

アメリカの人種関係とスポーツについて論じた川島によると、医学的、科学的立場から黒人の身体を異常なもの、あるいは弱いものとする考え方が蔓延していたという。その代表は、南北戦争前の時代に奴隷所有を正当化した医師サミュエル・A・カートライトだった。カーライトは、黒人は自分の筋肉を制御することがほとんどできず、それは意思の力が弱いからであり、少しの意欲と思慮さえあれが多く生み出すことができるのに、彼らは怠惰で餓死する恐れさえあると主張した[6]。

1900年代始め、アメリカ合衆国では黒人アスリートは極めて希少な存在だった。精神的にも、肉体的にも劣った存在とみなされていた黒人にとって、華やかな大学スポーツの陸上トラックやアリーナ、あるいはプロスポーツのスタディアムは、ごく縁遠い世界であった。黒人たちの多くは、日々の生活の中で過重な労働を課せられ、またそれに見合った給料も支払われなかったため、貧困で疲弊し、スポーツをするような余裕はなかった。黒人知識人のコミュニティは運動競技に無関心であり、生活環境を改善しようとする動きはほとんど見られなかった[7]。

このような人種差別に基づく思潮の中で、本章で取り上げるセントルイス万博博覧会とオリンピック大会が開催された。これらのイベントでも、やはり、以上のような人種観が反映されていた。

3　セントルイス万国博覧会

　1904年のセントルイス万博はルイジアナ買収100年を記念して、1904年4月30日から同年の12月1日まで続き、セントルイスのフォレスト公園で2,000万人近い人を集めて開催された。会場は約5.15平方キロメートルと壮大なものだった。正門から入ると正面に人口湖が広がり、美術館を中心として左右に工業館、工芸館、電気館、学芸館、鉱山館、交通館、機械館などが林立していた[8]。

　入場者たちの関心を特に集めていたのは、ロンドンやパリなどこれまでの博覧会を上回る規模で企画された「人間の展示」だった。会場内の3カ所で、先住民や異人種の「展示」が行われた。その1つは、会場の内外を分ける境界部に細長い区画を与えられていた歓楽街「パイク」だった。ここでは動物ショーやからくりとともに、カイロの街、神秘のアジア、インドの帝国、日本の縁日、中国の村、ムーア人の宮殿、古き南部の農場が再現され、ボーア戦争のショーなどが繰り広げられ、多くのアフリカ人やアジア人が展覧されていた[9]。

　より公式的な展示部門にも「人間の展示」が組み入れられていた。その1つは当時のアメリカ人類学会会長であり、社会進化論から強い影響を受けていたマクギー（WG Mcgee）が組織した人類学部門の展示だった。北米先住民、アフリカからムブティ、アルゼンチンからパタゴニア先住民、日本からアイヌ、カナダからクワキウトルが連れてこられ、擬似的集落の中で「生活」させられた。さらにフィリピン総督ウイリアム・ハワード・タフトの後押しで海上に建設された「フィリピン村」の展示もあった。広さ19万200平方メートルの敷地には、全体で1,200人にも及ぶフィリピン諸島の人々が集められた。中央の広場では、典型的なスペイン様式の建築

写真　イゴロット村の思い出

http://www.lib.udel.edu/ud/spec/images/fairs/04igor.jpg

群によってスペイン支配下のマニラ市街地が再現された。そして、この建物群を取り囲むように、先住民のネグリト、イゴロット、モロ、ヴィサヤンの「集落」群が広がっていた。ネグリト族41人とイゴロット114名の集落は、この会場を訪れたアメリカ人の興味の的だった。そこでは彼らの日常生活、狩りの道具作りや布織りといった動作から踊りや音楽まで、一定のプログラムに従って彼らが家でしているのと全く同じように再現されていた。しかも、この2つの部族も同列に扱われたわけではなく、ネグリトが「未開」の極に位置するのに対し、イゴロットは「文明化」が可能とされ、子供達が学校で学習する様子も観覧されていった。さらに外側には数百名のフィリピン警察兵の駐屯地が、「文明化された」フィリピン人の様子を観客たちに見せていた[10]。

　アメリカ先住民を「文明化」し、アメリカ社会への同化を求めて作られたインディアン・スクールも会場に再現された。そこでは人々が未開の状態から長い間かけて、特に身体的、精神的に進歩していることが示された。学校では、子供達が幼稚園の作業ができるように訓練されたことや、より年長の子どもたちは、文明化された手作業や読み、書き、計算に優れていることを示した。一方、大人たちは未開な製品を作っていた[11]。このようにセントルイス・万国博覧会では、アメリカ社会の持つ高度な技術力と対比される形で、先住民の生活様式や文化が展示されており、それぞれの社会進化の中での位置付けを明確なものとした。

4　制度化途中のオリンピックとしてのセントルイス大会

　セントルイス大会誘致の経緯に関してまず見ていこう。第1回、第2回大会に大西洋を超えて参加したアメリカの熱心さ、そして各大会で出した好成績もあって、クーベルタンは3回目の開催地は大西洋を超えてアメリカ大陸で行うことを考えていた[12]。さらに1900年にIOC委員に新たに2名のアメリカ人が選出され、IOC設立時にすでにアメリカ人が選ばれていたことから計3名となりア

メリカでの開催が有力になったと考えられる[13]。

　1901年にパリでオリンピック委員会が開催されたが、セントルイスからは関係者が出席しなかった。そこで代表が出席していたシカゴに3回目の近代オリンピック開催地が決定した。しかしその後、シカゴで財政的見通しが立っていなかったこと、当時アメリカ大統領のセオドア・ルーズベルトが、セントルイスで万国博覧会が予定されており同時開催を念頭に置くことで、シカゴではなくセントルイスで開催することを要請した。クーベルタンはセントルイス側の申し入れを受けて、「IOCはセントルイスで次期オリンピックを開催したいと考えているがその案に賛成か反対か」という主旨の手紙を全IOC役員に発送し、郵便投票を行った。その結果、21票中賛成が14、反対が2、白紙が5でIOCの提案が可決され、1904年の第3回大会がセントルイスと決まった[14]。

　このオリンピック大会では、先の2回と比べると参加国、参加選手数ともに減少した。第1回アテネ大会では14ヵ国から241名の参加者、第2回パリ大会では、24ヵ国から997名の参加者があった。それに対してセントルイス大会では12ヵ国から554名または651名の選手が参加したと言われている。ヨーロッパから参加したのは、ドイツ、ギリシャ、ハンガリー、オーストリア、ノルウェー、アイルランドからで、これまで毎回競技者を出していたイギリスからは一人も参加していない。クーベルタンの母国であるフランスからは一人も参加していないという記述もあれば[15]、フランスからは一人だけ参加という記録もある[16]。このように参加者数が特定できないのも、以下で論じるように万博開催期間に行われた身体競技のどこまでがオリンピック種目なのかを決められないからである。

　ヨーロッパからアメリカは遠く交通費がかかるために派遣費を調達することが困難だったという理由が挙げられている[17]。それ以外の地域からはアフリカからは南アフリカ、オセアニアからオーストラリア、アメリカ大陸からはカナダとキューバから参加している。

　500名半ばから600名半ばの参加者であるが、そのうちアメリカ合衆国からの参加者が529名であり、他国からの参加者に比べて圧倒的に多かった。その

結果は、メダリストの出身国別で見ても明らかであり、圧倒的にアメリカ合衆国出身が占めていた。オリンピック史研究家マロン（Mallon）によると、アメリカからの出場選手は、金メダルが74、銀メダルが79、銅メダルが80の計233で、同大会での総メダル271のうち、約86％を占める結果となった[18]。さらにアメリカ人選手の中には、自分が所属している大学や高校、クラブの徽章をつけた者もおり、一見この大会がアメリカ人選手同士の国内大会と変わらず、オリンピックが持つ国際性の雰囲気に欠けているという評価をする研究者もいる[19]。

　このオリンピックは、ヨーロッパから海を越えて行われた初めてのオリンピックであった。そのため、渡航費という経済的な面での影響もあり、参加者がアメリカ合衆国からの参加者が圧倒的に多くなるという結果となった。さらに、前回パリ大会と同様に、観客動員のためと考えられるが万国博覧会と同時開催ということとなり、以下でも述べるような現代の視点から見た時に「特別さ」がうまれてくる要因となる。

　セントルイス大会は、開催期間も明確に定めることができない。それは公式記録が2つあり、記載された日にちが異なるからである。1904年7月1日から11月23日までとするLucas版と5月14日から11月18日までとするスリヴァンによるSpalding版とがある。Lucas版では5月半ばから6月にかけて行われたハンディキャップ競技や学校対抗競技などをオリンピック競技と認めていないことを示すのに対し、Spalding版では閉会式などが含まれていないことになる。

　マロンによると、セントルイス大会は1904年6月1日から11月23日の期間に開催されたとしている。マロンはオリンピックと万国博覧会の体育部門のイベントとを別のものとして考えており、万国博覧会での体育部門によるイベントは同年5月4日に始まった。このスポーツイベントの中には、ミズーリ州の高校生競技大会のような学校間の競技会も含まれる。スリヴァンは、彼が書いた公式記録集の中で万博のスポーツイベントをオリンピックイベントとして捉え、オリンピック公式記録に中に記載している。万博でのスポーツイベントはオリンピック終了後も続いていた。同年11月26日にアメリカ先住民のインディアン・

スクール間でのサッカー競技が行われている。これらのイベントは、1900年大会と類似し5ヵ月間続いており、万博の中で開催された選手権でしかなかった。どのスポーツやイベントがオリンピックプログラムと考えていいのかは難しいところだが、多くの特別なスポーツやイベントがオリンピックプログラムと考えられていた[20]。

例えば、ハンディキャップ競争とは、現在行われているパラリンピックのように、障がいをもった人を対象とした競技ではなかった。高校生やオリンピックに参加できる実力ではない選手にもオリンピックに参加する機会をもたらすものだった。880ヤード走では、ドイツ人選手が10ヤードのハンデをもらい優勝している[21]。その他にもこのオリンピックではサイクリング競技へのプロ選手の参加や大学の運動クラブだけの競技、あるいは13歳の生徒を始めとする少年達だけの競技、ハンデ付きの競技などがそれぞれ独自のプログラムとして組まれて行われた。さらにアーチェリーでは女性だけの競技が行われアメリカのリダ・ハウエルが金メダルを受けている[22]。

また、この大会は黒人選手が初めて参加した大会であった。二人の南アフリカのツワナの人々が万博のボーア戦争の展示に参加していたが、彼らがマラソン競技に参加しており、南アフリカからの最初の参加者として考えられている。他のイベントで言えば、陸上競技で最初にメダルを獲得した黒人選手はアメリカ人だった。200mハードル、400mハードルで2つの銅メダルを獲得したGeorge Poage、幅跳びで銀メダル、三段跳びで銅メダルを獲得したJoseph Stadlerだった[23]。

セントルイスの前回大会であるパリ大会でも、テニス競技やサッカー、ポロなどでは国籍が異なる選手たちがチームとなって試合に臨んでいた。さらに、クロケットでは女性がオリンピックで初めて参加していた。このように現在の視点から見ると、オリンピック競技とはみなされないものが、このセントルイスの大会では見られていた。

1904年オリンピックは、歴史の上でも唯一、IOCの会議が開かれなかった大会だった。さらにこのオリンピック大会では、ほとんどの競技で現代のオリンピッ

クのように入賞者にメダルが与えられていた。だが一方でアマチュアリズムは当時のオリンピック参加にとっての絶対条件ではなく、入賞者への現金授与も異例なことではなかった。白人だけが参加した競技でもメダルの代わりに賞金が与えられた。たとえばサイクリング競技では、アマチュアの入賞者が金・銀・銅のメダルとカップを貰ったのに対して、プロでは優勝者に 50 ドルの賞金が与えられている[24]。

　ハンデ付きの競技や年齢別の競技などの開催、公式記録の欠如など、以上の点を現在の視点から考えると、セントルイス大会（第 2 回パリ大会も含めて）は現在のオリンピック運営のように形式が固定化しておらず制度化途中で、クーベルタンが言うような「アメリカ的」なオリンピックであったと評価することができるだろう。さらに、このオリンピックの奇妙さを後世の私たちに印象付けるのが次章で取り上げる「人類学の日」の開催である。

5　人類学の日

　セントルイス・オリンピックを特徴付けるもう一つのものが、オリンピック期間内に行われた「人類学の日」という「競技会」である。ここで「競技会」と括弧書きしたのもセントルイス大会を特徴付ける「特別さ」の表れであり、これがオリンピックの正式種目だったのかどうかが不明確だからである。「公式」記録である Spalding 版には記述があるのに対して、もう 1 つの公式記録である Lucas 版には、この「競技会」に関する記述が一切ない。

　「人類学の日」は 8 月 12 日間から 13 日の 2 日間をかけて行われた。この 2 日間の間に 16 種目が競技された。人類学の日が他のオリンピック競技と異なる点は、参加者がセントルイス万国博覧会で「生きた展示」のために世界各地から連れてこられていた先住民である点である。主な参加者の民族と出身地域に関しては表 1 に上げてある。日本から万博に来ていた人にも声がかかったが参加しなかった。その代わりに、日本から参加したのはアイヌの人々だった。表からもわかるように、人類学の日には、万博に多く参加していたアメリカ先住

民が多く参加していた。しかしそれだけではなく、アフリカやアジアからの参加者もいた。

表1　「人類学の日」の主な参加者

民族名		地域・国
テウェルチェ	(Tehuelche)	パタゴニア・アルゼンチン
モロ	(Moro)	フィリピン
ネグリト	(Negrito)	フィリピン
イゴロット	(Igorot)	フィリピン
アイヌ	(Ainu)	日本
シリア	(Syrians)	アジア
ピグミー	(Pygmies)	アフリカ
ムブティ	(Mbuti)	アフリカ
バンツー語族	(African Bantu)	アフリカ
ココパ	(Cocopa)	アメリカ（先住民）
スー	(Lakota,Dakota Sioux)	アメリカ（先住民）
ポウニー	(Pawnee)	アメリカ（先住民）
チペワ	(Chippewa)	アメリカ（先住民）
クロウ	(Crow)	アメリカ（先住民）
リバー・ロック	(River Rock)	アメリカ（先住民）
チェロキー	(Cherokee)	アメリカ（先住民）

出典：Parezo 88 ページに基づき、筆者作成。

　人類学の日は2日間行われたが、初日は部族内で競われ代表者の選抜が行われた。その中での1位と2位が翌日の競技会に参加することができた。この競技会の中で行われた種目に関しては表2を見て欲しい。2日目は部族間対抗の競技会の形となった。競技会では順位が付けられ各1位から3位までは表彰が行われ、賞品が授与された[25]。さらにその後、先住民たちにとって行い慣れている棒上りなどの競技が行われた。

表2　「人類学の日」の種目

100m	砲丸投げ	棒登り
100yard 走	野球ボール投げ（距離・正確さ）	ボロ投げ
440yard	ハンマー投げ	やり投げ
マイル走	走高跳び	
120yard ハードル	アーチェリー	
走り幅跳び	綱引き	

出典：Parezo 90-91 ページに基づき、筆者作成。

人類学の日の開催目的は本来のオリンピックの意義とは異なるものだった。人類学の日を主導した人物は、先述のマクギーだった。マクギーは、アメリカの先住民の調査とともにアメリカ主流文化への同化へと向けた教育事業を行っていたアメリカ民族学局（Bureau of American Ethnology）で働いていた。彼は、このイベントの目的を人体計測学的な資料収集とした。人体計測学（anthropometory）とは19世紀から20世紀にかけて盛んに行われた人類学的な比較と分類のために人の身体を測定する研究である。人体計測学は疑似科学的なものになることもあり、人間を測り間違えることにもつながった[26]。

　当時のアメリカ民族学局やマクギーは、社会進化論的な考え方から大きく影響を受けていた。その中では白人が黄色人や黒人よりも知的にも身体的にも優れているという考え方が前提となっていた。しかしマクギーは、いわゆる「未開人」は「文化人」をしのぐ運動能力を持つと予測した。それは彼らの狩猟採集といった生活形態によって走力や跳躍力が必要となり、文明化された白人たちよりも優れており、また同じく狩猟で用いるという観点から弓競技も好成績をあげるだろうと考えていたからである[27]。また、パタゴニア先住民のテウェルチェの人々は、身体的にも白人よりも大きくそのような身体的特徴からも好成績をあげると想定した。

　人類学の日では、競技ごとに人類学者による計測が行われた。例えば1日目に行われた100ヤード走（約90メートル走）では、出場選手がアフリカ、モロ、パタゴニア、アイヌ、ココパ、スーの6組に分かれ競い合った[28]。このようにフィールド競技は民族、人種毎に分けられて競技、計測が行われた。

　しかし、その結果はマクギーが想定していたものとは異なり、参加選手の結果は棒登りを除くと白人選手に及ぶことはなかった。それでも最も成績が良かったのは、北アメリカの先住民だった。おそらく彼らは参加者の中で唯一、事前に陸上競技を見たことがある人たちだった。アメリカインディアンは100ヤードを12秒弱で走っており、他の民族の人々はそれよりも成績が劣り、アフリカのピグミーは14秒程度だった。スー族出身者は、16ポンド投げが33フィートあまりだった。体格がよく力も強いと考えられていた南米パタゴニアの先住民は、それほどの成

績を上げることができず、また同様に好成績が期待されていたアフリカからのピグミーは、13フィート程度の結果に終わった。56ポンド投げにおいても、パタゴニアの選手はそれほどの好結果をあげることはなく、アメリカの代表選手の足元にも及ばなかった。さらに彼らの多くは、競技者にふさわしい状態ではなく、高齢になっており、日本からの参加者の中には、57歳の者もいた[29]。それでもスリヴァンは、彼の報告書の中で、先住民たちの成績が低いことを強調しており、それに比べてアメリカ代表選手の好成績を対照的に賛美していた。

そのような低い結果となった理由をマクギーは、参加者が競技をこれまで見たこともなく、説明をちゃんと受けていなかったからだと考えた。すなわち、先住民たちは「近代」スポーツを見たこともなくルールも分からなかったために、人類学の日で何をすることが求められているのかを理解していなかった。そのために彼らの能力を十分に発揮することができなかったと考えた[30]。マクギーは説明をちゃんとしてからもう一度競技会をするべきだと考えた。

そこで、マクギーは2回目の競技会実現のために、専門のトレーナーはいなかったが準備を始めた。何回か練習会が行われ、8月22日は、特別フィリピン人トラック競技会で、陸上競技が行われた。9月に2回目の競技会が行われ1位には2ドル、2位には1ドル、3位と4位には50セントずつ報酬が与えられた。そして、マクギーは自分の資金から全ての参加者に25セントを支払った。9月のイベントは、結果の記録に関しては見当たらなかったために論じることはできないが、それなりに成功し、3万人の観客が集まった。この会は、スリヴァンがオリンピックや人類学の日という名前を使うことを許さなかったため、人類学ミーティングと呼んだ[31]。

スリヴァンは万博が新しい知識の発生の場となることを期待しており、特に身体トレーニングに関する彼の理論を支持するような知見が望ましいと考えていた。20世紀初頭は、スポーツ科学では人類学と同様に、実験の時期であった。研究者はどのように生物学的・形態学的特徴に身体教育によって影響を与えることができるのかを学ぼうとしていた。そしてどのタイプのトレーニング、どの薬、刺激がパフォーマンスを高めるのかを同定することを狙っていた[32]。

一方でマクギーは文化人類学をアメリカの研究の世界の中で確立するために、セントルイスの万国博覧会で教育的にも、興行的にも、そして社会に与えるインパクトの上でも文化人類学の学としての貢献が必要であると考えていた。彼は「見世物」として世界中の民族を集め、進化の図式に応じて展示した[33]。さらにマクギーが関わっていた民族学局による先住民の教育、特に同化に向けた取り組みを展示するためにも、アメリカ先住民、そしてアメリカの影響力が強かったフィリピンでの先住民の展示に力を入れていた。この民族学局の実績を示す意図はオリンピックの中にも垣間見られた。既に論じたように、人類学の日で好成績を挙げたのはアメリカ先住民だった。好成績を挙げた先住民を指すのに、スリヴァンは"Americanized Indian"としている[34]。すなわち彼らが好成績をあげることができたのは「アメリカ化」したからであり、それは同化政策の成功を強調したい意図があっただろう。

　人類学の日は、先住民の身体能力を測定することを目的として行われた。その結果を鵜呑みしてしまえば、当時の社会進化論の図式通りになってしまう。しかし、それが先住民たちの身体能力を適切に評価したことにはならない。では、なぜ適切な計測ができないのか、以下の章ではその要因を参加者の文化的な側面と、彼らの経済状況とに注目しながら論じていく。

6　異文化としてのオリンピックとスポーツ

　人類学の日に関わっていた先住民たちの成績が振るわなかった理由として、先住民たちにとって西洋スポーツが異文化であり、理解できなかった点を指摘できる。フィリピンのネグリトは、アーチェリー競技に参加してほしいという人類学者への協力を拒むことがあったという。人類学者は、あらゆる未開人は弓矢を使っていると考えていたのに対し、彼らはそのような道具を知らなかったのだ[35]。

　人類学の日運営側は参加者をうまく扱い、彼らの多くにベストを尽くすことが望まれていることを理解させることはできなかった。アフリカのピグミーは、自

分たちの棒登り以外の競技には、真面目に取り組むことはなかった。他のスポーツに対しては、彼らは何故、また何を目的として行われているのかを理解できなかった。そこで、彼らのパフォーマンスの結果はひどいものとなったと考えられる[36]。

100ヤード競争で、参加者のほとんどは短距離走がどんなものかまったく知らないでいた。スタートについた8－10人の選手に、ピストルがなった時に走るということを説明することがほとんどできていなかった。イベントの内容は、競技者に通訳を通して説明されなければいけなかった。13種族の人々に、同時にどうしなければいけないか、何をしてはいけないかの説明をすると、うるさくて分かりにくくなるのは当たり前であり、先住民たちの理解を損ねることにもつながった[37]。組ごとに走っていても、ゴールテープまで来た時に、それを胸で切って走り抜ける代わりに、多くのものはその前で止まったり、下を潜り抜けたりした[38]。

万博期間中に、住民たちは運動をまったくしなかったわけではなく、彼らは自分たちのやり慣れていた競技を行い、自分たちの技術や身体能力を競い合っていた。ピグミーは、平均的なメリカの子供達が雪合戦を楽しんでいるのと同様に泥合戦にふけっており、そこでは器用に泥を作り、投げ、走る能力を見せつけた[39]。

さらに経済的目的のためには彼らは運動を積極的に行っていた。万博期間内に先住民による賞金をかけたスポーツ（athletic）コンテストやデモンストレーションが行われていた。たとえば、6月2日には、インディアン学校の前でフィールドスポーツの特別プログラムが行われ、参加した選手たちには総額で100ドルが支払われた。アーチェリーコンテストでは、ダコタ代表のYellow Hairが1位となり2ドルを得てココパのCherryが2位で1ドルを得た。ほとんど毎週のようにアーチェリーや槍投げのコンテスト、徒競走、ラクロスの試合などが行われていた。これらのイベントは、セントルイス万博期間で、先住民が現金を獲得する唯一の手段だった[40]。

日常的には、自分たちの運動能力をインフォーマルに示し金銭を獲得してい

た。たとえば、アメリカ先住民のアラパホとパウニーとの間での木登り競争、パタゴニア先住民が馬上からboloを投げたりしていた。これらは万博側というよりも先住民自身によって行われたものだった。観客側が目新しさを求め、先住民がお金を求めており、両者のニーズの一致から、即興のイベントが生まれた。アメリカ先住民たちは、自分たちの射撃の腕前によって名声を獲得した。観客が放り投げた5セント硬貨や25セント硬貨がアーチェリーの的となり、6メートルほど離れたところから放り投げたコインに当てていた。「本物らしさ」であることを理由に、マクギーは射撃競争で銃器を使うことは許さなかった。1900年頃には、多くの先住民にとって射撃競争では弓矢よりもライフルの方が一般的になっていたのだが[41]。毎週日曜日の午後には、即興的な馬乗り競争、アーチェリーや槍投げのコンテストが行われており、先住民たちはそこに参加して現金を稼いでいた。

　より公的な競争がサッカー、野球、トラック競技、ラクロス、ボクシングがインディアン学校と体育部門のスポンサーのもとで行われた。毎日、午前中には、アリゾナのGila River保護区からきたピマ族Pimaの幼稚園クラスが公会堂で柔軟体操をおこない、午後には複数部族の、より高学年の学生がマーチングバンドの練習を行ったり、運動能力を競い合うこともあった。これらはカリキュラムの一環として考えられていたので報酬は受けなかったが、学生たちは、しばしば観客からチップを受けていた[42]。

　先住民の中には、人類学の日の競技のトライアルには参加したが、本番への参加を拒否した者が多かった。それは、他の運動能力の競技や娯楽イベントと同様に、賃金が支払われなかったからである。主催者側はより多くの先住民が参加するようになることを願って、さらにアメリカ人のスポーツの優秀さを示すために、オリンピック競技の練習風景を見ることを先住民たちに「許し」た。マクギーは、それを通して彼らに望まれていることを理解してくれることを期待した。しかし、誰も競技のルールを説明することなく、先住民たちが競技を実践する機会も与えられなかった[43]。さらにスリヴァンは、オリンピックのガイドラインに合わせて、お金による褒賞は認められないとした。先住民たちは、オリンピックに出ること

と他の運動能力の競技とを同一視しており、それは彼らの時間と労力に見合ったお金を得ることがないものであり、だからこそ参加を拒否した。

　以上のような点から、人類学の日の成績が振るわなかった理由をまとめてみると次のように整理できる。1点目として、先住民にとって、競技に参加するモティベーションが欠如していた点がある。競技でいい成績を取ろうと思わないと好結果は出ないことは明確だろう。棒登りなど、彼らが伝統的に行っていたものには真面目に取り組んでいたが、その他の競技に関しては、ピグミーはすっかりふざけていた。アイヌは紳士的であっても、ジャンプすることには全く関心がなかった。2点目として練習不足が挙げられる。先住民はそのための練習を当日前に行っていなかった。彼らの多くは、競技日にその説明を受けていたが、場合によっては競技直前だった。3点目としては、万博に来ている先住民たちは、金を稼ぎに来ていた。そこで、たとえ学術的な意図で行われるとしても、彼らは賃金や景品が与えられるのでなければ積極的に参加することはなかったと考えられる。さらに人類学の日の運営側には、先住民たちにオリンピック運動の考え方や内容を伝えようという意図はなかった。

7　おわりに：「人類学の日」からの考察

　オリンピックの歴史を研究しているマロンは、クーベルタンの理念や近年のオリンピックムーブメントの動向を加味して以下のようなオリンピックであるための4つの基準を設けた。

1　あらゆる国から出場できる国際的なイベントであること。クーベルタンはオリンピックは国際的な競技であることを強く望み、いかなるやり方でも出身国での制限がされてはならない。そこで、1904年セントルイス大会では、高校の学校対抗競技会のように参加がアメリカ人に限定されている競技があり、それはオリンピック競技に含まれるべきではない。

2　ハンデをつけたイベントは認められるべきではない。IOCは1904年の段階で、「より早く、より高く、より強く」をモットーとしており、オリンピック競技は世

界で最も優れた競技者の間での競技会であることが望まれていた。このことから、1904 年大会でもハンデ付きの競技はオリンピックに含めるべきではない。
3　年齢、宗教、出身国によって制限されることなく、すべてのものに参加が開かれていなければいけない。クーベルタンはオリンピックではアマチュアリズムを除いて、参加者にいかなる制限をつけるべきではないと考えており、彼は、オリンピックを世界中のすべてのアマチュア選手に開かれているべきと考えていた。少年向けなどの年齢制限をした種目やアイルランド人による競技といった民族によって出場選手を限定するのは、クーベルタンの哲学に反するものとなる。
4　競技はアマチュアに限定すべき。アマチュアであることに対して、セントルイス大会のフェンシング競技にプロの選手は参加していないが、当時は例外としてフェンシングへのプロ選手の参加が認められていた[44]。

　セントルイス・オリンピックで「原住民を対象にした競技」である人類学の日を区別し、ほかの競技と別にする合理的な理由はあるのだろうか。宮武は、この人類学の日は、当初は人類学展示の参加者だけでなく、日本人や中国人の参加も含めて期待されていたのであり、「原住民を対象にした競技」と呼んでいるものは、日本人を含むすべての非白人を対象に開かれたものに他ならなかったと指摘している[45]。

　すなわち、人類学の日を含むセントルイス大会は、それまでに土俵に上げることすらしなかった先住民たちを、身体能力を計測する目的であったとしてもオリンピックの舞台に上げることになったということができる。また、現代の考え方では妥当しない、オリンピックに出るほどの実力のないものにもハンデを与えることによって、オリンピックに参加できる可能性を広げたことにもなる。

　あるいはマロンのように、人類学の日では、「先住民」だけしか参加できないように参加資格に制限が設けられている点をオリンピック競技でない理由として挙げるなら、その参加資格を白人のみのクラブや組織単位に限定して、非白人の参加が実質的に制隈されていた、「本体」のオリンピック競技告体が「正式競技」といえなくなるだろう。

また、これまで論じたように人類学の目を検討してきたことから明らかになったことは、私たちにとっては当たり前のものとして受け入れられているオリンピックも、決して普遍的な価値を持っているのではなく、普遍的な価値を持つように常に普及と教育そして自己変革が必要な点である。

　人は教えられなければ、足の速さを測るためにまっすぐ走らない。また、日常生活を送っている限り、足の速さを時計によって厳密に計測する必要があるだろうか。弓を射るにしても、動物を狙っている場合を考えれば、一矢丁寧に射る場合だけではなく、連続で何矢も射る必要が生じる場合もあるだろう。つまり、既存のオリンピック種目としてのスポーツのルールがどこまで普遍的なものなのかを検討する必要があるのではないか。

　そしてそのためには現在のオリンピックの制度を相対化し、批判的に見るきっかけを見出すこともできる。なぜ、体重別にすることは認められていて、年齢別にすることは認められないのか。例えばマスターズオリンピックがあるが、それをオリンピック競技の一部として認めないことにいかなる客観的に説明できる理由があるのか。同じように、男女別に競技が行われるのは本当に平等なことなのだろうか。ハンデをつけてより広い参加を募ることによって、オリンピックをより広い市民に開いたものにするのはなぜいけないのだろうか。オリンピックの制度化はまだ終わったわけではないのだろう。

註：
(1) ピエール・ド・クベルタン　『オリンピックの回想』（大島謙吉訳）ベースボールマガジン社、1962 年、71-72 頁。
(2) 黒田慎一郎　「社会進化論」綾部恒雄編『文化人類学 15 の理論』中央公論社、1984 年、9-10 頁。
(3) その後の人類学的な研究によって、モルガンの進化の図式には事実誤認や理論的な不備が指摘されるようになった。原始乱婚性を想定し、技術の発達を見ても土器や鉄器の使用や文字の使用などがモルガンの想定とは異なる形で表れている民族が見出され、一元的な進化論は科学的というよりも推測に

基づいた空想的な普遍史として批判されることになる。
（4）ベルトラン・ジョルダン『人種は存在しない』（林昌宏訳）中央公論新社、2013 年、23 頁。
（5）川島、同上、49 頁。
（6）川島浩平『黒人は本当に「早く」「強い」のか』中公新書、2013 年、21 頁。
（7）川島、同上、45 頁。
（8）吉見俊哉　『博覧会の政治学』、講談社学術文庫、2010 年、205 頁。
（9）吉見、同上、206 頁。
（10）吉見、同上、206 頁 -8。
（11）Carlson Lew, "Giant Patagoians and Hairy Ainu:Anthropology Days at the 1904 St Louis Olympics",Journal of American Culture,12,1989,25
（12）ピエール・ド・クーベルタン、同上、64-65 頁。
（13）日本オリンピック委員会企画監修『近代オリンピック 100 年の歩み』、ベースボールマガジン社、1994 年、80 頁。
（14）日本オリンピック委員会、同上、80 頁。
（15）日本オリンピック委員会、同上、81 頁。
（16）Mallon,ibid,25
（17）日本オリンピック委員会、同上、81 頁。
（18）Mallon,ibid,18
（19）Henry,Bil , "*An Approved History of the Olympic Games*" 1981,The Southern California Committee for the Olympic Games,55
（20）Mallon,ibid,10-11
（21）Lucas,ibid,122
（22）Mallon,ibid,19
（23）Mallon,ibid,12
（24）宮武公夫　「人類学とオリンピック」『北海道大学文学研究科紀要』108 号、2002 年、10 頁。
（25）Sullivan,J.E.,ed., "*Spolding's Oficial Athletic Almanac*"1905,The American

    Sports Publishing Co ,249
(26) スティーブン・グールド『人間の測りまちがい』（鈴木善次、森脇靖子訳）河出書房、1998 年。
(27) Sullivan,J.E.,ed,ibid,249
(28) Sullivan,J.E.,ed,ibid,251
(29) Henry,ibid,56
(30) Sullivan,J.E.,ed,ibid,257
(31) Parez Nancy.J," A "Special Olympics" Testing Racial Strength and Endurance at the 1904 Louisana Purchase Exposition" Susan Brownell eds *The 1904 Anthropology Days and Olympic Games*",University of Nebraska Press,2008,88
(32) Parez,ibid,76
(33) Brownell Susan," Introduction:Bodiesbefore Boas,Sport before the Laughter Left" Susan Brownell eds *The 1904 Anthropology Days and Olympic Games*",University of Nebraska Press,2008,34-35
(34) Sullivan,J.E.,ed,ibid,251
(35) Carlson,ibid,24
(36) Sullivan,J.E.,ed,ibid,255
(37) Stanaland Peggy," Pre-Olympic' Anthropology Days' 1904:An Aborted Effort to Bridge Some Cultural Gaps" Taylor Cheska eds *Play as Context:1979 Proceedings of the Association for the Study of Play*" ,Leisure Press,1981,105
(38) Sullivan,J.E.,ed,ibid,259
(39) Sullivan,J.E.,ed,ibid,255
(40) Parez, ibid,68
(41) Parez,ibid,68
(42) Parez,ibid,68-69
(43) Parez,ibid,87
(44) Mallon,ibid,13
(45) 宮武、同上、16 頁。

あとがき

　本書は「オリンピック」をテーマに、中京大学に籍を置くさまざまな学問領域の専門家たちの学際的な研究アプローチによって編み出された一書である。

　本書は、中京大学の2つの側面、すなわちスポーツ科学の研究教育の拠点であると同時に多くのアスリートを輩出して活躍する特質と学術の総合大学としての特質を生かした学際的研究を行えないだろうか、という試みからスタートした。

　スポーツ科学は文系と理系が融合した領域で、ことに理系の要素が大きな割合を占める。こうした中で、世界的イベントである「オリンピック」の歴史研究の第一人者であるスポーツ科学部の來田享子氏を中心に、中京大学内の文系の研究者による学際的アプローチを試みたのが本書である。

　学際的研究に期待することは、①領域科学の視野や理論的枠組みを拡大すること、そしてまた、②新たな切り口や視点、考え方、すなわち研究方法論の新たな創出を試みる、の2点である。

　こうした意味では、本書は、いまだ目的の第一段階を試みたところであり、共同研究としての議論の深化はこれからである。ただ、この研究から立ち上がった1つの研究成果がある。それは、学際的共同研究の成果は本書のような文字表現によるもののほかに、博物館展示や教育実践を通して行い得る研究成果表現があることだ。こうした新たな試みとして、來田享子氏を中核としたプロジェクトが、2016年度より科研費を得て研究を開始されていることが注目される。また、中京大学スポーツ博物館構想も、現代社会学部に着任された博物館学の専門家である亀井哲也氏とスポーツ科学部との間で具体化がすすんでいる。

　こうして「オリンピック」をめぐる学際的研究の新たな試みが、中京大学においてすすめられた背景として、本書誕生の経緯をここにまとめておくこととしたい。

　もともとこの企画の源流は、2009年から社会科学研究所を拠点に学際的研究を積極的に試みようという中京大学内の共同研究機構構想からはじまったものである。2012年4月には北川薫前学長提案で「研究所の活性化について」の呼びかけがあり、体育研究所、人工知能高等研究所、社会科学研究所の3研究所による研究機構準備会が始まった。こうした動向を背景に、2012年12月には、スポーツ科学部の來田享子氏、国際教養学部の渋谷努氏、現代社会学部に属する筆者の3人ではじめてのオリンピック研究会を行った。2013年度からは、社会科学研究

所の研究プロジェクトとして名乗りを上げ、学内研究者への呼びかけを行うとともに、体育学研究科の院生も含めた「オリンピックから考える」研究会が立ち上がった。本書の執筆者の多くがこの時の研究会メンバーである。

　研究会の開催とともに、国内外の調査も行い、2013年度には秩父宮記念スポーツ博物館、2015年3月にスイスのローザンヌにあるオリンピック博物館、ドイツのケルンにあるスポーツ＆オリンピック博物館、2015年3月に札幌ウィンタースポーツミュージアムを調査し、2016年3月にはオーストラリアのメルボルンにある国立スポーツ博物館を調査した。また2015年には、石堂典秀氏のご尽力で中京大学オープンカレッジも開講し、研究成果の外部発信を行うとともに本書出版への準備をすすめた。こうした新たな試みの結果、オリンピックをめぐる学際的研究への歩みが確実にすすみつつあると言えよう。

　あとがき執筆中のいま、2016リオデジャネイロオリンピック・パラリンピック大会が、はじめての南アメリカで開催中であり、次回は2020東京オリンピック・パラリンピック大会である。この世界のスポーツの祭典が、創設者クーベルタンのメッセージである友情と平和そして希望を象徴するイベントとなることを心から希求してやまない。

　この企画に賛同し、原稿をご執筆いただいた諸先生方に、企画編集者の1人として心より御礼を申し上げたい。また、出版をご快諾いただいたエイデル研究所企画事業部 熊谷耕氏、本書出版の編集委員としてさまざまに労を執られた、中京大学法務研究科の石堂典秀氏、東海学園大学の木村華織氏にも感謝を申し上げる次第である。

　著述は「新書」風の内容とレベルになることをめざしたが、難易度の高い学術的内容から、比較的取り組みやすい読みもの風の内容まで多様となったことをお断りしておきたい。

　なお、本書は、2014年度中京大学特定研究助成 共同研究（B）「オリンピックから見るスポーツ文化の総合的研究」の研究成果の一部であり、こうした機会と研究費を与えて下さった中京大学に深く感謝を申し上げる次第である。

2016年8月

大友 昌子

著者紹介

石堂 典秀（いしどう・のりひで）
　中京大学法務研究科・教授　修士（法学）
　『標準テキスト スポーツ法学』（編著）（エイデル研究所、2016 年）
　『コモンウェルスにおけるレガシーの光と影』（共著）（ナカニシヤ出版、2016 年）
　『パラダイムは変わったのか』（編著）（創泉堂、2012 年）
　『法律用語辞典（第 4 版）』（共著）（法学書院、2010 年）

中山 惠子（なかやま・けいこ）
　中京大学経済学部・教授　博士（経済学）

白井 正敏（しらい・まさとし）
　中京大学経済学部・教授　博士（経済学）

山田 光男（やまだ・みつお）
　中京大学経済学部・教授　博士（経済学）

藤川 清史（ふじかわ・きよし）
　名古屋大学大学院国際開発研究科・教授　博士（経済学）

亀井 哲也（かめい・てつや）
　中京大学現代社会学部・教授　修士（文化科学）
　『博物館展示論（放送大学教材）新訂版』（共著）（放送大学教育振興会、2016 年）
　『アフリカの老人―老いの制度と力をめぐる民族誌』（共著）（九州大学出版会、2016 年）
　Preserving the Cultural Heritage of Africa: Crisis or Renaissance?（共著）（James Currey、2008 年）

近藤 良享（こんどう・よしたか）
　中京大学スポーツ科学部・教授　博士（体育科学）
　『教養としての体育原理』（共著）（大修館書店、2016 年）
　『「いじめ」と「体罰」その現状と対応』（共著）（金子書房、2014 年）
　『スポーツ倫理』（不昧堂出版、2012 年）

ペトリシェヴァ・ニーナ
中京大学国際教養学部・准教授　博士（文学）
「Russian Phatic Interjections: Development and Functions」『ロシア語ロシア文学研究』第 44 号（2012 年）
「Grammaitcalization Process and Secondary Interjections」『北海道英語英文学』第 56 号（2012 年）
「The Kurile Islands and their inhabitants in XVIII」『ロシアのシベリアへの進出史』（成文堂、2011 年）

木村 華織（きむら・かおり）
東海学園大学スポーツ健康科学部・講師　修士（体育学）
『データでみるスポーツ・ジェンダー』（共著）（八千代出版、2016 年）

來田 享子（らいた・きょうこ）
中京大学スポーツ科学部・教授　博士（体育学）
『JOA オリンピック小辞典』（共著）（メディアパル、2016 年）
『スポーツ学の射程』（共著）（黎明書房、2015 年）
『ダンスとジェンダー　多様性ある身体性』（共著）（一二三書房、2015 年）
『身体・性・生－個人の尊重とジェンダー』（編著）（尚学社、2012 年）

大友 昌子（おおとも・まさこ）
中京大学現代社会学部・教授　博士（学術・福祉）
『転換期の台湾史研究』（共著）（ゆまに書房、2015 年）
『社会福祉学事典』（共著）（丸善出版、2014 年）
『対論 社会福祉学 1 社会福祉原理・歴史』（共著）（中央法規出版、2012 年）

渋谷 努（しぶや・つとむ）
中京大学国際教養学部・教授　博士（文学）
『大学と地域社会の連携 - 持続可能な協働への道すじ』（編著）（石風社、2016 年）
『周縁から照射する EU 社会 - 移民・マイノリティとシティズンシップの人類学』（共著）（世界思想社、2012 年）
『国境を越える家族と名誉 - フランス在住モロッコ移民をめぐる「多現場」民族誌』（東北大学出版会、2005 年）

知の饗宴としてのオリンピック

2016年12月26日　初刷発行

編　著■石堂 典秀／大友 昌子／木村 華織／來田 享子
発行者■大塚　智孝
発行所■株式会社 エイデル研究所
　　　　〒102-0073　東京都千代田区九段北4-1-9
　　　　TEL.03-3234-4641／FAX.03-3234-4644
装丁・本文DTP■大倉　充博
印刷・製本■中央精版印刷株式会社

Ⓒ Ishido Norihide / Otomo masako / Kimura kaori / Raita Kyoko 2016
Printed in Japan　ISBN978-4-87168-594-8　C3075
（定価はカバーに表示してあります）